KB067682

성격심리학 이론 워크북

Personality Theories Workbook

제 5 판

Personality Theories
Workbook
5th Edition

Donna Ashcraft

© 2013 Cengage Learning Korea Ltd.

Original edition © 2012 Wadsworth, a part of Cengage Learning.
Personality Theories Workbook, 5th Edition by Donna Ashcraft.
ISBN: 9781111524913.

This edition is translated by license from Wadsworth, a part of Cengage Learning,
for sale in Korea only.

ALL RIGHTS RESERVED. No part of this work covered by the copyright
herein may be reproduced, transmitted, stored or used in any form or
by any means graphic, electronic, or mechanical, including
but not limited to photocopying, recording, scanning, digitalizing, taping,
Web distribution, information networks, or information storage
and retrieval systems, without the prior written permission of the publisher.

For permission to use material from this text or product, email to
asia.infokorea@cengage.com

ISBN-13: 978-89-6454-270-5

Cengage Learning Korea Ltd.
14F YTN Newsquare 76 Sangamsan-ro
Mapo-gu Seoul 03926 Korea
Tel: (82) 2 330 7000
Fax: (82) 2 330 7001

Cengage Learning is a leading provider of customized learning solutions
with office locations around the globe, including Singapore, the United Kingdom,
Australia, Mexico, Brazil, and Japan. Locate your local office at: **www.cengage.com/global**

Cengage Learning products are represented in Canada by Nelson Education, Ltd.

For product information, visit **www.cengageasia.com**

Printed in Korea
2 3 4 5 21 20 19 18

성격심리학 이론 워크북

Personality Theories Workbook

제 5 판

Donna Ashcraft 저

손정락 옮김

CENGAGE 박영사

Andover • Melbourne • Mexico City • Stamford, CT • Toronto • Hong Kong • New Delhi • Seoul • Singapore • Tokyo

성격심리학 이론 워크북 제5판

Personality Theories Workbook, 5th Edition

제5판 1쇄 발행 2012년 7월 10일
제5판 2쇄 발행 2017년 10월 30일

저자   Donna Ashcraft
역자   손 정 락
발행인 안 종 만
발행처 (주)**박영사**
       서울특별시 종로구 새문안로3길 36, 1601 (02) 733-6771 FAX(02) 736-4818
등록   1959. 3. 11. 제300-1959-1호(倫)
홈페이지 www.pybook.co.kr   e-mail: pys@pybook.co.kr

정가 18,000원

ISBN 978-89-6454-270-5   93180

이 책은 저작권법에 의해 보호를 받는 저작물이므로 동영상 제작 및 무단전재와 복제를 금합니다.

✳
저자 서문

왜 이 책인가?

필자는 성격심리학을 강의하는 선생님들을 위한 자료를 제공하기 위하여 이 책「성격심리학 이론 워크북」첫 판을 썼다. 이 워크북의 많은 평론가들이 주목한 바와 같이, 성격심리학 이론을 강의하는 많은 선생님들은 사례연구를 활용하기 원하지만, 그러한 사례들이 쉽사리 이용가능하지 않기 때문에 자신들의 노력의 결과에도 곤란을 겪어왔다. 그래서 많은 강의선생님들이 여러 개념들을 시범교수하기 위해 강의에 사용할 자신들만의 사례들을 개발하였는데, 그 과정에 많은 시간이 소비되기 때문에 자신들이 개발할 수 있는 사례 수에는 한계가 있었다. 어떤 강의 선생님들은 이론 개념들의 구체적인 예들에 대한 사례를 개발하려는 노력으로 요점을 시범교수하기 위한 사례 연구로서 유명한 사람들의 전기나 심지어 이들의 사망기사록을 활용하기도 하였지만, 유명한 사람들은 전형적이지 않았으며, 비록 이들의 경험이 이론 개념들을 반영할 수 있다고 하더라도, 학생들에게는 일상의 개념 예들도 유용하였다. 필자가 성격심리학 이론 강의를 시작하였을 때, 필자도 학생들을 위하여 그들에게 보다 구체적이면서 덜 추상적으로 여러 가지 개념을 시범교수하기 위하여 사례연구들을 원하였고, 또한 필요로 하였다. 성격심리학 강의를 하고 있는 모든 사람이 자신만의 사례연구들을 창안하게 되는 것은 과다한 중복이기 때문에, 필자가 이 워크북을 개발하게 되었다. 그리하여 이제, 성격심리학을 강의하는 선생님들은 개념들을 시범교수할 수 있는 40개 이상의 사례들을 확보하게 된 것이다!

필자는 동료 강의자로서, 우리의 강의를 더 쉽게, 더 효과적으로 하게 해주는 여러 가지 자원을 모두 공유할 수 있어야 하며, 이 워크북이 바로 그것이라고 굳게 믿는다. 더 중요하게는, 필자는 학생들에게 강의나 교재에서 배운 개념들을 실생활에서 발견될 수 있는 행동이나 경험에 적용해 보는 실습을 해 보게 함으로써 성격 이론들을 더 잘 배우고 더 잘 이해하는 기회를 주도록 이 워크북을 개발하였던 것이다. 필자는 많은 다른 강의 선생님들이 이러한 접근에 동의하고, 자신들의 강의에 이 워크북을 활용하고 있으며, 그래서 충분하게도 필자가 이 워크북의 제5판을 쓸 수 있는 기회가 주어졌다는 것을 말할 수 있어서 행복하다. 이 「성격심리학 이론 워크북」의 이전 판들에 대한 평론들을 모두 읽어 보고, 필자는 고등교육을 담당하고 있는 강의 선생님들이 학생들의 학습에 관하여 얼마나 염려를 하고 있는지, 그리고 이 염려가 얼마나 널리 확산되어 있는지 정말로 감명을 받았다. 필자는 이것으로 인해 큰 격려를 받게 되었으며, 이렇게 작은 것으로도 필자가 도움이 될 수 있다는 것에 만족하고 있다.

「성격심리학 이론 워크북」은 잘 적응된 행동 및 부적응 행동 그리고 이론 개념들 모두를 시범교수하는 혼합된 사례연구들을 포함하고 있다. 이것은 학생들에게 성격심리학 이론이 정상전집과 이상전집 모두에서 성격을 설명하려고 시도하고 있다는 것을 배우게 해준다. 또한 많은 성격 이론들이 정상행동을 설명하기 위해 개발되었다고 해도, 이는 이상전집을 연구함으로써 가능했던 것이다. 그러므로 두 가지 유형 행동 모두를 예시하는 것은 필수적이다.

워크북 사용법

「성격심리학 이론 워크북」은 학생들의 학습을 돕는 데 사용될 수 있는 다양한 방법이 있다. 어떤 사례들은 강의 동안의 요점을 예시하기 위해 사용될 수 있다. 강의 선생님들은 학생들에게 질문을 통해서든지 학생들을 집단으로 작업하게 하고 그런 다음 강의실로 돌아가서 자신들의 결론을 보고하게 할 수도 있다. 어떤 강의 선생님들은 학생들에게 워크북을 과제로 활용하기를 원할 수도 있는데, 학생들의 응답을 학점에 반영할 수도 있다. 또한 어떤 강의 선생님들은 이것을 스터디 가이드나 시험(강의실에서든 집에서든)으로 활용할 수도 있다. 강의 선생님들은 또한 학생들에게 응용 논문을 쓰게 하는 토대로서 사례들을 활용할 수도 있다. 끝으로, 구성주의자 접근법이나 발견학습 안내 접근법을 활용하기를 원하는 강의 선생님들은 학생들이 스스로의 지식 기반을 발달시키는 시작점으로서 사례들을 활용하기를 원할 수도 있다.

　이 워크북의 제1부에는 각 주요 이론마다 두 개의 사례연구가 실려 있다. 강의 선생님들은 어떤 사례가 자신들의 필요에 가장 잘 맞는지를 결정할 수 있으며, 또는 한 사례연구는 강의실 예로 또 한 사례연구는 과제를 활용함으로써 두 사례연구 모두를 사용할 수도 있다. 제1부의 사례들은 학생들에게 이론적 개념들을 배우고 적용할 수 있게 하는 데 유용하다.

　각 사례 뒤쪽에는 두 개에서 네 개의 질문이 있어서, 학생들이 성격심리학 강의를 통해서 진전되어감에 따라 이론 비교를 하게 해주고 있다. 이 질문들은 다양한 이론가들의 이론적 개념들을 비교하고 대조하도록 학생들에게 직접 요구한다. 강의가 시작되는 처음에는 학생들이 이론들을 비교할 만큼 충분히 배우지 않았기 때문에 이론 비교 질문 활용이 불가능하지 않다면, 어려울 수도 있으나, 학기 후반부에 활용할 수도 있으며, 강의선생님들과 학생들은 나중에 이 부분으로 되돌아 갈 수도 있다. 이것들은 또한 위에서 기술된 방식으로 보다 나중에 활용될 수도 있는데, 즉 집에 가져가서 보는 시험으로나 논문 토대로 활용될 수 있다.

　제2부는 다섯 개의 사례를 싣고 있는데, 이론 비교를 위해 활용될 수 있다. 이 워크북의 제1부에 있는 비교 질문들은 보다 구체적이어서, 학생들에게 개념들의 차이점에 주목하게 하도록 유사한 개념들을 다른 개념들과 비교하게 하고, 또한 유사한 개념들을 대조하게 함으로써 개별 이론 개념들을 학습하게 해준다. 제2부의 사례들은 보다 일반적인 이론 비교를 고무하는데, 동일한 행동이 초점을 변화시킴으로써 많은 상이한 방식으로 설명될 수 있다는 것을 보여주고 있다. 이들 가장 나중의 사례들은 학기 말에 모든 강의 자료들을 함께 묶는 데 활용하기에 아주 좋으며, 학기말 시험(가정 시험 또는 강의실 시험)으로 활용될 수 있다.

추가적인 사례 연구

제5판에서 필자는 Bowlby와 Ainsworth의 애착 이론에서 나온 개념들을 나타내 보여주는 예들을 포함시키기 위해 두 개의 새로운 사례연구를 추가시켰다. 이들 사례를 수반하고 있는 것은 적용 질문과 이론 비교 질문들이 연합되어 있다는 것이다. 이들 새롭게 망라된 개념들은 워크북 전반을 통해 통합되어 있는데, 제1부와 제2부 모두에서의 이론 비교 질문에서 언급되어 있다. 따라서, 이 새로운 개정판은 중요한 수 많은 추가 적용 질문들과 이론 비교 질문들을 병합시키고 있다.

유용한 힌트 및 공헌 상자

「성격심리학 이론 워크북」의 이전 판들에서, 필자는 상이한 교과서 저자들이 동일한 개념들을 언급하는 데 사용하는 상이한 용어들을 명료화하고, 학생들이 적용 질문에 응답하는 데 도움이 되도록 각 이론가마다 유용한 힌트란을 도입하였다. 이전 판들에서 필자는 또한 워크북의 제2부에 이론을 비교하는 유용한 힌트란을 포함시켰다. 이것들은 학생들에게 이론들 전반에 있는 유사한 개념들을 비교하게 해준다. 이는 어떤 이론가들은 상이한 개념들을 언급하는 데 동일한 용어를 사용하기 때문에 유용하다. 어떤 이론가들은 유사한 개념들을 언급하는 데 상이한 용어들을 사용하고 있다. 어떤 사례들에서는, 개념들이 유사한 용어나 의미를 가지고 있지만 여전히 구별되고 있다. 따라서, 이 새로운 판은 Bowlby와 Ainsworth의 애착이론에 대한 유용한 힌트를 포함시키고 있는데, 적용 가능할 때 때맞춰, 애착이론에 관한 정보는 이 워크북 제2부의 이론 비교 질문에 포함되었다.

제5판에서는, 학생들이 이론들을 배우는 데 활용할 수 있는 추가적인 도구들이 또한 포함되었다. 각 이론/이론가의 공헌을 설명하는 상자는 또한 워크북의 제1부 전체에 걸쳐서 실려 있다. 학생들은 간혹 학습에 필요로 하는 자료들의 관련성에 관하여 의아해 한다. "왜 이것을 알 필요가 있을까?"라는 질문이 빈번하게, 말이 아니면 적어도 마음속에서, 특히 한때 그랬던 것만큼은 광범위하게 받아들여지지 않는 더 오래되고, 정신역동적으로 지향된 이론들에 관한 질문들일 때 그렇다. 학생들에게 왜 이 이론들이 오늘날에도 여전히 적절한지를 시간을 가지고 설명하면, 보다 최신의 성격 이론을 구축하는 데 구축재로서의 그 이론들의 가치는, 학생들이 그 이론들의 중요성을 보도록 고무해주고 그래서 그 이론들을 배우고 이해하게 해주는 데 있는 것이다.

강의용 매뉴얼

강의 선생님들은 강의용 매뉴얼을 수반함으로써 책 견본을 통해서 자신들에게 이용 가능하다는 것을 유념하면 좋을 것이다. 이 강의용 매뉴얼에는 이들 질문 각각에 대한 답변(강의 선생님들의 작업 부하량을 엄청나게 줄여주는)뿐만 아니라 다른 강의 자료들도 포함되어 있다.

감사의 말씀

이 워크북을 제5판으로 개정하는 데 필자에게 도움을 준 분들께 감사를 드린다. 이번 제5판을 개정하고 집필하는 데 필자에게 시간을 내 준 Paul, Sam, Morgan 그리고 Ryan Ashcraft에게 고마움을 전한다. 필자가 교수로서 "생기 넘치게"해주고, 강의를 개선하도록 필자에게 끊임없이 동기를 부여해 준 학생들에게 감사한다. 마찬가지로 Clarion University of Pennsylvania에 감사를 드린다. 이 대학교는 필자가 이들 최신 개정판을 내놓을 수 있도록 여름 연구비를 주었다. 필자는 또한 편집을 도와준 Tim Matray와 이 개정판이 나올 수 있게 도움을 준 Cengage Learning의 모든 분들께 감사 드린다.

역자 서문

눈 사람

너의 본래 면목은
무엇이니
눈 사람아?
—소세키(Haiku 작가)

....

해답

해답은 없다.
앞으로도 해답은 없을 것이고
지금까지도 해답은 없었다.
이것이 인생의 유일한 해답이다.
—거투르드 스타인

....

우물 속에서만 줄곧 살아온 늙은 개구리 이야기를 「티베트의 지혜」에서 읽은 적이 있습니다;

"어느 날 큰 호수에 사는 개구리가 우물 속에 사는 개구리를 방문했다.

<너는 어디서 왔니?> 우물 속에 사는 개구리가 물었다.

<큰 호수에서> 그가 대답했다.

<너의 호수는 얼마나 크니?>

<놀랄 정도로 어마어마하게 커요.>

<여기 내 우물의 4분의 1 정도 되나?>

<훨씬 커요.>

<더 크다고? 우물의 반 정도?>

<아니야, 훨씬 크다니까.>

<그것은……, 이 우물만 하냐?>

<비교도 안 돼요.>

<말도 안 돼! 내 눈으로 직접 보아야지.>

그들은 함께 호수를 향해 떠났다. 우물 안에서만 살던 개구리가 호수를 보자, 엄청난 충격을 받아 머리가……"

이 「성격심리학 이론 워크북」(제5판)은 성격심리학 교과서와 함께 사용하거나 독립적으로 사용하여도 좋을 만큼 대단히 유용하면서도 매력적이고 재미있는 교재라고 소개하고 싶습니다. 성격이론을 배우고도 그 이론을 실제 사례에 적용하여 그 사례를 분석해 보고 또한 여러 이론들과 비교해 보는 워크북은 드물기 때문입니다. 인간의 성격을 보는 많은 여러 관점들을 생생한 사례들로 즐겁게 공부할 수 있다면, 인간의 마음과 행동을 보는 시야도 넓어지고, 임상심리학 등 여러 분야에서 하는 "사례 개념화"를 수립하는 데도 많은 도움이 될 것입니다.

이 책의 소개와 사용법에 관해서는 '저자 서문'을 자세하게 읽어 보기를 권합니다. 특히 학생들의 학습에 도움이 되는 자료와 강의용 매뉴얼을 위해서 Cengage-Brain.com도 눈여겨보시기 바랍니다. 이 워크북은 제1부 이론학습 및 적용에서는 성격심리학에서 다루고 있는 20개의 이론(Sigmund Freud에서부터 진화심리학까지)을 망라하고 있는데, 각 이론마다 그 이론의 공헌점으로 시작하여, 두 개의 사례를 다루면서 각 사례마다 적용 질문과 이론 비교 질문으로 분석하게 하고, 마지막에는 유용한 힌트란을 두어 한층 이해를 돕게 하고 있습니다. 제2부 추가적인 이론비교: 동일 행동에 대한 다중 설명에서는 이론 비교 차트를 자세하게 싣고, 5개의 사례에서 적용 질문을 더하고 있습니다. 그래서 성격심리학 이론을 실제 사례에 적용하여 분석하면서 이론과 분석을 함께 공부할 수 있기 때문에 심리학의 과학적인 측면과 실무적인 측면을 함께 아우를 수 있을 것입니다.

역자는 이 워크북 제3판부터 대학원의 「고급 성격 심리학」 강의에 사용하기 시작하였습니다. 3판을 부교재로 사용할 때 미국 버지니아 공대 총격사건이 일어나서 대학원 학생들에게 그 사례를 성격이론으로 분석하게 하였는데 학생들 모두가 이 워크북의 실용성과 유용성을 경험하기도 하면서, 이 워크북의 번역서 출판을 적극적으로 바라기도 하였습니다. 이번 제5판의 역서 출간으로 성격심리학 이론을 공부하는 모든 학생들이 그때의 대학원 학생들처럼 사례연구에 도움이 되기를 바랍니다.

이 워크북에 대한 **amazon.com**의 서평을 몇 가지만 인용해봅니다:

이 「성격심리학 이론 워크북, 제5판」의 사례연구들은 성격이론들을 전형적인 실생
활 행동(이상 행동만이 아닌) 예를 통해 학습하고 적용하도록 도와준다. 대부분의
성격심리학 교과서들은 성격이론의 주요 개념만을 제시하고 있는 데 반해, Donna
Ashcraft의 독특한 이 워크북은 예들을 철저하게 이해하게 해주며 이론 적용을 실습
해 보도록 한다. 이 책의 광범위한 사례연구들은 사례분석을 통하여 지도해 주는 **적
용 질문**을 수록함으로써 어떤 특정 이론가가 그것을 보는 관점의 방식을 고찰하도
록 고무해준다. **추가 이론 비교 질문** 연습은 각 이론 사이의 차이점을 이해하게 해준
다. 간명하고, 적당하고, 이해하기 쉬운 「성격심리학 이론 워크북, 제5판」은 비판적
사고를 하는 질문을 싣고 있는 탁월한 사례들을 갖추고 있는 동시에 개인 생활에
이론들을 폭넓게 적용하도록 짜여져 있다. 그 성과는 확실한 이해로 나타난다.

—아마존 서평

Donna Ashcraft의 「성격심리학 이론 워크북」은 내 "성격심리학" 강의의 귀중한 교수
도구가 되어왔다. 학생들은 사례연구들을 즐거워하였으며, 이 예들은 다양한 이론적
지향들에 대한 관점으로부터 임상적 이해를 공유하게 해주는 기회를 나에게 허락해
주었다. 이 책은 성격이론을 강의하는 모든 선생님들에게 귀중하게 여겨질 것이다.

—Martin E. Keller, ABPP in Clinical Psychology

이 워크북은 실제 인물들의 짧은 "전기"로 구성되어 있다. 이들의 삶에 관한 자세한
이야기는 상이한 성격 이론들을 뒷받침해 주었다. 이 책은 아주 잘 읽혀지는데, 즐
겁다고 말하고 싶다. 보통, 나는 교과서를 즐겁게 읽지 못하였는데, 이 책에 나오는
인물들의 성격은 미리 읽어 볼 만큼 충분히 독특하였다.

—독자로부터

위에 인용한 소세키의 하이쿠 '눈 사람'과 거투르드 스타인의 시 '해답' 그리고
티베트의 개구리 이야기를 생각하면서 이 워크북(제5판)을 차근차근 음미하면서 많
은 지식과 아울러 지혜도 얻기를 진심으로 바랍니다. 성격심리학은 인생의 스토리
이기 때문입니다.

이번 책이 나오기까지 전북대학교 대학원의 많은 임상심리학 전공 학생들의 도

움과 지지가 있었습니다. 늘 함께 가는 동반자로 또다시 고마움을 표하고, 간직합니다. 최종 마무리 작업까지는 박사과정의 이지연과 석사과정의 노푸른, 유다선 및 홍미나 그리고 학부 졸업 후 의전으로 진학한 박사노의 도움이 컸습니다. 또한 이 책이 나오기를 주선한 Cengage Learning 한국 지사의 김성수 님과 박영사 기획마케팅부의 김원국 님에게 감사드립니다. 그리고 박영사 편집부 전채린 님의 세심한 일 처리에 감사드립니다.

　이 책을 사용하실 강의 교수님들과 대학원 학생들 및 학부 학생들 그리고 미지의 독자들의 웰빙을 기원합니다.

2012년 6월
역자 손정락
jrson@jbnu.ac.kr

차례

제1부
이론 학습 및 적용

제2부
추가적인 이론비교:
동일행동에 대한 다중 설명

제 1 부

＊

이론 학습 및 적용

Sigmund Freud(1856–1939)

정신분석 이론

왜 이 이론을 배우는가?

공헌

Freud의 이론의 많은 측면이 더 이상 널리 수용되지는 않지만, 그는 여전히 수많은 이유로 "현대 심리학의 아버지"로 간주되고 있다. Freud는 사람들이 자각하지 못한 방법으로 행동할 수도 있고, 적어도, 사람들이 그들이 어떤 행동들에 관여하게 되는 이유를 자각하지 못할 수도 있다는 생각을 처음으로 소개하였다. 그 자체로, 그의 무의식 개념은 성격심리학 분야에서 가장 주목받을 만한 공헌을 한 것 중 하나로 간주되며 오늘날까지도 여전히 매우 관련이 있는 이 분야의 주춧돌이 되어 왔다. Freud의 방어기제들 또한 심리학 분야에서 주된 공헌으로 받아들여지고, 이 분야가 아닐지라도, 많은 사람들이 행동에 대한 설명으로서 이것들을 인정한다.

사실, 많은 다른 성격 이론가들은 더 나중에 상이한 용어를 사용했긴 했지만, Freud와 유사한 방어 기제들을 기술하였고, 일부는 Freud의 원래 목록에 추가한 것이 되었다. 게다가, 심리 성적 단계에 관한 그의 저술을 통해, Freud는 초기 아동기 경험이 성격 발달에 영향을 준다는 생각을 고안하였다. 대부분의 성격 이론들에서 Freud의 심리 성적 단계의 성적 동기 요소들이 현재에는 덜 강조되고 있긴 하지만, 심리 성적 단계 그 자체는 여전히 일반 대중에 널리 알려져 있으며, 그리고 그러한 단계에서 사건에 대한 그의 해석에 동의하지 않을지라도, 확실히 발달의 그러한 시기가 중요하다는 Freud의 관찰은 부인될 수 없을 것이다.

사례연구 1

Sigmund Freud

오늘은 금요일 밤이다. Hank는 자신의 아파트에서 Ben and Jerry에서 만들어진 Cherry Garcia 아이스크림을 먹으면서 스트레스가 가득했던 지난주에 대해 생각해 본다. 그의 키는 168cm이고 몸무게는 114kg이다. 그는 오늘 처음으로 자신의 체중에 대한 치료자를 만났다. 이것은 그가 마지막으로 만났던 여성이 자신과 만나지 않겠다고 말하기 전부터 생각해오던 것이다. 두 번의 데이트 후 Sally는 Hank에게 서로가 맞지 않기에 더 이상 만나고 싶지 않다고 하였다.

Sally와 Hank는 Mac컴퓨터가 PC컴퓨터보다 더 낫다는 같은 생각을 가지고 채팅을 하다가 만났는데, Hank는 Sally의 컴퓨터와 소프트웨어에 관한 해박한 지식에 좋은 인상을 받았다. 컴퓨터로 몇 번의 채팅을 하면서 Sally와 Hank는 서로 같은 동네에 살고 있으며 싱글이라는 것을 알았다. 컴퓨터에 관한 같은 생각이 계기가 되어 그들은 서로에 대해서 좀 더 잘 알아가는 것이 좋을 것이라고 생각하였다. 서로의 동의하에 그들은 바에서 만나 몇 잔의 술을 마시고 저녁을 먹으러 갔다. 데이트는 Sally가 희망했던 것만큼 잘 진행되지 않았고 Hank 역시 Sally를 이해할 수 없었다. 그녀는 조용한 경향이 있고 갈등을 아주 싫어하는 우호적인 사람이다. 반면에 Hank는 빈정대는 편이고 다른 사람들에게 감정을 상하게 하는 말을 잘하는 편이다. 예를 들면, Hank는 Sally가 가지고 있는 직업에 대하여 좋지 않은 말을 하였다. 그녀는 보험설계사인데 Hank는 그것은 다른 사람들이 느끼는 불안감을 축하하며 그것을 이용하여 필요하지 않은 보험을 판다고 하였다. 또 다른 예는 Hank의 언어적 둔감성이다. Hank는 음식점에서 음식과 서비스가 마음에 들지 않는다며 웨이터를 꾸짖었다. Hank의 목소리가 점점 커져 레스토랑의 사람들이 Hank와 Sally를 쳐다봤다. Sally는 굴욕스러웠다.

이번뿐만이 아니라 그의 언어적인 문제는 두 번째 데이트 때에 컴퓨터 가게에

갔을 때에 다시 한 번 비슷한 행동으로 나타났다. Hank는 그곳의 출품자 한 명과 어떤 그래픽 소프트웨어 패키지가 더 좋은지에 대하여 언쟁을 벌였다.

불행하게도 Hank는 어렸을 때부터 빈정대곤 하였고 그의 언어적인 공격으로 인하여 주변의 친구들로부터도 따돌림을 당했다. 그가 어른이 된 후에도 그는 관계를 유지하는 것을 힘들어했다. 우정이라는 것조차도 존재하지 않았다. 아동이었을 때 다른 아이들은 가장 친한 친구들과 함께 어울리고 집단에서 상호작용을 하는 동안 Hank는 컴퓨터 사용에 대해 배웠다. Hank는 Sally를 포함하여 다른 사람들을 멀리하게 만드는 또 다른 나쁜 버릇이 있다. 예를 들어, 그는 종종 신경질적일 때 손톱을 물어뜯곤 하였다. 이런 작은 것이라도 Sally에게는 거리감을 느끼게 하였다. 게다가 그는 골초였고, Sally는 비흡연자였다.

그렇지만 Hank는 Sally가 자신이 뚱뚱하기 때문에 관계를 깬 것이며 Sally가 외모지향적이기 때문에 자신의 과거의 모습과 성격을 존중하지 않았다고 스스로를 달랬다. 결국 그의 체중문제는 유전적인 요인이 있기도 한데, 그의 가족, 부모님 형제들 모두가 과체중이었다. 그는 다른 사람들에게 그리고 자신에게도 그가 먼저 그녀와 관계를 정리하려고 했었다고 말했다.

Sally와 헤어진 그 주에 Hank는 가슴에 통증을 느끼기 시작하였다. 응급실에 한 번 다녀온 후 Hank는 그가 심장에 문제가 있다는 것을 발견했다. 의사는 그가 금연을 하고 체중을 줄이고 식생활을 바꾸고 운동을 시작해야 한다고 말하였다. 그렇지 않으면 그는 심장병으로 죽을 것이라고 하였다. 이것은 확실히 좋은 조언이었다. Hank는 끊임없이 자신의 입에 음식 또는 담배 같은 무엇인가를 물고 있었다. 게다가 그는 불안하게 되면 과식을 하고 담배를 많이 피우곤 하였다. 이 사실은 젊은 Hank에게 방해가 되었다. 그는 백인남자로 겨우 33살이다.

그리고 Hank는 자신의 체중문제와 건강에 관하여 상담자를 보는 것이 두려웠다. 첫 번째 방문에서 치료자는 자신이 정신역동 중심으로 앞으로의 치료과정에서 발생할 경험의 유형을 설명하는 것을 계속했다. Hank는 회기가 끝날 무렵, 치료자를 믿을 수 있다고 생각하였고 체중을 줄이는 것과 더 건강해지는 것에 대하여 계속 치료를 받기로 결정하였다.

Hank는 또 자신이 이번 주에 직장에서 일어났던 일에 대하여 생각하였다. Hank는 광고회사의 직원으로서 컴퓨터 작업을 주로 하였다. 다른 사람들이 컴퓨터나 그래픽에 관하여 필요한 것이 있으면 Hank에게 오곤 하였다. Hank는 컴퓨터 그래픽의 마법사 같았고 회사의 홈페이지를 설계하고 관리하였다. 가끔 그는 고객이나 고객이 될 수 있는 사람들을 만났지만 그의 상사는 그 일들을 다른 직원들에게 넘기곤 하였다. 하지만 이번 주는 다른 사람들이 광고 마감 날짜가 다가오고 감기로 회사에 없었던 터라 그의 상사는 Hank에게 고객을 만나라고 하였다. 명백히 이 미팅은 잘 되지 않았는데, 상사는 Hank에게 고객이 될 뻔한 사람이 말하길 Hank는 시끄럽고 너무 전투적인 바보라고 말했다면서 꾸짖었다. Hank는 어디에서 이 의견이 나왔는 지 이해할 수 없었다. 그는 미팅을 매우 잘 했다고 생각했기 때문이었다. 그는 그의 고객에게 그들이 팔려는 것은 건강식품이고 맛이 없으며 소량이라고 말했지만 그 고객은 체중감량과 건강한 식생활에 대해서만 강조를 했다. Hank는 다른 사람이 자 신의 자리에 있어봐야 한다고 생각했다.

그의 어머니도 Hank는 아기였을 때부터 시끄러웠다고 하였다. 그의 울음소리 는 귀를 찢는 듯 했으며 그의 어머니는 그 소리를 없애고 조용한 시간을 가지기 위 해 최대한 빨리 음식 같은 것을 Hank의 입에 물리곤 했다. 그녀는 왜 그가 그렇게 지금까지도 많이 먹는지 모르겠다고 하며 지금은 웃어넘기지만 그 당시에는 스트 레스가 쌓였다고 한다.

아이스크림이 Hank의 기분을 다시 좋게 만들고 편안하게 만들어줬으며 마지막 한입을 먹고 담배를 꺼내서 불을 붙였다. 담배 한모금은 그의 긴장감을 풀어주었다. 그는 다음 주는 더 나을 것이라고 바랬다.

Hank는 그의 동료들이 그가 하는 일에 조금 더 감사해주고 그에게 우정을 선사 해주기를 소망했다. 그가 어렸을 때에는 (그가 멋있다고 생각하는)컴퓨터를 잘하면 서 다른 사람들의 질문에 대답해주며 다른 사람들과 친해지고 관계를 가질 수 있다 고 생각했지만 지금까지 그런 방식은 다 성공하지 못하였다. 그것보다도 Hank는 어 떤 여자가 자신과 사랑에 빠지기를 간절히 원했다. 그는 사랑이 그의 모든 문제를 풀어 줄 것이라고 생각했다. 그는 더 이상 외롭지 않을 것이고 살도 빠질 것이며 담 배도 끊을 것이다. 여자의 사랑만 있으면…

적용 질문

다음 질문들에 대답함으로써 Hank의 행동을 설명하는 데 도움이 되기 위해 Freud의 의식의 상태와 심리성적 발달의 단계를 사용하라.

1. Freud 학파에 따르면 Hank는 어떤 성격 유형을 나타내는가? 당신의 대답에 대한 증거를 제공하라. Freud 학파 조망에 따르면 Hank가 고착된 단계는 어떤 단계인가? 사례연구에서 고착의 증거를 찾아라. 이 고착의 원인이 되는 것에는 무엇이 있는가?

2. Freud 학파 이론은 Hank의 먹기와 논쟁적 행동을 외부적 또는 내부적으로 동기화된 것으로 기술하는가? 동기를 설명하라.

3. Hank가 이 설명에서 사용한 방어기제의 사례를 찾고 그것을 설명하라.

4. 사례연구에서 퇴행의 사례를 찾고 그것을 설명하라.

5. Freud 학파 치료자들은 Hank의 체중문제를 그 자체의 행동문제로 봤는가? 아니면 다른 문제의 증후로 보았는가? 설명하라.

6. 사례연구에서의 것과 같은, Freud 학파 치료자들은 어떤 치료적 기술을 사용할 것 같은가? 어떤 의식적 상태가 치료의 초점이 되겠는가? Freud 학파 치료에서 무엇이 치유를 가져오는가?

이론 비교 질문

1. Hank의 먹기와 까다로운(논쟁적) 행동을 설명하기 위한(Freud를 제외하고) 대안적인 설명은 무엇인가?

2. Hank의 행동의 어떤 측면이 행동적으로 지향된 치료자의 초점이 되는가? 만약 치료자가 정신 역동적으로 지향하게 된다면 어떤 측면이 초점이 되겠는가?

3. 여성과 장기간의 관계 수립에서 Hank의 문제를 설명하기 위한 Erikson의 친밀함의 부족 개념을 사용하라. Freud 학파 설명과 어떻게 다른가?

사례연구 2

Sigmund Freud

Steve는 레스토랑에 앉아서 자신의 파트너가 화장실에서 돌아오기를 기다리고 있다. 그는 기다리면서 남은 오늘 밤이 어떻게 될지에 대하여 상상을 하고 있다. 그들이 식사를 한 레스토랑은 빨강색과 하얀색 체크로 된 식탁보와 키안티병(와인병)에 초가 들어있는 한 조그마한 이탈리아 음식점이다. 바이올린 연주자가 테이블을 돌아다니며 로맨틱한 음악을 연주해 준다. Steve는 이런 종류의 레스토랑은 항상 좋게 일을 해결해 준다고 생각한다. 이런 환경에서 그의 파트너는 매력과 로맨틱함을 느낄 것이라고 생각한다. 이런 것은 Steve가 다음 행동을 허락해 주는데, 주로 그의 데이트는 그의 아파트나 파트너의 아파트에서 성관계를 가진 후 끝난다.

Steve는 38세로 이탈리아계 미국인으로 싱글이고 자신이 원해서 독신생활을 하지만 그의 친구들은 그의 행복에 관하여 걱정한다. 그들은 Steve가 긴 관계를 유지하지 못하고 약속이나 책임에 대하여 두려움을 가지는데, 성관계에 중독되었으며, 관계를 시작하는 데 열정을 가진다고 여긴다. 그들은 또한 어머니와 Steve의 긴장된 관계가 최소한 부분적으로 그의 행동에 영향을 주었을 것이라고 생각한다. Steve의 어머니는 그의 신체적인 필요를 다 채워주었지만 그가 갈망했던 정신적인 사랑을 공적으로 보여주거나 표현하는 애정을 가지지는 않았다. 그들은 그의 어머니에 대한 분노 혹은 그녀가 Steve에게 보여준 무관심한 행동이 Steve가 일반적으로 여성에 대한 분노로 표출되고 있는지 여부가 궁금했다.

Steve는 사춘기 때부터 바람둥이였다. 고등학교 시절에는 신뢰성이 없는 사람으로 인식되어 있었다. 소녀들은 그에게 매력을 느꼈다. 그는 멋있으며 많은 돈과 시간을 자신의 외모에 투자한다. 그렇지만 Steve는 자신이 매력적이지 않음에 대하여 비밀스럽게 두려움을 느끼고 있었으며 친구들이 알지 못하도록 자신의 모습을 개선하기 위해서라면 무엇이든지 했다.

그가 사귀자고 한 소녀들은 모두 그와 좋은 시간을 보냈지만 그는 파트너에게 항상 원치 않은 성관계를 요구하는 사람으로 알려졌다. 그리고 많은 경우 그는 그들에게 성관계를 가지기 위해서 사랑한다고 납득시켰다. 또한 그는 한 소녀를 임신시켰다는 소문이 났고 그때 그는 자신의 아이가 아니라고 주장했다. 그의 친한 친구에게 그 아이 때문에 잡혀있지 않겠다며, 그러기에는 많은 여자들이 있고 시간이 너무 없다고 말하였다.

이런 방식의 관계는 대학교 때까지도 지속되었다. 그는 여자와 데이트를 하고 성관계를 몇 번 가진 후 그 관계를 끝냈다. 그는 21살 때까지 8타스의 여자들과 성관계를 가졌다고 추정하였다. 그는 이러한 것에 대하여 동성 친구들에게 허풍을 떨었다.

대학 졸업 후 지금까지 줄곧, Steve는 성관계를 중심으로 여자들과 관계를 가져왔다. 시간이 지날수록 그의 동성친구들이 자리를 잡는 것과 한 여성에게 전념하는 것을 보게 되었다. 이런 일이 있을 때마다 그는 친구들이 속고 있고(꼬임에 빠졌고) 아무도 그의 남은 여생 동안 한 여성과 함께 살게 하지 않겠다고 진술하면서 놀라움과 불신을 표현했다. 여성들이 그와 데이트를 하고 성관계를 가지는 것에 동의하면, Steve는 자신이 매력적이며 그것을 아무도 빼앗아 갈 수 없다는 느낌이 들었다. 사실 Steve는 어떤 여성도 자신이 매력적이지 않다고 느끼고 그와 결혼하려하지 않을 것이라는 두려움을 가지고 있었다. 그는 여자들은 무료로 밥을 먹고 다른 더 좋은 사람이 나타나면 그와의 관계를 금방 끝낼 것이라고 생각하였다. 그렇기 때문에 그가 먼저 관계를 깨버렸다.

그의 친구들은 그가 마지막으로 만났던 여자, Diane과 Steve가 결혼할 것이라고 생각했었다. 그녀는 다른 많은 남자들이 한 번씩 원할 만한 여자처럼 보였다. 그녀는 예뻤고, 똑똑하며, 상냥하고, 좋은 유머감각을 지녔다. Steve는 다른 여자들에 비하여 오랫동안 관계를 유지했으며 그의 친구들은 그가 드디어 철이 들고 자리를 잡으려고 한다고 생각하였다. 하지만 그의 관계가 지속된 것은 그 여자가 그와 성관계 맺기를 거부해서였다. 그녀는 몇 개월 후 Steve가 정말로 그녀를 사랑하며 육체적인 것을 초월한 관계를 가지고 있다고 생각하여 성관계를 가졌다. 불행히도 Daine은 본능적인 그녀의 첫 감각을 믿었어야 했다. Steve는 3번의 다른 상황에서 성관계를 가진 후 그녀와 헤어졌다.

지금 그가 만나는 여자는 그가 운동하는 헬스장에서 만난 여자이다. 그녀는 매력적이고 좋은 몸매를 가졌다. 그는 원래 직장에서 만난 여자와 데이트를 하였지만 어떤 사람이 그를 성희롱자라고 고발하는 사건 이후로 회사 내에서는 여자를 만나지 않기로 결심하였다. 그는 이런 고발과 과장된 성희롱에 대한 것에 대하여 화가 났었다. Steve는 육체적인 감각만 따라서 살아가기에는 직장이 더 중요했다. 어쨌든 그는 다른 곳에서도 여전히 다른 여자들을 만날 수 있기 때문이다.

적용 질문

다음 질문들에 대답함으로써 Steve의 행동을 설명하는 데 도움이 되기 위해 Freud의 의식의 상태와 심리 성적 발달의 단계를 사용하라.

1. Freud 학파 조망은 여성에 관한 Steve의 관계들이 내적 또는 외적으로 동기화되었는지를 진술하는가? 성격의 어떤 체계가 가장 관련되는가? 어떻게 그런가?

2. Freud 학파 이론에 따르면, Steve는 그가 오직 성적 기초 위에서만 여성과 상호작용하는 이유를 알고 있는가? 의식의 어떤 상태가 이 행동 통제와 가장 관련이 있는가?

3. Freud 학파의 어떤 유형의 정신 에너지가 Steve의 여성과의 관계들에 동기를 주는가?

4. Freud의 어떤 성격 유형이 Steve를 나타내 주는가? 그것에 대한 증거는 무엇인가?
   무엇이 그것을 일으켰는가?

5. Freud의 어떤 심리 성적 단계에 Steve가 고착되었는가? 그것의 증거는 무엇인가? 단
   계를 기술하고 고착에 어떻게 기여했는지 기술하라. 무엇이 이 고착의 원인이 되었
   는가?

6. 다른 사람들이 만약 그들이 같은 단계에서 고착되었다면 Steve보다 그들의 행동을 상이하게 표현했을지도 모른다. 그들이 행동할지도 모르는 방법의 몇 가지 예를 들어라.

이론 비교 질문

1. Fromm의 관계성 욕구가 Steve의 여성과의 관계를 어떻게 설명할 수 있는가? Freud 학파 설명과 어떻게 비교되는가?

2. Horney의 기본적 불안의 개념이 Steve의 여성과의 관계를 어떻게 설명할 수 있
   는가?

3. 오이디푸스 콤플렉스에 관한 Melanie Klein의 개념화는 Freud 학파와 어떻게 다른
   가? 이러한 구별은 Steve의 여성과의 관계를 설명하는 데 차이가 있는가? 만약 그
   렇다면 어떠한 차이가 있는가?

4. Steve의 전형적으로 확립된 여성과의 관계의 유형을 기술하기 위해 May의 사랑의 유형을 사용하라.

유용한 힌트

당신은 사례 1 또는 2를 위한 적용 질문들의 일부를 대답하는 데 문제가 있는가? 다음이 도움이 될 것이다.

Freud는 성격의 세 가지 체계가 있다고 믿었다: 원초아, 자아 및 초자아. 원초아는 우리가 무엇을 하고 싶으냐에 대해 우리에게 말한다; 자아는 우리가 무엇을 할 수 있는지를 우리에게 말한다; 초자아는 우리가 무엇을 해야 하느냐에 대해 말한다. 우리는 우리의 리비도(또는 성적 에너지)는 각각의 다섯 단계가 신체의 다른 부분에 대해 추구하는(애착하는) 심리 성적 발달들을 통해 진행됨으로써 처음 6년의 발달 동안에 성격이 발달한다.

우리가 만약 각 단계에서 발생하는 갈등을 성공적으로 해결하지 못하면 발달의 정해진 단계에서 고착될 수 있다. 이것은 전형적으로 지나친 방임(예를 들면 좌절감 또는 과잉만족) 때문에 발생한다. 때때로 특별한 단계에서 고착된 사람들은 그 단계의 특징에 근거한 성격 유형이 발달한다. 우리가 고착되고 스트레스를 경험할 때 우리는 더욱 퇴행할 것이다(또는 발달의 초기 단계로 되돌아간다). 그렇게 되면 우리는 고착된 단계의 전형적인 상태로 행동하게 된다.

✳

Carl Jung(1875-1961)

분석이론

왜 이 이론을 배우는가?

공헌

Jung에 대해 연구한 많은 사람들은 즉각적으로 원형을 생각하겠지만, 이것은 성격 심리학 분야에서 그의 가장 중요한 공헌은 아니다. 대신에, 심리학에서 Jung의 가장 눈에 띄는 공헌은 아마도 8가지 성격 유형에 대한 논의일 것이다. 특히, Jung의 내향성과 외향성의 개념은 유난히 가치로우며, 유사한 개념들을 다른 성격 이론들에서도 찾아낼 수 있다. Hans Eysenck와 더 최근의, McCrae와 Costa는 Jung의 내향성 및 외향성과 유사한 생각을 논의하였다. 덧붙여서, Jung의 기능(사고, 감정, 직관 및 감각)에 대한 논의 또한 매우 중요하며 Myers-Briggs 유형 지표(Myers-Briggs Type Indicator, MBTI)에서 널리 사용되고 있는 주요 구성 요소이며, 대중적인 성격 평가 도구이다. 사실, MBTI는 사람들의 직업 선택을 돕고 학생들의 학습 양식을 규명해 주는 것을 포함한 수많은 다양한 응용프로그램에 사용된다.

Jung은 성격을 이해하는 데 전인적 접근을 사용한 첫 번째 이론가 중의 한 명이다. 따라서, 그의 분석이론이 정신역동으로 간주되긴 하지만, Jung은 또한 인본주의적 사고에도 공헌하였다. 사실, Jung의 정신건강에 대한 관점은 사람들이 그들의 성격의 모든 측면에 대해, 한계점일지라도 자각되고 통합될 필요가 있다는 가정에 근거했다. 그가 자기-실현이라고 언급한 이 개념은 사람들이 심리적으로 균형잡힌 개인이 되도록 장려하였다. 예를 들면, Jung의 이론은 양성성 고찰을 한 첫 번째 이론이다. 양성성은 어떤 사람이 남성적 성격 특징과 여성적 성격 특징 모두를 가진 것을 의미한다. 그러므로 양성성을 가진 사람은 상황이 요구하는 것에 따라 전통적인 남성적인 방식으로나 여성적인 방식으로도 행동할 수 있다. Jung은 남자가 그들의 여성적인 면(아니마)을 자각하게 되고 여자가 그들의 남성적인 면(아니무스)을 자각하게 되는 것을 장려하였다. 요약하면, 그는 그의 내담자들의 균형과 성장을 장려하였는데, 내담자들이 완성을 향해 가도록 하는 인본주의적 노력을 하였던 것이다.

끝으로, 성격 발달 단계에 대한 그의 저술에서, Jung은 또한 성격은 삶을 통해 발달한다는 관점과 Freud가 제안한 초기 아동기에 필연적으로 고착되지 않는다는 관점에 공헌하였다. 발달에 대한 이러한 생애에 걸친 접근은 "중년기" 위기라는 개념이 논의를 가능하게 하였다. 사실, Jung의 노인의 경험에 대한 논의는 노인학 분야의 발달에 공헌하였고, 그전까지만 해도 문헌에서도 무시되었던 인구전집을 다루게 되었다.

✳

사례연구 3
Carl Jung

Bob이라는 사람은 더할 나위 없이 점쟁이 같은 신비로운 사람이다. 그는 56세이고 아일랜드계 미국인이고 아일랜드 억양을 가지고 있으며 그는 다른 사람들의 미래가 어떻게 될 것이라는 것을 알려주며 돈을 벌어 생활하고 있다. 그는 타로 카드를 읽거나 찾아오는 고객의 머리에 손을 얹음으로써 이것을 행한다. 그는 자신이 이렇게 함으로써 느낄 수 있다고 하며 고객들에게 어떤 일이 생길지 볼 수가 있다고 한다. 그는 이런 일이 어떻게 일어나는지는 모르지만 마음의 눈으로 거의 볼 수 있다고 한다.

그는 또한 "저승의 선을 넘은 사람들"과도 접촉함으로써 돈을 벌기도 한다. 달리 말하면, 그는 죽은 사람과의 대화가 가능하다는 것이다. 이것을 하기 위해서 그는 고인이 사용했던 물건을 접촉할 수 있어야 한다. Bob은 그 물체에 대한 느낌이 미래를 예측하는 것에 중요한 것이 아니며 그 죽은 사람 혹은 살아있는 사람의 정신 에너지를 경험하는 것이라고 한다. 그 물체를 만진 후, 그는 집중하며 이른바 고인과 접촉할 수 있고, 이야기할 수 있는, 어떤 트랜스 상태로 들어간다. 그의 고객들은 그가 실제로 이것을 할 수 있다고 믿는다. 그들은 그가 오직 그들의 죽은 사랑한 사람만이 알 수 있는 것들을 그들에게 말한다고 주장한다.

Bob은 항상 이런 능력을 가지고 있었다. 10대 때부터 그는 어떤 일이 일어날 거라는 것을 감지하거나 아무도 그에게 말하지 않았던 어떤 일어난 사건에 대해서도 알고 있었다. 이런 경험은 작은 일 그리고 큰일 모두에서 경험되었다. 예를 들면, Bob이 더 어렸을 때에는 비정규직 일을 하는 아버지를 위해서 언제 커피를 타놓아야 하는지를 알고 있었다. Bob은 그냥 언제 아버지가 오실지를 알고 있었으며, 그의 아버지는 집에 오면 언제나 커피를 원하였다. Bob은 할아버지가 돌아가셨을 때, 예감의 기운으로 가득했다. 그날로부터 한참 후, Bob은 그의 공포의 감각을 설명하는 죽음에 관해 알게 되었다.

Bob은 언제나 이런 예언적인 경험을 가지고 있었지만 이렇게 비과학적인 것에 지금처럼 관심을 가진 적은 없었다. 그는 40세가 되기 전까지 이런 흥미는 항상 있었음에도 불구하고 그의 인생에 통째로 영향을 끼친 적은 없었다. 40세가 가까이 되면서 Bob은 죽음을 응시했고 과학적으로 설명할 수 없는 활동들을 연구하기 시작했다. 이 연구는 그 자신의 경험들에 대한 이해를 증가시켰고 그의 신비적인 기술들을 연마하는 것을 허용하면서, 점차적으로 그의 현재 직업과 생활양식으로 이끌게 되었다.

현재, Bob은 과학적으로 설명할 수 없는 것에 관해 관심 있는 집단 모임에 강연하면서 돈을 번다. 이러한 이벤트에서 그는 "다른 세상"에 관한 그의 경험과 믿음에 대하여 설명한다. 그는 특히 이런 유형의 상호작용을 즐긴다. 이런 것은 비록 그가 예언자이며 그의 청중들은 자신의 제자들이지만, 그가 지식이 있으며 현자처럼 느껴지게 만든다. California에 있는 한 대학에서 있었던 지난번의 이런 강연에서는 2,500명의 청중이 모여들었다. 이런 "강연" 동안, 그는 수많은 사람들을 선발했고 직접적으로 그들에게 말했으며, 그들에게 죽은 사랑하는 사람으로부터의 메시지를 분명하게 전달해 주었다. 연설 중간에 말을 멈추고, 그는 청중 속에서 한 어린 여자를 지목했고 그녀의 아버지가 딸에게 주는 메시지, "이해하고 용서한다"는 말을 그녀에게 전해주었다. 그러자 그녀는 울음을 터뜨렸다. 그는 또한 어떤 여자에게 그녀의 죽은 남편이 그녀에게 그는 잘 지내고 있으며 행복하다고 전해달라는 말을 해주었다.

그의 친구들은 Bob을 현실성이 없다고 말한다. 그는 비록 이런 식으로 돈을 벌어왔지만 매일의 삶에 있어서는 문제가 있었다: 집을 깨끗하게 유지하는 것, 돈을 어디에 썼는지에 대한 계산, 충분한 음식을 확보하는 것. 그의 집은 항상 지저분하며; 그는 그의 돈을 관리해주는 사람이 필요하고; 또한 그는 냉장고나 찬장에서 아무것도 먹을 것이 없음을 발견하곤 한다.

그의 생활양식은 확실히 대부분의 사람들과는 다르다. 확실히, 그의 모든 여행이나 "강연"을 보면, 은행원이라기보다는 록 스타와 비슷하다. 그가 비록 집에 오랫동안 있다고 하더라도, 더 많은 방문자들을 맞이하는데, 그것은 개인적인 예약으로 그에게 조언을 듣고 싶어 하는 사람들이 오기 때문이다. 이러한 만남들 중에서 그는 신비한 힘을 발휘하여 고객들에게 "다른 세계"에서 오는 정보를 전해주곤 한다. 놀랄 것도 없이, 그의 친구들은 그가 좀 특이하고 별나다고 생각한다. Bob을 잘 모르는 사람들은 그가 괴짜이거나 사기꾼이라고 생각한다. 그의 매니저조차도 그를 그냥 연예인처럼 생각한다. Bob은 가끔 자신이 "팔려나간다"는 느낌을 받지만, 그는 다른 이들을 도와준다고 믿고 있다.

적용 질문

Jung의 이론적 개념들과 단계들을 사용하여, 다음 질문에 대한 답을 함으로써 Bob의 성격을 평가하라.

1. Jung 학파 이론에 따르면, Bob의 태도는 무엇인가? 당신의 답에 대한 증거를 제시하라.

2. Jung 학파 이론에 따르면, Bob의 우월적 기능은 무엇인가? 당신의 답에 대한 증거
   를 제시하라.

3. 원형은 무엇인가? Jung의 이론에 의한 그들이 가지는 의식의 수준은 무엇인가?
   Bob에게 영향을 미쳤던 원형은 무엇인가? 당신은 이것을 어떻게 아는가? 그것이
   그의 행동에 어떻게 영향을 미쳤는가?

4. Jung 학파 이론에 따르면, Bob의 현재 단계는 무엇인가? 이 단계에서 그가 경험하고 있을 것 같은 사건의 유형은 무엇인가? 이 사례 연구에서 이들 경험들에 대한 증거가 있는가? 설명하라.

이론 비교 질문

1. Bob이 놓여 있는 Erikson의 발달 단계는 무엇인가? 왜 그런가? Erikson의 심리사회적 발달 단계는 Jung의 발달 단계와 어떻게 다른가?

2. Fromm의 실존적 딜레마에 대한 개념은 Bob의 신비주의적인 경험들을 어떻게 설명할 수 있는가? 이 개념을 Jung의 원형과 비교하라.

사례연구 4

Carl Jung

Mark는 28세의 아프리카계 미국인 소방관이며 자신의 직업을 무척 좋아하는 사람이다. 그가 불규칙적인 시간으로 일하는 것에 비하여 받는 돈은 적으나 그의 일이 자신에게 그만큼 보상해주며 스릴있는 직업이라고 생각하였다. 그가 왜 자신의 직업을 좋아하는지 설명할 때면 그의 얼굴은 밝게 변하였다. 그는 마치 그가 출동하였던 최근 사건의 흥분을 재경험하고 있는 것처럼 보였다. 그는 경보가 울리면, 아드레날린이 솟구치며 몸은 생동감이 넘친다고 하였다. 그가 출동하였을 때에, 두려움은 없지만 조심스럽게 일을 하며 살아있다는 것을 느꼈다. 그는 밝은 불을 보면 그 불꽃에서부터 나오는 열을 느끼고 거의 자동적으로 움직이며, 부주의하지 않고 용감하게 임무를 수행하였다. 때때로 연기 속에서 호흡하는 것으로부터 허파는 타들어가고 거친 것에 대한 판단과 느낌은 죽음을 면할 수 없음을 깨닫게 했으며 그에게 삶을 감사하도록 만들었다.

Mark의 직무 중에 하나는 초등학교에 가서 아이들에게 불에 관련된 안전수칙을 설명해주는 것이었다. 그는 불이 어떻게 나며 어떻게 번지는지에 대하여 설명하였다. 그는 아이들이 불이 났을 때에 어떻게 행동해야 하는지에 대하여 이야기하였다. 그가 이런 이야기를 할 때에 아이들은 그를 우러러보며 용감한 사람으로 바라보는 것은 그를 기분 좋게 하였다. 그는 또한 소방관이라는 직책을 즐겼다. 그가 도와준 사람들은 그에게 칭찬을 하고 감사를 표하였다. 초등학교 아이들처럼 그들은 그를 중요하고 용맹스런 사람으로 느끼게 하였다.

Mark의 직업은 굉장히 자극적인 것이다. Mark는 어렸을 때부터 항상 높은 수준의 자극을 추구하였다. 그가 아주 어렸을 때에는 항상 소리를 내었는데 말을 하거나 노래를 계속 하거나 나뭇가지나 항아리 및 냄비 같은 물건들을 가지고 음악을 만들어내곤 하였다. 그는 "너무 조용해서" 그랬다고 하였다. 그가 좋아하는 게임들 또한 자극적이었다. 그는 빈번하게 영웅이 되는 게임을 하곤 하였다. 그는 보안관이 되어 은행 강도를 잡거나 경찰이 되어 나쁜 사람들을 교도소에 넣거나 해적들을 물리치는 선장이 되는 놀이를 하였다(그리고 주로 자신의 어린 동생이 나쁜 사람이거나 해적 혹은 은행 강도 역을 하였다).

10대와 청년 시절에, 그는 항상 소방관이나 경찰관 임무처럼 "봉사하는" 직업의 어떤 유형에 들어갈 것이라는 것을 알고 있었는데, 그는 실제로 경찰관이 자신을 위한 것이 아니란 것을 결정하기 전까지 짧은 기간 동안 경찰학교에 다녔다. 그는 그 직무가 자극적이기보다는 많은 서류들과 순찰을 포함한 계속적인 운전 때문에 너무 단조롭다고 생각하였다. 경찰업무를 경험하고 나서, Mark는 소방관이 좀 더 자극적이라는 것을 발견했기 때문에 소방관이 되기로 결심했다. 이런 결정은 그의 부모님이 그의 직업 선택에 찬성하지 않았기 때문에 그에게도 어려운 것이었다. 그들은 Mark가 다치거나 죽는 것에 대해 걱정했다. 그들은 또한 그가 집을 떠나 소방훈련학교로 들어가는 것을 싫어하였다. 그럼에도 불구하고 그는 자신의 결정을 따랐다. 그는 소방훈련학교에서 아주 우수하였는데, 소방서에서 생활하지 않는 동안을 위해 아파트를 빌렸다.

Mark의 친구들은 그가 외향적이고 행복한 사람이라고 표현하였다. 그는 삶을 사랑하고 최선을 다해 살려고 노력하였다. 그는 비록 통찰력이 부족하지만 현실적이며 실용주의적이었다. 그의 소방서 동료들은 그가 유능한 사람이며 항상 도움을 주는 방법을 때를 잘 맞추어서 사용할 줄 안다고 하였다. 그는 또한 고치고 만드는 것들을 잘하였다. 그는 도구들을 가지고 일하는 것을 좋아하였고 새로 잘린 나무의 냄새도 좋아하였다. 최근에 그는 그의 자유 시간에 소방서의 부엌을 새롭게 고쳤다.

적용 질문

Jung의 이론적 개념들과 단계들을 사용하여, 다음 질문에 대한 답을 함으로써 Mark 의 성격을 평가하라.

1. Jung 학파의 이론에 따르면 Mark의 태도는 무엇인가? 당신의 답에 대한 증거를 제 시하라.

2. Jung 학파의 이론에 따르면, Mark의 우월적 기능은 무엇인가? 당신의 답에 대한
   증거를 제시하라.

3. Jung의 이론에 따르면, Mark에게 영향을 미쳤던 원형은 무엇인가? 당신은 이것을
   어떻게 아는가? 그것은 그의 행동에 어떻게 영향을 미쳤는가? Mark는 그것의 영
   향을 자각했는가? 왜?

4. Jung의 이론에 따르면, Mark의 현재 단계는 무엇인가? 만약 적절하다면 하위 단계를 구체적으로 설명하라. 이 단계에서 발생되어질 수 있는 사건의 유형은 무엇인가?

5. Jung 학파 이론에 따르면, Mark가 슈퍼 영웅이 된 것처럼 하는 때는 무슨 단계인가? 만약 적절하다면 하위 단계를 구체적으로 설명하라.

이론 비교 질문

1. Jung 학파 외에 다른 이론을 사용하여, Mark의 직업 선택을 설명하라.

2. 강화와 처벌과 같은 환경적인 요인들은 Mark의 직업 선택을 어떻게 설명할 수 있는가? 이 행동을 조장한 몇몇 강화들은 무엇인가? Mark의 직업 선택을 설명하는 데 Jung의 이론은 이 해석의 초점과는 어떻게 다른가?

3. Eysenck의 외향성 개념은 Mark의 직업 선택을 어떻게 설명할 수 있는가? 이 개념으로 설명할 수 있는 다른 행동들은 무엇인가?

유용한 힌트

당신은 사례 3 또는 4를 위한 적용 질문들의 일부를 대답하는 데 문제가 있는가? 다음이 도움이 될 것이다.

당신이 배우는 수많은 이론가들이 사용한 용어에 관한 것은 오늘날의 사용 방식과는 다르다. 예를 들면, Jung은 태도라는 용어를 어떤 확실한 특징적 방식에서 행동하는 경향에 대해 알아보기 위해 사용했다: 내향성 또는 외향성. 그리고 비록 내향적인 것이 오늘날 조용하거나 수줍은 무언가를 의미하지만, Jung은 내향성을 정신 에너지가 내부로 향하는 방향전환, 주관적인 것을 향한 지향으로 설명했다. 이와 비슷하게, 비록 외향성은 오늘날 사교성이 풍부한 것을 의미하지만, Jung은 그것을 정신 에너지의 외부로 향하는 방향 전환, 객관적인 것으로 향하는 지향으로 설명했다. 이와 관련해서, 태도에 더해서, Jung은 또한 성격을 기능들(세상을 해석하는 방식)의 형식이라고 생각했고 이들 기능에 대해 그가 사용한 용어는 여전히 오늘날의 언어 사용에서 발견할 수 있지만 어떤 것들은 오늘날 내포한 것과는 다른 의미를 가진다. 우월적 기능이 가장 강한데, 그 중 하나는 우리가 그것으로 가장 편안하기 때문에 가장 많이 사용하는 것이다. 우월적 기능은 두 가지 합리적 기능들(사고 혹은 감정)과 두 가지 비합리적 기능들(감각 혹은 직관) 중에 선택되어진다. 사고는 논리적 행동이다; 감정은 세상에 대해 평가하는 과정이다(정서적 반응이 아니다). 감각은 감각들을 통한 세상을 해석하는 것을 포함한다(투시적 경험이 아니다); 직관은 우리가 자각할 수 없는 방식에서, 의식의 작업을 넘어서는 방식으로 세상을 해석하는 것이다. 각각의 4가지 가능한 우월적 기능들과 두 가지 태도를 결합해서 8가지의 가능한 지향들과 성격 유형들이 결정된다.

✳

Erik Erikson(1902-1994)

심리사회적 이론

왜 이 이론을 배우는가?

공헌

Erik Erikson의 8 단계의 심리사회적 발달단계는 심리학 분야에서 그의 가장 중요한 공헌이다. Erikson은 생애에 걸친 성격의 발달을 강조하였는데, 초기 단계들은 부모들을 위한 지침으로 보일 수 있기 때문에 특히나 중요하다. 예를 들어, 첫 단계 동안, 심리사회적 위기는 기본적 신뢰 대 불신으로, Erikson은 아이들이 희망감을 발달시키고 미래의 욕구가 또한 부합되도록 유아의 욕구를 실현시킬 부모의 중요성에 대해 논의하였다. 이 단계에서 유아는 자신을 돌보아 주는 사람이 의지할 수 있고 믿을 수 있는지를 알아낸다; 이것은 대상관계이론가들에 의해서 가장 최근에는, 애착 이론가들에 의해 지적된 바와 같이 미래의 관계에 토대로서 제공될 수 있다. 유사하게, Erikson은 근면성 대 열등감의 위기가 해결되어져야

만 한다는 4번째 단계에서 아동의 유능감과 자신감을 발달시키는 부모의 중요한 역할을 언급했다. 이 단계 동안 아이들은 그들 자신을 특히 학교 장면에서 다른 아이들과 비교하기 시작한다. 아동은 비판적으로 다른 아이들과 비교한다는 것을 잠재적으로 알아챌 수 있다: 그들은 아마도 다른 아이들처럼 영리하지도 않고, 매력적이지도 않고, 몸이 탄탄하지도 않다고 주목할 수도 있다. 아동이 기대한 방향에 부합되지 않는 것에 초점을 맞춘다면, 열등감과 무능감을 발달시킬 수 있다. Erikson은 부모의 직업이 어떤 다른 방법에서는 아동에게 유능감을 주는 데 도움이 된다고 생각했다. 따라서, Erikson의 심리 사회적 단계에서 함축되어 있는 것은 성공적인 육아 전략을 발달시키는 데 중요한 영향을 가져다주었다는 것이다.

이 두 가지 예는 아동기의 쟁점에서 Erikson의 저서의 영향을 증명하였지만, Erikson은 청소년기 발달의 이해에도 훨씬 더 큰 영향을 주었다. 가장 주목할 만하게 그는 정체감을 발달시키는 10대의 중요성을 논의하였으며 또한 부모가 자녀들에게 그들이 원하는 대로 따르도록 압력을 가한다면, 자녀들의 정체감은 발달하지 않을 것이라는 사실을 논의하였다. 대신에, 역할 혼돈이 일어날 것이고 행동화가 이러한 혼돈에 대한 반응으로 일어날 수도 있다. 사실, Erikson은 좋지 않은 양육으로 인한 청소년의 행동화를 비난하였다. 다른 심리사회적 단계들이 여기에서 언급되지는 않았지만, 그것들의 가치는 과소평가되어서는 안 된다. Erikson의 이론은 생애를 통해 성격 발달을 이해하는 데 추가되었다.

사례연구 5

Erik Erikson

Chrystell은 이제 막 3학년을 마친 행복한 8세 아이이다. 다른 부모들과 마찬가지로, Chystell의 부모도 학교에 어떻게 반응하고 적응할지에 대하여 걱정을 했었다. 그들과 Chrystell이 아프리카계 미국인(African-American)이고, Chrystell이 백인(Caucasian) 학교에 다니고자 했기 때문에 특히나 그들은 걱정이 되었다. 그렇지만 필요 없는 걱정이었다. 아이는 잘 적응하며 지내고 있다. 다른 친구들은 그녀를 좋아하고, 그녀는 많은 친구들과 사귀었다. 성적도 우수한 편이었으며 모든 교과과정의 목적을 잘 이루는 것뿐만 아니라 뛰어나게 잘 하고 있었다. 예를 들어, Chrystell은 보통 1학년 전까지 시작하지 않는 읽기를 유치원 때부터 시작했다. Chrystell이 잘하는 이유는 부모가 학구열이 높으며 어려운 학교 공부가 있을 때에 옆에서 도와주기 때문이었다.

Chrystell은 언제나 기르기 쉬운 아이처럼 보였다. Chrystell이 어렸을 때에 어머니는 그녀를 양육하는 데 힘들지 않았으며 자주 먹이지 않아도 되었었다. 실제로, Chrystell이 마지막으로 먹고 나서 시간이 많이 흘렀다고 느꼈기 때문에 엄마가 아기에게 젖을 물린 일이 여러 번 있었다. 아침에 일어나서도 Chrystell은 밥을 달라고 미친 듯이 울어대지도 않았다. Chrystell이 태어나서 6시간 동안 어머니를 자게 해주어서인지 다른 아이들에 비하여 Chrystell은 어머니가 새로 아기가 태어나면 힘들 뻔한 것들에도 힘들지 않게 해주었다. 밤에 젖을 줘야 하는 것도 한 번밖에 없었고 오래 걸리지 않았다; 그녀는 Chrystell이 젖을 먹는 동안에도 잠이 들었으며 깨어나서는 다시 침대에 뉘여 놓고 자신의 침대로 돌아와 잠을 잘 수 있었다.

배변훈련 또한 심하게 힘들지도 않았다. Chrystell 부모 누구도 아이들에게 배변훈련을 서둘러 강요하지 않았다. 그들은 아이들이 결국에는 배워서 조절할 수 있는 능력이 생길 수 있을 거라 믿으며 부모님은 아이들에게 준비가 되지 않았을 경우에는 강요하지 않고 격려를 해주며 방법을 알려주는 것이라고 생각하였다. Chrystell의 부모는 그녀가 실수를 했을 때에 당황하지 않고 대신에 그녀에게 다음에는 화장실을 쓰라고 하면서 다시 한 번 상기시키기만 하였다. 이런 방법은 Chrystell에게 유용했으며 2살 반이 되자 큰 문제없이 적응하였다.

　Chrystell의 부모는 그녀와 다른 아이들에게도 다른 것들을 할 때에도 이런 방법을 사용했다. 그들은 아이들이 걷고, 수저를 쓰고, 스스로 밥을 먹는 것에 대하여 격려하여 주었다. 그들은 아이들이 좀 더 쉽게 이런 일을 할 수 있도록 같이 연습을 해주었고 어떻게 하는 것인지 보여주고 가끔씩은 음식을 떨어뜨리지 않고 좀 더 쉽게 입에 가져갈 수 있는 휘어진 수저를 사주기도 하였다. Chrytell의 부모는 가끔씩은 어려웠지만 아이들이 이런 것을 빨리 배우게 하는 것에 대하여 조급해하지 않았다. 만약 이런 활동이 좀 더 어렵다면 그들은 주로 당분간 그 일을 멀리 했다가 Chrytell과 자녀들에게 나중에 다시 시도해보도록 하였다.

　Chrystell이 나이를 먹음에 따라 부모는 그녀의 놀이를 명령하지 않으려고 하였다. 대신에 그들은 그녀에게 여러 가지의 선택할 것을 주고 그녀가 스스로 고르게 하였다. 주로 그녀의 부모는 그럴 필요도 없다고 느꼈는데 이유는 Chrystell이 주로 스스로 잘 놀았기 때문이다. 가끔씩은 그림책을 보기도 하였다. 다른 시간에는 인형과 놀기도 하였다. 또 다른 시간에는 레고를 가지고 놀기도 하였다.

　Chrystell의 부모는 그녀가 말썽이 있었다고 기억하는 유일한 시기는 그녀의 여동생이 태어났을 때이다. Chrystell의 여동생은 손이 많이 가는 제왕절개로 낳은 아이여서 어머니는 Chrystell에게 신체적으로도 잘 돌보지 못했고 함께 시간을 보내지 못하였다. Chrystell은 동생에게 애정을 표현하려 하였지만 가끔씩은 아이를 너무 세게 끌어안곤 하였다. Chrystell의 어머니는 이것이 일부러 그런 것인지 아닌지를 구분할 수 없었다. 그녀는 Chrystell이 동생에 대한 질투심에 일부러 그런 것이라고 생각하였는데, 그 이유는 Chrystell이 어머니에게 "엄마는 항상 애기를 안고 있어요"라고 말해서였다. Chrystell은 또한 말을 더듬기 시작하였다. Chystell의 어머니는 아이에게 안도를 주고 확신을 주기 위해 "내가 아이에게 더 많은 관심을 표하고 있는 것처럼 느끼겠지만 네가 어렸을 때에도 이렇게 너를 많이 안고 있었단다"라고 자주 말하였다. Chrystell의 어머니는 아이가 질투를 느끼는 것을 당연하게 생각하였고 Chrystell이 그런 것에 대하여 나쁜 감정을 갖지 않게 하려고 노력하였다. 어머니의 몸이 괜찮아지면서 아이도 손이 덜 가게 되었고, Chrystell과도 많은 시간을 보낼 수 있게 되었다. 말을 더듬거리는 것도 결국 사라졌고 Chrystell은 동생에게 더 상냥해졌다. 이제 학기가 끝나가고 Chrystell의 어머니는 앞으로도 남은 학교생활을 지금처럼만 하기를 바라며 자신이 아이에게 긍정적인 영향을 미치며 발달하기를 바랐다.

적용 질문

Erikson의 심리사회적 발달단계(특히 1단계에서 4단계)를 사용해서 Chrystell의 삶을 다음 질문들에 대한 답으로 분석하라.

1. Erikson의 심리사회적 발달의 첫 번째 단계에서 경험한 위기는 무엇인가? Chrystell 은 이 단계를 어떻게 해결했는가? 위기의 결과는 무엇인가? 그것이 최적의 해결 인가, 그렇지 않은가?

2. Erikson의 심리사회적 발달의 2번째 단계에서 경험한 위기는 무엇인가? Chrystell은 이 단계를 어떻게 해결했는가? 위기의 결과는 무엇인가? 그것이 최적의 해결인가, 그렇지 않은가?

3. Erikson의 심리사회적 발달의 세 번째 단계에서 경험한 위기는 무엇인가? Chrystell은 이 단계를 어떻게 해결했는가? 위기의 결과는 무엇인가? 그것이 최적의 해결인가, 그렇지 않은가?

4. Erikson의 심리사회적 발달의 네 번째 단계에서 경험한 위기는 무엇인가? Chrystell
   은 이 단계를 어떻게 해결했는가? 위기의 결과는 무엇인가? 그것이 최적의 해결
   인가, 그렇지 않은가?

5. Erikson의 이론은 때때로 부모에게 좋은 지침서로 기술된다. 본 사례연구를 통해
   이 지침의 예를 찾고 그것들을 기술하라.

이론 비교 질문

1. Maslow 이론은 Chrystell의 경험을 어떻게 설명하는가? 그녀의 모든 욕구가 만족되었는가? 설명하라. Maslow의 욕구는 Erikson의 단계 위기들과 어떻게 다른가?

2. Chrystell의 동생이 태어난 후 그녀의 말더듬이는 어떻게 해결되었는지 설명하기 위해 Bandura의 상호결정론 개념을 이용해보라. Bandura의 이론이 Erikson의 것과 그것의 강조에서 어떻게 다른가?

3. Sullivan의 좋은 엄마/나쁜 엄마 인격화는 Chrystell의 모유 수유 경험을 어떻게 설명하는가? Sullivan 이론의 강조는 Erikson의 것과 어떻게 유사한가?

4. Erikson의 솔선성 개념은 Rotter의 통제소재 개념과 어떻게 비교되는가?

사례연구 6

Erik Erikson

Betty는 68세의 백인이고 자신의 인생을 돌아보고 있다. 그녀는 자신의 아이들을 모두 대학교에 보냈고 그들이 사랑에 빠지고 결혼하여 자신들만의 가정을 시작하는 것을 보았다. 그녀는 행복해야 하지만 그렇지 못했다. 대신에, 그녀는 불만족스럽게 느끼고 40년 전에 일찍 그녀의 남편과 이혼했더라면 좀 더 나은 삶이 되지 않았을까 생각하고 있다. 그녀는 그렇게 하고 싶어 했으나, 이런 과감한 변화를 일으킬 만큼의 자신이 부족했다. 그녀는 스스로 홀로 살 수 있다고 믿지 않았다. 그녀는 항상 그녀를 돌볼 누군가가 있었다: 처음엔 그녀의 부모 다음엔 남편. 지금 그녀는 재정적으로 자신 스스로를 돌볼 수 있다고 믿지 않는다.

Betty의 어린 시절은 상당히 평이했다. 그녀는 두 명의 자녀 중 둘째였다. 그녀의 오빠는 세 살 위였다. 그녀의 부모는 둘 다 평균 이상의 높은 지능을 가지고 있으며 그녀의 가족은 중산층에 속했었다. 비록 그녀의 가족은 부자는 아니었지만 적어도 필요한 것들은 가지고 살았고 이것은 Betty가 알고 있는 다른 많은 가족들보다는 더 많이 가진 것이었다. 그녀의 어린 시절은 꽤 보호받는 편이었으며 학교를 다녔음에도 불구하고 적은 친구들을 사귀었다. 그녀는 주로 B나 C학점을 받는 평범한 학생이었다. 그 점수들은 그녀의 친구들과 비슷했지만, 그녀의 부모는 성적에 실망스러워했고, 그녀가 그것에 대해 알도록 했다. 그들은 자신들이 학교에서 더 잘했기 때문에 그녀도 더 잘해야 한다고 믿었는 데다가 그녀의 오빠는 학교에서 우등생이었기 때문에 더 그랬다.

Betty의 주된 꿈은 그때 소녀들의 전형적인 주된 꿈의 하나인 결혼하고 가족을 가지는 것이었다. 1950년대에 중산층의 여자들은 대학교를 다니면서 남편을 찾았고 그녀 역시 그랬었다. Betty는 여자대학교에 다녔고 그 당시에 많은 여자들의 전공으로 적합한 교육학을 전공하였다. 하지만 그녀는 드물게 데이트를 하곤 하였는데, 그 이유는 (1) 그녀는 자신의 수업에서 다른 여자아이들이 훨씬 더 재치 있고 매력적이라고 생각하였는데 그녀는 자주 자신을 겉모습이나 성격 면에서 평범한 Jane(미국에서 이름을 모르겠거나 이름을 모르겠는 사람을 여자는 Jane이라고 부른다)이라고 생각하였으며 (2) 그녀의 아버지는 남자학교에서 열리는 사회활동을 그녀가 든든한 동반자가 있다 하더라도 금지하였었다. 이런 장애에도 불구하고 Betty는 대학교에서 어떤 남자를 만나 사랑에 빠졌었다. 불행히도 그 남자는 그녀의 사랑에 보답하지 못하였다.

Betty는 교육학 학위를 받고 몇 년 동안 교사로 지냈다. 여름 동안 다른 학교에서 교육학에 관련된 수업을 들으면서 그 학교에 재학 중이던 Cole이라는 젊은 남자를 만났다. 그들은 데이트를 하였고 여름이 지난 후에도 장거리 관계를 편지를 주고받으며 유지하였다. 6개월 후에 Cole은 편지로 프러포즈를 하였고 그녀는 받아들였다. 그녀는 26세였고 그는 28세였다. 1950년대에는 여자가 26세가 넘을 경우 때를 놓쳤다고 하며 결혼을 할 수 있는 기회가 적다고 하였다. 이것은 아마도 그녀가 그의 프러포즈를 받아들인 한 가지 이유였다. 그녀는 이것이 그녀가 결혼을 할 수 있는 마지막 기회라고 생각하였다. Betty의 부모님은 반대를 하였지만 결국은 승낙을 하였다.

Betty는 자신의 직업을 버리고 아내와 어머니가 되었다. 불행하게도 Betty에게 결혼생활은 그녀가 기대한 것이 아니었다. Cole은 많은 여행을 해야만 하는 직업을 가지고 있었다. 그렇기 때문에 그의 직업은 그와 그의 가족이 자주 이사를 하게 하였다. 결국에 Betty는 매 3년마다 이사하는 것에 질려버렸다. 그녀는 자리를 잡고 싶었고 아이도 가지고 싶었으며 자신의 자식들이 긴 시간의 우정을 가질 수 있는 것이 중요하다고 생각하였다. 결혼한 지 5년이 지나고 Betty와 Cole은 그들의 첫 번째 아들을 낳았다. 2년이 지나고는 Betty는 유산을 하였고, 그 후 2년 뒤 두 번째 아들을 낳았다. 시간이 지나면서 Betty는 그녀의 남편에게보다 자녀들에게 더 헌신적이 되었다. 예를 들어, 그녀는 처음 아들이 잠자리에 들기 전에 4권의 책을 읽어주고 4개의 노래를 불러주었지만 남편에게는 거의 관심을 주지 않았다. 그런 관심조차도 주로 비꼼이었다.

15년의 결혼생활 후 Betty는 더 이상 이사를 하고 싶어 하지 않아 했고 결국 가족은 Connecticut에 집을 한 채 마련하였다. 그녀의 남편은 New York지사에 자리를 잡을 수 있게 되었고 주말에만 집에 오며 생활을 하였다. 주말 남편만 가지게 된 Betty는 그들의 두 아들과 자식들의 학교생활 등에 관련하여 더 많은 신경을 썼다.

그녀는 또한 교회에서 활동적인 멤버로서 주일학교에서 성경도 가르치며 교회의 교제시간을 도맡아 체계화하기도 하였다.

지금 그녀의 자녀들은 다 성장해서 자신들의 가정을 가졌으며 Betty는 더 이상 그녀가 살아야 할 이유를 못 느끼고 있으며 너무 멀게만 느껴지는 남편과 계속 살면서 다시 그녀가 그 누군가에게 필요하다는 것을 느낄 수 있는지 생각하고 있다. 그러나 그들은 자신들의 가족을 가지고 있고, 그녀는 끼어들기를 원하지는 않는다.

적용 질문

Erikson의 심리사회적 발달단계(특히 4단계부터 8단계)를 사용해서 Betty의 삶을 다음 질문들에 대한 답으로 분석하라.

1. Betty의 행동은 내재적 동기인지 외재적 동기인지 Erikson 학파 이론이 제안했던 것은 무엇인가? 그것은 어떤 동기인가? 이론에 의하면, 성격의 어느 체계가 가장 많이 포함하고 있는가?

2. Erikson의 심리사회적 발달의 네 번째 단계에서 경험한 위기는 무엇인가? Betty는 이 단계를 어떻게 해결했는가? 위기의 결과는 무엇인가? 그것이 최적의 해결인가, 그렇지 않은가?

3. Erikson의 심리사회적 발달의 다섯 번째 단계에서 경험한 위기는 무엇인가? Betty는 이 단계를 어떻게 해결했는가? 위기의 결과는 무엇인가? 그것이 최적의 해결인가, 그렇지 않은가?

4. Erikson의 심리사회적 발달의 여섯 번째 단계에서 경험한 위기는 무엇인가? Betty 는 이 단계를 어떻게 해결했는가? 위기의 결과는 무엇인가? 그것이 최적의 해결 인가, 그렇지 않은가?

5. Erikson의 심리사회적 발달의 일곱 번째 단계에서 경험한 위기는 무엇인가? Betty 는 이 단계를 어떻게 해결했는가? 위기의 결과는 무엇인가? 그것이 최적의 해결 인가, 그렇지 않은가?

6. Erikson의 이론에 따르면, Betty의 삶에서 여덟 번째 단계에서 무엇을 예상할 수 있는가?

이론 비교 질문

1. Fromm의 욕구들 중 Betty에게 부합되는 것은 어떤 것인가? 그렇지 않은 것은 어떤 것인가? 설명하라. 사회 영향의 측면을 고려할 때 Fromm의 이론과 Erikson의 이론은 어떻게 다른가?

2. Rogers의 가치의 조건화 개념으로 Betty의 직업 선택을 어떻게 설명하겠는가? 그녀가 Cole과 결혼한 것은 어떠한가? Erikson의 이론과는 다른 Rogers 이론의 강조점은 어떠한가?

3. Betty는 Jung 학파의 어떤 단계에 해당하는가? 왜 그런가? Jung의 단계는 Erikson의 것과 어떻게 다른지 비교하라.

유용한 힌트

당신은 사례 5 또는 6을 위한 적용 질문들의 일부를 대답하는 데 문제가 있는가? 다음이 도움이 될 것이다.

Erikson이 사용한 **정체성 위기**가 현대 어휘 속으로 들어오고 주류가 되었기 때문에 당신은 아마도 Erikson 이론에서 청소년 단계가 익숙할 것이다. 그렇지만, 흥미롭게도 Erikson은 우리들의 정체성의 상당 부분이 직업 선택에 영향을 미친다고 생각했다. 이것은 Erikson의 시대보다 한 시대가 지난 오늘날에도 일어나는 경향이 있다. 또한, 그의 이론이 발전하던 시대에, 여성들은 전형적으로 가정 밖 직업에 종사하지 않았기 때문에, Erikson은 여성들이 정체성 발달에서 어려운 시간을 갖는다고 생각했다. 오늘날 이것은 그리 큰 쟁점이 아니다.

Erikson이 단계의 위기와 결과를 설명하기 위해 사용한 용어들은 일부는 이론이 개발되던 당시와는 다른 의미를 갖는다. 예를 들어, 학생들은 종종 (초기)청년기 동안 친밀감에 대한 개념에 혼란스러워 한다. 오늘날에 우리들은 친밀감을 성적 의미로 생각하지만, Erikson은 성적이든 비 성적이든 간에 감정적으로 가까운 관계를 묘사하는 데 **친밀성**이라는 용어를 사용했다. (중년)성인기에서 위기를 묘사하는 데 사용된 **생산성**은 오늘날 거의 사용하지 않기 때문에 이해하는 데 어려운 단어이다. Erikson은 이 용어를 미래 세대를 위한 관심을 묘사하는데 사용하였다. 이 관심은 우리 자신의 가족을 넘어서 세대를 나타내고 있다는 것을 주목하는 것이 중요하다. 마지막으로, 용어 **통합감**은 오늘날 정직이나 도덕을 묘사하는 데에 종종 사용된다. Erikson은 이 용어를 노년기에 발생하는 위기를 묘사하는 데 사용하였지만, 그의 이론에서 이것은 우리가 살아온 길을 받아들이거나 만족하는 것을 일컫는다.

Alfred Adler(1870-1937)

개인 심리학

왜 이 이론을 배우는가?

공헌

Alfred Adler의 성격심리학 분야에 대한 공헌은 엄청나다. 출생 순위와 성격 발달 간의 관계에 대한 그의 저서는 종종 그의 가장 중요한 업적 중 하나로서 인용되지만, 대개, 양육에 대한 그의 지침은 매우 중요하고 많은 것을 아우른다. Adler는 아동의 건강한 성격 발달에서 엄마와 아빠 모두의 중요함을 관찰하였는데 초기 사회 환경의 중요성에 주목하였다. 구체적으로 말하면, Adler는 부모가 자녀들을 방치하지도 말고 응석을 다 받아주지도 말 것을 충고하였는데, 왜냐하면 이러한 유형의 상호작용은 낮은 사회적 관심의 결과를 가져오기 때문이다. 부모의 욕구와 함께 아동의 욕구의 균형을 잡는 중간 입장이 필요하다. 이러한 조심스러운 경고는 특히 오늘날 아동의 삶에 관심이 증가되는 부모들에게 더 중요하다: 아이들을 홈스쿨링하고, 다양한 과외활동에 끌고 다니고, 그들의 아동이 실수를 할 때 개입하는 것. 높은 수준의 사회적 관심의 출현으로 이러한 활동들만으로는 방해가 되지 않는다. 그러기보다는, 이것은 부모가 자녀들의 욕구를 충족시키기 위해 자신들의 욕구를 완전히 무시할 때 아동들이 수용하는 것은 하나의 메시지이다. 부모가 모든 에너지를 자녀들의 삶에 투자할 때, 그리고 그들 자신에게는 전혀 투자하지 않을 때, 자녀는 다른 사람들 또한 욕구를 가지고 있다는 것을 결코 학습하지 못하고, 이것 때문에 낮은 사회적 관심의 결과를 가져오는데, Adler는 이것을 부적응의 원인이 되는 것으로 보았다. 대부분의 전문가들이 그러한 원인적 관점에는 동의하지 않지만, 사회적 관심의 결여(즉, 자신만을 우선적으로 고려하는)는 부적응의 한 증상이고 확실히 다른 사람들에 대한 고려를 하도록 격려하고 자기-중심적 행동을 막는 것이 가치로운 목표이다.

사람들이 주관인인 지각을 가진다는 사실을 포함하여, Adler의 가치와 개인의 독특함에 대한 믿음은 마찬가지로 중요한 관찰이고 인본주의적 사고에 대한 공헌이다. Adler의 또 다른 주목할 만한 공헌은 인간은 열등감에 대해 보상하려 한다는 그의 관찰을 포함하고 있다. 그는 또한, Freud의 제안과는 반대로, 부적응한 사람이 무의식적으로 동기화되지만, 잘 적응한 사람은 그들의 행동을 의식한다는 것을 또한 관찰하였다; 그들은 그들이 무엇을 하는지 왜 하는지를 자각하였다. 또한, 그의 목적론적 관점(즉, 우리는 미래에 대한 우리의 지각에 의해 동기화되어진다는 것)은 이 분야의 주목할 만한 공헌이고 분명히 Freud의 인과적 관점으로부터 벗어난 것이다. 끝으로, Adler의 생활의 양식은 주류 사회의 용어가 된 개념이다: 일반 대중들은 Adler가 "생활의 양식(style of life)"이라고 의미한 것과 유사한 개념을 반영하는 "생활양식(lifestyle)" 용어를 광범위하게 사용하고 있다.

사례연구 7

Alfred Adler

다른 모든 사람들이 보기에도, Martin은 아주 크게 성공한 케이스이다. 그는 범죄변호사이며 부자들과 유명인들의 음주운전이나 마약소지부터 살인까지 변호해주며 일 년에 50만 달러 정도(약 5억원)를 번다. 그의 봉급으로 그는 화려한 삶을 즐긴다. 그는 두 개의 집을 가지고 있는데 하나는 New York City에서 일을 하기 위해서 살고 있는 Connecticut에 있는 100만 달러(약 10억원) 정도 되는 집이고 또 하나는 Colorado주 산 속에 있는 통나무집으로 50만 달러(약 5억원) 가까이 되는 휴가 전용 별장이다. 그는 재규어, 렉서스 그리고 랜드로버 차를 가지고 있다. 그는 디자이너들이 만드는 옷을 사고 좋은 레스토랑에서 밥을 먹는다. 그는 연극을 관람하고 미술관 오프닝에도 참석한다.

그렇지만 Martin의 생활이 항상 호화롭지만은 않았다. 그는 사실 보잘것없는 집안 출신이다. 그는 중간 크기 도시의 폴란드계 미국인이 많은 곳에서 태어났다. 그의 부모는 노동계층이었고 그들은 고등학교도 채 끝내지 못했다. 그의 어머니는 아이들을 돌보며 가정에 머물렀다. 비록 그의 아버지는 직업이 목수였지만, 차별적 관습 때문에 일거리를 찾는 데 때때로 문제가 있었다. 다른 사람들은 그의 인종 집단의 사람들을 불신했기 때문에 그를 고용하기를 원하지 않았다. 가끔씩은 그의 가족은 복지혜택으로 직장을 얻을 수 있는 기회가 있음에도 불구하고 자신의 자존감을 건드렸기 때문에 거절하곤 하였다. 이 때문에 아이들은 이따금 배고픈 상태로 잠자리에 들었다.

Martin의 어머니는 아버지보다 더 잘사는 집안에서 성장했다. 그녀는 불과 19세의 나이에 Martin의 아버지에 의하여 임신되었다. 그녀의 부모는 처음에 그녀보다 낮은 계층의 사람과 결혼한다고 생각하여 인정하지 않았지만 결국에 임신 때문에 그녀를 결혼시키게 되었다. Martin이 바로 그 임신으로 태어난 아이이다. Martin이 태어나고 Martin의 어머니는 자신이 혼자였을 때 살던 풍요로운 삶이 더 좋았던 것을 깨닫고 Martin과 그의 아버지를 미워하였다. 그렇지만 독실한 천주교 신자로서 그들은 결코 이혼을 생각하지 않았으며 부부는 아이를 두 명 더 낳았다.

두 부모 모두 자녀들에게 애정을 보이지 않았고 특히 아버지가 일이 없었을 때에는 기본적인 신체적 욕구조차도 충족되지 않을 때가 있었다. Martin은 가끔 외롭다고 느꼈으며 자신의 부모가 자신을 진정으로 사랑한다고 느끼지 않았다.

Martin은 자신의 보잘것없는 배경으로 창피해 하였다. 특히 자신의 인종적 배경에 대하여, 교육을 덜 받은 부모, 자신에게 충족되지 않는 물질적인 것들이 부끄러웠다. 그는 자신이 이런 배경보다 더 잘 살고 보다 성공적이고 세련된 인생을 성취할 것을 결심하게 되었다.

Martin은 자신의 어린 시절에 대하여 이야기하는 것을 좋아하지 않는다. 매우 드물게 그의 과거를 생각하는 경우, 그는 상점에서 물건을 훔친 것으로 부당한 혐의를 받은 다른 아이에 관한 아주 초기의 기억을 회상한다. 그 물건은 사실 떨어져서 카운터 밑으로 들어갔었다. Martin은 그 아이를 변호하며 가게 주인에게 떨어진 물건을 보여주며 벌을 받게 될 뻔 했던 죄 없는 아이를 구해주었다.

Martin은 중학교부터 고등학교 때까지 뛰어난 학생이었다; 미시간 대학교에도 전액장학금을 받고 다녔으며 우등으로 졸업하였고 하버드 법학 대학원에 입학하였다. 그는 변호사 시험도 한 번에 통과하였다. 다른 학생들과 교수들은 Martin은 통찰력이 있으며 흔들리지 않는 결심을 가지고 학구적인 것에 전념한다고 하였다. 하지만 그들은 Martin이 친구들이 거의 없으며 여자 친구도 없고 캠퍼스에서 일어나는 흥미로운 일이나 학교의 복지에 대해서는 전혀 관심을 보이지 않았다고 하였다.

Martin은 유명한 로펌에서 일을 시작하여 아주 빠른 속도로 승진해 나갔지만, 사회적인 풍요와 로펌 안에서 일어나는 정치적인 문제 때문에 불만을 가지고 있었다. 그는 자신의 새로운 로펌을 시작하기 위해서 그 회사를 떠났고 그의 몇 명의 고객은 그를 따랐다. 피고측 변호사로서의 그의 명성은 급속도로 높아져 갔으며 자신의 로펌도 정착하였고 지갑이 두툼해졌다.

그가 잘 알려져 있기 때문에 많은 회사들은 그에게 그들의 이사회에 들어오도록 요청하였으나 그는 모두 거절하였다. Martin은 공동체 활동에 활발하게 활동하지 않고 자원봉사 업무를 하지 않았으며 공익적 무료 법률 봉사조차도 하지 않았다.

적용 질문

Adler의 개인 심리학 이론을 사용하여, 다음 질문에 답을 함으로써 Martin의 인생을 분석하라.

1. Martin이 열등감을 가지고 있었다는 증거가 어디에 있는가?

2. Adler의 이론에 따르면, 열등감이 Martin의 행동에 어떻게 영향을 미쳤는가? 이러 한 열등감이 그의 우월성의 추구에 무슨 영향을 미쳤는가?

3. Adler의 이론에 따르면, Martin의 목적은 무엇이었는가? 이 목적을 달성하기 위하여 응용된 Martin의 독특한 생활양식은 무엇이었는가? 당신은 이것을 어떻게 알았는가?

4. Martin은 사회적 관심이 높았는가, 아니면 낮았는가? 이것이 그의 성격과 적응에 대하여 무엇을 의미하는가? 이러한 수준의 사회적 관심의 원인은 무엇인가?

5. Martin의 인생에 적용할 수 있는 출생 순위에 대하여 Adler는 무엇이라고 말했는가?

이론 비교 질문

1. Horney의 기본적 불안 개념이 Martin의 과장된 독립을 어떻게 설명할 수 있는가? Martin은 기본적 불안을 다루는 데 무슨 기제를 사용하였는가? Adler의 사회적 관심 개념은 Horney의 사람으로부터 멀어지려는 경향과 어떻게 비교되는가?

2. Adler의 보호 경향성은 Horney의 신경증적 경향과 어떻게 비교되는가? 이 두 개념을 이용하여 Martin의 관계 결핍을 설명하라.

3. Adler의 우월 복합은 Horney의 이상화된 자기 개념과 어떻게 비교되는가?

사례연구 8

Alfred Adler

Toshimi는 발레리나이면서 선생님이다. 그녀는 디트로이트에 자신의 발레 학교를 가지고 있고 수십 명의 아이들, 대부분 여자아이들에게 쁠리에 하는 방법, 팔과 다리의 올바른 위치, 그리고 앙 뽀엥뜨(발가락으로 서는 것)로 가는 방법을 가르친다. 누가 봐도 지금 그녀의 모습은 건강한 사람의 본보기이다. 그녀는 마른편이고 튼튼한 몸매와 강하지만 우아하고 중심이 잘 잡힌 체격을 가지고 있다. 그녀의 학교는 시에서 최고이고, 그녀의 학생 중의 몇몇은 훈련과 댄스를 위하여 일류 댄스 학교로 갔다.

Toshimi는 항상 이렇게 강건하고 우아하지는 않았다. 어릴 적에 그녀는 매우 병약하였고, 여러 가지 건강 문제로 다른 아이들과의 술래잡기와 야구와 같은 육체적 경기는 아주 잘 하지는 못 했다. 그녀는 미숙아로 태어났고 호흡기 감염으로 며칠 후 거의 죽을 뻔 했다. 어린 시절이 조금 지나고 나서는 아주 심한 폐결핵에 걸렸었지만 서서히 회복되었다. 그녀는 외동딸이었기 때문에 부모는 과잉보호를 하였고 수년간 "쉬엄쉬엄 하도록" 아주 심하게 뛰어다니지 않도록 그리고 너무 흥분하지 않도록 격려하였다. 본질적으로 그들은 Toshimi를 몸이 약하도록 조장하였다. 그녀의 비활동성은 그녀를 이상한 모양새로 만들었고 어린 시절의 게임들에는 참여하지도 못할 정도로 되었다. 그녀는 그녀의 친구들이 적어도 신체적인 활동에서는 훨씬 더 낫다고 생각하였고 불행이도 그것은 맞았다. 사실, 그녀의 가장 어릴 적 기억은 어떤 야구팀에도 선택되지 않았던 기억이다. 아이들은 자신의 팀에 다른 아이들을 원하였고 양 팀의 주장은 Toshimi를 좋아했음에도 불구하고 그녀가 서투르고 느려서 그들의 팀에 넣기를 거부했다. Toshimi는 아주 당황하였고 집에 홀로 와서 TV를 켰다. 채널을 돌리는 가운데 PBS의 한 프로그램이 그녀의 눈길을 사로잡았다. 그녀는 아름다운 복장을 한 여자와 남자가 믿기지 않는 육체적 묘기를 공연하고 있는 것을 보았다. 여자는 발끝으로 설 수 있었으며 남자와 여자 모두 우아하게 뛰어오르기를 할 수 있었다. **백조의 호수** 발레를 보면서 그녀는 결심하였다. 팀에 선발되지 않은 이 고통스런 경험에 대한 생각은 우울증에 빠지게 하기보다 오히려, Toshimi로 하여금 건전하고 신체적으로 건강하게 될 것을 굳게 결심하도록 만들었다. 다른 무엇보다도 그녀는 어떤 신체적인 활동에 있어서 잘하고 싶었고 다른 사람들이 그녀의 운동에 대한 열정을 존경하기를 원하였다.

Toshimi는 그녀의 과잉보호적인 부모에게 발레 레슨을 받게 해달라고 졸랐다. 그들은 춤추는 것은 그렇게 힘든 일이 아닌 것이라 생각하고 마지못해 양보하였다. 그들은 딸을 사랑하였고, 그녀가 원하는 것을 거절하고 싶지 않았다. 처음에 Toshimi는 레슨 시간에 어색해 하였고, 믿기 어려울 정도로 잘 하지 못하였지만, 그녀는 인내심 있고 이해 많은 선생님을 만나 다른 아이들에게 놀림 받지 않도록 하였다. Toshimi는 점차 더 강해지고 더 중심을 잘 잡게 되었다. 마침내 그녀는 발레에 대한, 특히 안무에 대한 재능을 보이기 시작하였다. 그녀의 선생도 그녀의 결단과 재능에 주목하였고 춤을 직업으로 하는 것에 대한 가능성을 의논하였다. 그녀의 부모와 의논한 후 Toshimi는 여름 춤 캠프에서 춤 과외 수업을 받도록 허락받았으며 여러 해동안 그렇게 하였다. 처음에는 춤 캠프 선생은 Toshimi가 대부분의 학생들보다 나이가 많았으므로 학생으로 받아들이기를 꺼려했으나, 짧은 기간 동안 Toshimi와 함께 해보고 그녀가 있어도 된다고 결정하였다. Toshimi가 재능이 있다는 것이 곧 매우 분명해졌다. 그녀는 연기가 뛰어났고, 천부적인 안무가였다.

Toshimi가 캠프에서 댄서들과 함께 생활하기 위하여 옮겼을 때 Toshimi의 인생은 극적으로 바뀌었다. 그녀는 그녀 마음대로 살던 인생에서 벗어나게 되었으며, 많은 것에서 그녀의 차례를 기다려야 했다. 이를 닦는 것부터 시작하여, 음식을 받는 것, 부모님께 전화를 거는 순서, 선생님과 이야기하고 일하는 것까지. 처음에는 무척힘들었지만 Toshimi는 이런 생활양식에 잘 적응하였고 다른 여자아이들까지도 신경써주게 되었다. 그녀는 가장 나이가 많았기에 자신이 큰 언니의 역할을 하였다. 그녀는 아이들에게 조언도 해주면서 그들을 편하게 해주었다. 그들은, 특히 위로를 필요로 하였을 때 그녀를 우러러보았다. 이것은 Toshimi에게 완전히 하나의 변화였다. 그녀가 부모와 같이 살 때에는 편안함이 필요한 사람이었는데, 예를 들면 아무도 그녀를 야구팀에서 원치 않았을 때처럼 말이다. 이제 그녀의 역할은 거꾸로 되었다.

Toshimi가 결단과 재능을 보이기는 하였지만, 일단 사춘기에 몸이 성숙해진 다음에는, 그녀가 성공적인 춤 직업에 필요한 체형을 가지지 않았음이 분명해졌다. 레슨을 늦게 시작한 것도 그녀에게 불리하게 작용하였다. 더욱이 그 당시의 차별적 관습 때문에 전문 댄서로서 직업을 시작하는 것은 아시아계 혈통의 여자에게는 매우 어려웠다. 실망은 하였지만 Toshimi는 그녀의 꿈을 이루기 위함을 멈추지 않았다. 그녀는 꾸준히 레슨을 받았으며 대학교에서는 무용을 전공하고 경영학을 부전공하였다. 그녀가 학위를 마쳤을 때 부모에게서 돈을 빌려 자신의 댄스 스튜디오를 열어 아이들에게 춤을 가르치기 시작하였다. 경험 많고, 재능 있고, 인내심 많은 발레 교사로서의 그녀의 명성은 커져 갔고 등록 학생 수는 증가하였다. 지금 그녀의 학교에는 그녀에게 레슨을 받기 위해 대기자 명단까지 있을 정도이다. 수많은 그녀의 제자들이 뉴욕 시립 발레단 및 미국 발레 극단과 같은 유명한 발레단에 훈련을 위하여 받아들여졌기 때문에 그녀는 또한 지역적으로 그리고 전국적으로 명성을 얻기 시작하였다.

적용 질문

Adler의 개인 심리학 이론을 사용하여, 다음 질문에 대답하는 것으로써 Toshimi의 인생을 분석하라.

1. Adler의 이론에 따르면, Toshimi의 직업 선택의 뒤에 있는 동기는 무엇인가?

2. Adler의 이론에 따르면, Toshimi의 목적은 무엇이었는가? 이 목표를 달성하기 위하여 사용한 Toshimi의 독특한 생활양식은 무엇이었는가? 당신은 어떻게 이것을 알았는가?

3. Toshimi는 사회적 관심 수준이 높았는가, 아니면 낮았는가? 이것은 그녀의 성격과 적응에 대하여 무엇을 의미하는가? 이러한 사회적 관심 수준의 원인은 무엇인가?

4. Toshimi의 생활에 적용되는 출생 순위에 대하여 Adler의 이론에서는 무엇이라고
   말했는가?

이론 비교 질문

1. Adler 이외의 다른 이론이 Toshimi의 직업 선택을 설명할 수 있겠는가? 어떻게?

2. 육아에 대한 Adler의 생각은 Erikson의 그것과 어떻게 비교되는가? Adler는 Toshimi
   의 부모가 좋은 육아 기술을 가지고 있다고 생각하겠는가? Erikson의 이론에서는
   어떤가?

3. Rotter의 기대와 강화 가치의 개념을 사용하여 Toshimi가 그녀의 부모들의 망설임
   에도 불구하고 그들을 졸라서 발레에 데려가 주도록 한 것을 설명하라.

유용한 힌트

당신은 사례 7 또는 8을 위한 적용 질문들의 일부를 대답하는 데 문제가 있는가? 다음이 도움이 될 것이다.

Adler에 의하면, 우리들이 아기였을 때 경험한 선천적인 열등감을 극복하도록 자극을 받았기 때문에 모든 사람이 성공이나 우월감을 얻기 위하여 노력한다는 것을 기억하라. 그러나 사람들이 성공이나 우월감을 어떻게 정의하느냐는 사람에 따라 다르다. 따라서 각 개인의 목적은 독특하다. 마찬가지로, 두 사람이 동일한 목적을 위하여 노력하는 것처럼 보이는 경우조차도 어떻게 각 개인이 그 목적에 도달하려고 노력하는지는 다르다. 한 사람이 그의 혹은 그녀의 목표를 충족하려고(혹은 성공을 위하여) 노력하는 방법은 **생활양식**이라고 부른다. 생활양식을 확인하는 열쇠는 그 사람의 가장 옛 기억에 있다. 왜냐하면, 그 기억은 개인에 대한 심리학적인 의미를 가지고 반복적으로 생각되었기 때문이다.

Karen Horney(1885-1952)

정신분석적 사회 이론

왜 이 이론을 배우는가?

공헌

그녀의 이론이 약간 반복되기는 하지만, Horney의 이론의 강점은 신경증적 경향과 신경증적 욕구를 포함한 신경증적 성격의 명확한 묘사이다. Horney의 이론은 신경증적 성격을 조절하는 최고의 기법을 명시하지는 않았다는 점에서 실제적이지는 않지만, 이러한 행동들에 이름을 붙이고 이해하게 되는데 그것을 규명하는 것만으로도 치료자들에게 도움이 되었다. 비치료자들에게도, 이러한 개념에 친숙해지는 것은 또한 대처 기제로서 도움이 될 수 있다: Horney의 이차적 방어를 자각하는 것, 그리고 이상화된 자기 즉, 신경증적인 사람들이 자신들을 미화된 방식으로 보는 경향에 대한 Horney의 개념은 직장, 학교 또는 가족 생활에서 상호작용하게 되는 신경증적인 사람들의

보다 좌절시키는 행동들의 일부를 조절하는 데 우리에게 도움이 된다.

Horney는 성격심리학의 많은 다른 영역에도 또한 공헌하였다. 예를 들어, 그녀는 Freud의 이론에 대한 페미니스트 비평의 목소리를 낸 첫 번째 사람이었고, 그녀의 저서는 성격 발달에서 문화의 역할을 강조하였다. 그러나 그녀의 신경증적 성격에 대한 관찰과 이해는 실제로 그 분야에서 그녀의 가장 중요한 공헌이었다. 그녀는 사람들이 사랑받지 못한다고 느낄 때 그것을 보상하기 위해 사람들이 해치지 않도록 사람들을 멀리 밀어내거나, 다른 사람들이 사랑하도록 복종하거나, 또는 다른 사람들이 이용하기 전에 그들을 이용하는 행동을 한다는 것을 보여주었다.

사례연구 9

Karen Horney

Samara는 그녀의 모든 친구들이 결혼해서 행복하게 살고 있는데 그녀의 나이 35세에 여전히 독신인 자신을 이해할 수 없었다. 그녀는 자신을 사랑스럽고 관대하고 이기적이지 않다고 본다. 확실히 그녀는 그녀의 친구들보다는 다른 사람들의 필요에 민감하다. 그녀의 친구들은 자신들의 남편을 욕하기도 하지만 그녀는 절대 그러지 않을 것이라 한다. 확실히 그녀는 자신이 보고 싶지만 남자친구가 원하지 않는 영화를 본다거나 연극을 보러 가자고도 하지 않을 것이다.

Samara는 여성의 역할은 누군가의 아내와 어머니가 되는 것이어야 한다는 매우 전통적인 중동 문화 가정에서 양육되었기 때문에 그녀에게 결혼은 특히 중요하다. 그것이 인간관계를 맺으려 노력하지 않는 이유는 아니다. 사실 그녀는 남자와 많은 관계를 가졌다. 그렇지만 끝까지 가지 못했던 것뿐이다. 예를 들면, 그녀의 마지막 남자친구였던 Tom은 6개월 후 그녀와 관계를 정리하였다. 그는 그녀가 너무 강요적이고 소유적이라고 하였다. Samara는 그에게 결혼을 강요하였고 그는 그런 약속에 대한 준비가 되어 있지 않았다. 그는 또한 그녀의 질투가 걱정되었다. Samara는 Tom이 다른 여성들에게 관심을 보이는 것―심지어 그 관심이 정신적 사랑일지라도―조차도 싫어했다. Tom은 다수의 여자 친구들이 있고 그들과 전화통화로 인간관계를 맺고 있다. 그리고 그는 가끔 그들과 점심을 먹기도 하였다. 게다가 Tom은 함께 일하는 다수의 여성 동료들이 있다. Samara는 자주 Tom에게 그가 다른 여자들과는 너무 많은 시간을 보내고 자기와는 충분한 시간을 보내지 않는다고 불평하였다. Tom은 여자들과의 이런 관계가 성적인 것이 아니고, 그녀들은 그에게 단지 친구들이며 사귀는 것이 아니라고 끊임없이 Samara를 안심시키려 노력했을지라도, 그녀는 그들의 이런 관계를 방해하려고 노력했다. Samara는 Tom이 다른 여자들을 더 매력적으로 생각할 수도 있고 그리하여 그녀를 버릴 수도 있다는 생각에 겁을 먹었다. 그녀는 단지 다시는 외로워지고 싶지 않았다.

그러나 Samara는 희한하게도 언제나 "혼자" 있을 때가 드물었다. 그녀는 한 관계가 끝나면 빠르게 다른 관계를 갖는다. 그녀는 Tom을 만나서 데이트를 시작하기 2주일 전에 다른 남자 친구인 Fred와 헤어졌다. Fred와 사귀기 한 달 전에는 Paul로 인한 또 다른 헤어짐이 있었다. Paul과는 나쁘게 헤어졌는데 Samara는 도대체 왜 그녀에게 이런 일이 일어나는지 이해할 수 없었다. 그녀는 Paul을 행복하게 해주기 위하여 최선을 다하였다. 그녀는 어디를 가고 데이트에서 무엇을 할 것인지를 Tom이 결정하게 했다. 그녀는 심지어 레스토랑에서 자기 주문까지도 그가 하게 했다. Paul이 그녀에게 원하는 것을 물어보면 그녀는 "언제나 당신이 원하는 것"이라고 대답하였다. Samara는 남자들이 그녀가 얼마나 이기적이지 않고 주기만 하는 여자인지 제대로 평가하지 못하는 걸 이해할 수 없었다.

그녀는 현재 남자친구를 위하여 항상 그 자리에 있으려고 한다. 그가 어려움을 겪을 때면 그녀는 매우 주의해서 그의 문제들에 귀를 기울였고 그의 기분이 나아지도록 도왔다. 그녀는 또한 자기가 논의하고 싶은 어떤 문제가 있을 때조차도 그녀의 문제보다 항상 그의 요구들을 우선시하였다. 이런 점을 고마워하기는커녕 남자들은 그녀가 매력이 없다고 하였다. 예를 들면, Paul의 경우 헤어질 때에 Samara는 너무 겁이 많고 그녀가 좋아하는 것 혹은 먹는 것이 무엇인지도 모르겠다고 하였다. 그는 또한 그녀를 알아갈 방법이 없다고 느끼며 관계를 더 이상 가지고 싶지 않다고 하였다. 그는 그녀의 헌신이 짜증났고 인내할 수가 없었다. Tom이 불평하였던 것과 마찬가지로 Paul 또한 Samara의 소유욕에 대해서 불평하였다. Paul은 가끔 혼자 시간을 보내거나 남자 친구들과 시간을 보내고 싶어 하지만 Samara는 자신에게 떨어져 있는 시간을 싫어하였다. 사실은 관계가 끝나기 일주일 전 Paul과 Samara는 Paul의 친구에 관하여 큰 언쟁을 벌였었다. Samara는 쇼핑을 다녀와서 Paul이 가장 좋아하는 만찬을 준비하고 있었다. 그런데 Paul은 오늘 하루만 지내고 가는 친구를 갑자기 만나서 오후 시간을 Samara와 같이 보내지 못하고 그 친구와 보내야 한다고 전화를 하였다. Paul은 Samara가 그런 준비를 하고 있는지 꿈에도 몰랐고 자신이 좋아하는 곳에서 햄버거 하나 정도를 먹는다고 생각하였다. Samara는 자신이 낭비한 노력에 대해 화가 나서 그가 감사할 줄 모르는 사람이라고 말하였다. 그는 반대로 그녀의 비이성적인 억측과 소유욕을 불평하였다. 이런 언쟁으로 인하여 그 다음 주에 그들은 헤어졌다.

Tom과 헤어진 지금, Samara는 다시 자신의 친구들에게 소개팅을 주선해 달라고 하고 있다. 그녀의 친구들이 자기를 딱하게 여길 때면 그녀는 그들에게 사람은 사랑을 얻으면 모든 것을 얻는 것이기에 자기가 원하는 것은 단지 누군가가 자기를 사랑해주는 것이라고 말한다. 그녀는 자기가 평생 괜찮은 남자를 만날 수 있을지 의문이다.

적용 질문

Horney의 정신분석적 사회 이론을 사용해서 Samara의 행동을 다음 질문들에 대한 답으로 분석하라.

1. Samara는 Horney의 어떤 신경증적 경향(혹은 기본적 적응)을 보여주고 있는가? 설명하라.

2. Samara는 Horney의 어떤 신경증적 욕구를 보여주고 있는가? 본 사례연구에서 예를 들어보라.

3. Horney의 이론에 따르면, Samara의 신경증적 행동의 원인은 무엇인가?

4. Samara의 자기상은 정확한 것인가? Horney의 이론은 Samara의 이상적인 자기 상과 실제 자기 상과의 불일치를 어떻게 설명하는가?

이론 비교 질문

1. Samara의 유기체적 자기와 그녀의 지각된 자기 또는 이상적 자기 사이에 불일치가 있는가? 설명하라. Horney의 이상적 자기와 실제 자기 개념은 Rogers의 유기체적 자기, 지각된 자기 및 이상적 자기 개념과 어떻게 비교되는가?

2. Kelly의 개체성계는 Samara와 그녀의 남자친구들 사이에 그들의 관계 상황에 관한 의견 차이를 어떻게 설명하는가?

3. Samara의 남자들과의 관계를 설명하기 위해 Rotter의 통제 소재 개념을 사용하라.

사례연구 10

Karen Horney

스무 세 살 되는 때, Shimin은 막 수학 석사 학위를 얻었고 General 자동차 연구소에서 그의 첫 번째 전임제 직장을 얻어 일을 시작하려 하고 있었다. 그는 학업 중에 파트타임 직업을 가졌으나 이제 마침내 진정한 직업을 갖게 된 것이다. 학생 때 파트타임 직업 중의 하나는 학위 과정에서 요구하는 것으로 학과의 시간강사 자리였다. 이 자리는 Shimin이 세 개의 수학 개론 수업을 매 학기마다 가르치도록 되어있었고, 대신 학비를 면제받고 약간의 돈을 받을 수 있었다. 하지만 Shimin은 이렇게 가르치는 일을 즐거워하지 않았고 그의 학생들도 마찬가지였다. Shimin은 학생들의 열정이 부족함에 대하여 불만족하였다. 그는 학생들이 배우려고 노력하지도 않으며 관심도 가지지 않는다고 불평하였다. 그는 자신이 신입생이었을 때와 지금 가르치고 있는 학생들을 자주 비교하였고, 그는 그때 당시를 그의 학생들의 태도보다 더 올바른 것으로 항상 인식하였다. 그는 공부에 더 흥미를 가졌고, 더 열정적이었으며, 더 열심히 공부했고, 오래 일했으며, 더 끈기 있었고 등등…. 그의 학생들은 Shimin을 이해할 수 없고, 성격이 너무 급변하며 접근하기 어려운 사람이라고 불평하였다. 그들은 또한 질문을 할 때 자신들이 바보처럼 느껴지게 만들기 때문에 질문을 더 이상 하지 않는다고 불평하였다. 더 나아가 그로 인해 그들의 성적은 나빠졌다. 이러한 불평은 수학과 학과장 귀에 들어갔고, 학과장은 이 문제로 Shimin과 상의하였다. 어쨌든 Shimin은 가르치는 걸 좋아하지 않았고, 그래서 학과장과 Shimin은 그가 다음 학기에 가르치지 않는 것이 좋겠다고 생각해서 대신 교수의 조교가 되었다. 그의 임무는 시험과 숙제의 성적을 매기는 것이었다. 이것은 그를 훨씬 더 편하게 하였고, Shimin은 자신의 일을 능률 있게 하였으며, 그의 교수로부터 호의를 받았다.

Shimin의 학업 수행 또한 우수했다. 그는 대학원수업에서 아주 우수한 학점을 받았으며 석사 논문을 제 때에 끝마쳤다. 사실 그의 지도교수를 포함해서 모든 사람이 그가 논문을 끝내고 제 때에 논문 발표를 하는 것에 꽤 놀랐었다. 비록 그가 그의 논문 진행에 관한 메모를 한 달에 한 번 지도교수에게 보냈을지라도, 그는 지도교수와 최소한의 만남을 가져왔을 뿐이다. 대부분의 다른 학생들은 자기들의 지도교수와 밀접하게 작업하고 자주 만난다. 장래의 고용주에게 보내는 추천서에서 그의 지도교수는 그가 얼마나 독립적인지를 언급하였다.

전혀 놀랍지 않게도 Shimin은 대학원 이전인 고등학교와 대학교에서도 우수한 학생이었다. 고등학교 때에는 그는 가장 "이상적인" 학생이었다. 그는 숙제를 부지런히 끝마쳤고, 시험에서 선두였고 결코 수업 분위기를 저해하지 않았다. 사실 그는 대답하라고 지적을 받지 않으면 수업 시간에 별로 말하지 않았고, 질문을 받으면 보통 정확하게 대답했다. 그의 선생님들과 진로 상담가들은 그가 항상 자기 할 일을 알아서 해내기 때문에 그와 이야기할 필요를 느끼지 않았다. 그는 실제로 자신이 할 일을 알아서 했고 다른 사람의 도움에 의지하지 않는 방식을 좋아하였다. 그가 배우거나 의사결정을 하는 데 자기 자신에게 그렇게 의지할 수 있었던 한 가지 이유는 독서광인데다 컴퓨터 도사였기 때문이었다. 그는 필요한 정보에 대하여 도서관이나 인터넷을 찾아서 얻을 수 있기 때문에 다른 사람들과 대화를 나누거나 질문을 할 필요가 없었다.

대학에서도 이런 방식의 행동이 계속되었고, 미국에서 공부하는 영어가 제2 외국어인 홍콩 출신 유학생이었음에도 불구하고 학업이 우수하였다. Shimin이 어떤 학생인지 좀 아는 한 교수는 그가 수업 토론 시간에 좀 더 적극적일 필요가 있다고 제안하였다. 이러한 제안은 그가 자신의 학업적 성과가 그때까지 다른 학생들과의 상호작용을 방해해 온 것으로 여겨져 그를 혼란스럽게 했다. 그는 만일 어떤 질문도 없다면 수업에서 말할 필요가 없다고 생각했던 것이다. 그래서 Shimin은 수업에서 이야기해야 한다는 이런 사고를 그 교수의 특이한 성향이라고 결론지었다. 확실히 그는 독립성과 자기충족감이 훨씬 더 낮고 이것이 그를 타인으로부터 존경심을 얻게 하는 것이며 최소한 그렇게 믿었다.

그 자신의 선택으로 인해, Shimin은 사회생활을 많이 가지지 않았다. 그는 데이트도 거의 하지 않는다. 이것은 비록 자신이 너무 바쁘다고 그가 말할지라도(믿을지라도), 실제로는 그가 다른 사람들을 알아가는 과정을 싫어하기 때문이다. 그는 그 자신에 대해 말하는 것을 마음 내켜하지 않고 첫 번째 데이트에서 그 자신에 관한 물음에 대답하는 것을 어려워한다. 그는 기숙사에서 살고 있지 않았기에 대학이나 대학원에서 다른 학생들을 많이 알지 못했다. 그는 혼자서 살 수 있는 아파트에 세들어 사는 것을 선호하였다. 대학과 대학원에서 Shimin은 다양한 클럽과 동아리에 가입하였지만 "너무 바빴기" 때문에 모임에 별로 참석하지 않았다.

적용 질문

Horney의 정신분석적 사회 이론을 사용하여 Shimin의 행동을 다음 질문들에 대한 답으로 분석하라.

1. Horney의 이론에 따르면, Shimin은 기본적 불안을 어떻게 대처하고 있는가?

2. Shimin은 어떤 Horney의 신경증적 욕구를 보이고 있는가?

3. Shimin이 클럽활동에 참여하거나 데이트하기에 너무 바쁘다고 말할 때, 그는 Horney의 어떤 이차적 방어기제를 사용하고 있는가? 왜?

이론 비교 질문

1. Shimin의 반사회적 행동을 설명하기 위하여 Horney의 이론 외에 다른 이론을 사용하라.

2. 행동에 대한 사회적 영향에 관해 Horney의 강조와 Fromm의 강조는 어떻게 비교가 되는가?

3. 사회적 관심에 대한 Adler의 개념은 Horney의 다른 사람으로부터의 철회 개념과 어떻게 비교가 되는가? Shimin의 친밀한 관계 회피를 설명하기 위해 이러한 개념들을 사용하라.

유용한 힌트

당신은 사례 9 또는 10을 위한 적용 질문들의 일부를 대답하는 데 문제가 있는가? 다음이 도움이 될 것이다.

Horney의 이론은 약간 중복이 있다. 그녀는 사람들은 기본적 불안(애정; 복종; 권력 추구, 특권이나 소유; 철회), 열 가지 신경증적 욕구 그리고 세 가지 신경증적 경향(사람에게로 향하고, 사람들에 대항하고, 사람들로부터 멀어지는)으로부터 자신들을 보호하는 네 가지 기본 방법에 대해 말한다. 실제로 이 개념들은 모두 중복된다.

예를 들어, 사람에게로 향하는 경향(순종적인 성격)은 파트너에게 애정과 승인을 받으려는 신경증적 욕구를 포함하고 좁은 경계 내에서 자신의 인생을 제한한다. 또한 어떤 이는 이것은 사람들이 기본적 불안에 대항하여 자신들을 보호하는 두 가지 방법을 포함한다고 보기도 한다: 애정과 승인. 사람들에 대항하는 신경증적 경향(공격적인 성격)은 명성이나 사회적 인정, 개인적 칭찬, 야망 및 개인적 성취를 위해 다른 사람을 이용하는 권력에의 욕구를 포함한다. 이것은 기본적 불안에 대항하여 자신을 보호하기 위한 권력에의 추구를 포함한다. 마지막으로 사람들로부터 멀어지는 신경증적 경향(고립적인 성격)은 자기충족감과 독립성, 완벽주의 및 비공격성의 욕구를 포함한다. 이것은 기본적 불안에 대항해서 자신을 보호하기 위해 철회를 사용하는 것을 반영하고 있다.

Erich Fromm(1900–1980)

인본주의적 정신분석

왜 이 이론을 배워야 하는가?

공헌

비록 그는 정신분석에서 광범위한 훈련을 받았지만, Erich Fromm은 인본주의적 사고에 영향을 준 것으로 가장 잘 알려져 있다. 그의 이론은 인본주의적 정신분석으로서 언급되었고 그의 긍정적 자유(또는 자기-실현)의 논의는 특히 주목할 만하다. 이 주제에 대한 Fromm의 저서는 동조성과 판에 박힌 생활을 단념시켰고 창조적이고 의미 있게 사는 것을 권장하였다. 그는 우리가 우리의 잠재성을 깨닫는 자유를 가졌지만 자유는 긍정적인 특징과 부정적인 특징 모두 갖고 있기 때문에 많은 사람들이 깨닫지 못한다는 것을 이해하게 해주었다. 자유는 해방시키고 성장을 풍요롭게 하는 것이지만, 그것은 또한 그것에 수반하는 책임을 동반해야 하고, 이러한 책임은 일부 사람들을 두렵게 하여, 성장을 풍요롭게 하는 전망에 편승하는 것을 막는다.

진정한 사랑 관계에 대한 Fromm의 저서는 또한 중요한데, 이것들의 성장을 풍요롭게 하는 가능성에 주목하였다. 그는 진정으로 건강한 사랑 관계와 건강하지 않은 허위의 사랑 관계를 구별하였다. 그는 진정한 사랑 관계가 무엇인지를 정의하는 시도도 하였

는데, 다른 사람을 보살피는 것, 사람을 향한 책임감, 그들을 존경하는 것 그리고 그들에 대한 앎으로 구성되어 있다고 주장하였다. 그는 건강한 사람들은 사랑 관계에서 그들의 개성과 독특성을 보유할 수 있다는 것에 주목하였다. 생산적인(건강한) 성격 지향을 내보이는 사람은 이러한 진정한 사랑 경험과 창조적인 삶 및 의미 있는 일을 결합한다. Fromm에게서 이러한 것들은 잘-적응된 개인을 규명하는 성격특징이다.

Fromm의 또 다른 공헌은 인간 욕구의 논의를 포함하는데, Maslow와 Rogers에 의해 논의된 보다 최근에 발달된 욕구들에 대한 선구자가 되었다. Fromm의 인간 딜레마의 개념 또한 언급할 필요가 있다: 인간 딜레마에 대한 그의 논의에서, Fromm은 어떤 사람들은 너무 많이 생각한다는 것을 관찰하였다. 그들은 경험을 과잉분석하기 때문에 그것들을 즐기는 것을 어렵게 하며 궁극적으로, 이 사람들이 일상생활에서 기능하는 것을 어렵게 만든다. 요약하면, Fromm의 이론은 인본주의적 사고에 영향을 주었지만, 또한 심리학자들이 적응뿐만 아니라 부적응을 이해하게 해주었다.

사례연구 11

Erich Fromm

오늘은 크리스마스이브이고 Jeff는 크리스마스트리에 꼬마전구를 달며 벽난로에 장작을 지피고 있다. 부모님 댁의 거실 주변을 둘러보면서 그는 가족의 사랑을 분명히 볼 수 있어 미소를 지었다. 그의 부모님은 손자들, 즉 자신의 아이들과 마루에서 놀고 있으며 그와 그의 부인은 크리스마스 쿠키와 코코아를 가지고 거실에 들어서자 아이들은 스낵을 먹기 위하여 들뜬 마음으로 달려온다. 이런 것은 매 겨울 연휴마다 일어나는 일이다. Jeff는 자신의 부모님과 일주일의 시간을 보내려고 아내 Ann과 아이들을 데리고 6시간 동안 달려 왔는데, 이것은 매우 힘든 일이었다. Jeff와 Ann은 자신들의 옷뿐만 아니라 자녀들의 옷도 챙겨야 했다. 또한 이것은 물병, 고무 젖꼭지, 기저귀, 턱받이 등의 아이들이 어렸을 때 아기와 유아에게 매일 필요한 것과 할머니, 할아버지 댁까지 오래 차를 타는 동안 아이들을 즐겁게 해 줄 스낵과 장난감, 책들을 싸는 것을 의미했다. 마지막으로 온갖 크리스마스 선물이 있었다. 이것은 특히 아이들이 어려서 산타클로스가 있다고 믿을 때 어려운 것 같았다. 꽉 차 있는 차에 선물들을 숨겨서 가져가기가 힘들며 그의 부모님 집에 가서는 바로 크리스마스 아침을 위해서 준비해야 하곤 했다. 가끔은 이 시기에 호수 때문에 생기는 눈이 운전을 힘들게도 하였다. 하지만 그와 그의 부인은 이 일을 놓친 적이 없다. 휴가 기간에는 최대한 많은 가족들을 찾아보고 적어도 일 년에 한 번씩은 보려고 하였다. 크리스마스 날이나 새해나 그의 부모님, 즉 Jeff의 가족, 그의 형제, 자매의 가족들과 같이 만나 밥을 먹고 대화를 나눴다. 모든 아이들도, 사촌 등까지 서로를 알아가며 새로운 장난감을 가지고 놀았다.

고향으로 돌아오는 것은 Jeff와 그의 아내에게는 의미 있는 일이었다. Jeff가 고향에 돌아옴으로써 자신이 자라왔던 자신의 모습을 다시 만나볼 기회이기 때문이다. 비록 Ann이 Jeff의 고향인 Batavia 출신은 아니었지만, 그녀는 친가족이 없었고,

그들이 약혼했던 해부터 Jeff의 가족 안으로 쉽사리 받아들여졌다. 그 해 중 가족의 사소한 것들을 보고, 또 근처에 몇몇 가까운 친구가 있긴 했지만 같은 지역에 사는 가족이 없어서인지 매 겨울 Batavia로 돌아오는 것은 Jeff만큼이나 Ann에게도 즐거웠다. 때때로 그들은 특히 친구들이 가까이에 사는 그들의 가족에게 도움을 받았다고 들었을 때 외로움을 느꼈다. 그들의 아이들이 매우 어려서 도움을 받았으면 했던 베이비시터를 구하지 못했을 때 특히 그랬다. Ann과 Jeff는 자신들이 일을 하기 위해서 베이비시터를 찾아다녔었다. 그리고 그들은 자신들만의 시간도 가지고 싶어 하였는데, 가족이 가까이 살며 자신들의 아이들을 돌봐주는 기회가 없었다. 믿고 싶은 베이비시터들을 뒤로 하고 Jeff와 Ann은 작은 것들은 가족이 같이 나누기를 원했다. 그들은 Jeff의 부모님이 손자들의 학교 연극과 리틀리그를 봐줄 수 있기를 바랐다. Ann과 Jeff에게 가족은 언제나 중요했고, 그들은 아이들에게 이 가치를 철저히 가르치기를 원했다. Jeff는 자신이 성장할 때에 추수 감사절이 되면 사촌가족을 포함한 온 가족이 모여서 저녁을 먹었던 것과 크리스마스와 새해에도 같이 시간을 보낸 것을 기억한다. 그는 그의 자녀들이 이런 좋은 기억을 가지기를 원했다. 그는 그의 아이들이 자라면서 이런 종류의 즐거운 기억을 갖기를 원했다. 마찬가지로, Jeff와 Ann은 자신들의 아이들이 출신이 어디인지 이해하고 그들의 문화유산이 무엇인지 깨닫기를 원했다.

가족과 떨어져 사는 외로움은 때때로 Jeff와 Ann을 특히, 그들이 처음 Cleveland로 이사 왔었던 때 Jeff가 자란 로체스터 밖의 작은 고향마을로 다시 이사하는 것을 고려하게 만들었다. 그렇지만 이것은 이루어질 수 없는 상황이었으며 희망에 더 가까웠다. Batavia에는 Jeff가 가지고 있는 직업의 종류가 없고 Ann 또한 자신의 직업에 자리를 잡았기 때문이다. Jeff와 Ann 둘 다에게 Cleveland로 이사하는 것은 신나기도 하였지만 두렵기도 하였다. 그들은 처음에 이사를 하는 것이 가족들에게 덜 영향을 받기 때문에 처음 결혼생활을 시작하기에 좋을 것이라고 생각했지만 모든 것이 그들에게 달려 있다는 것에 대한 스트레스와 두려움도 만만치 않았다. 그들은 집을 살 때에도 결정을 할 때에도 의지하고 도움을 구할 가족이 옆에 없었다.

그렇지만 Jeff와 Ann은 사소한 골칫거리를 자신들끼리 잘 해결해 나갔고, 둘 다 그들의 보람 있는 일을 찾았고 직업을 유지하는 것에 대해 낙천적이었다. Jeff는 환경도 보호하고 광범위하게 재활용도 하는 재조업 회사에서 일을 하였다. 그는 환경을 개선하려는 회사의 노력에 대해서 좋게 느꼈으며, 또는 회사도 회사와 환경 모두에 이득이 되는 아이디어를 직원들이 제안하는 것을 격려하였다. Ann은 컴퓨터 프로그래머이고 매일 새로운 프로그램을 만들어 다른 사람의 일을 빨리 할 수 있도록 돕는 것에 대하여 즐거워한다. 그들은 구조조정의 현실에도 불구하고 그들의 고용주에게 이익을 주며 그들의 위치에서 자신감을 느끼는 독특한 재능이 있다고 둘 다 인식하고 있었다.

마찬가지로 Jeff와 Ann의 결혼 생활은 견고하였다. 물론 모든 가족이 완벽한 것이 아닌 것처럼 이들도 예외는 아니었다. 그들은 아이들 때문에 말다툼이 있기도 했고 돈과 집안일에 관련하여 다투기도 하고 문제가 생기기도 하였다. 그럼에도 불구하고 Jeff와 Ann은 진실로 서로와 아이들에 대해서 배려했고, 아이들은 그들의 부모와 형제자매들처럼 사랑했다. Jeff와 Ann은 그들의 인생을 어떻게 살아가고 어떤 의미를 부여하는 것에 있어서 비슷한 시야를 가지고 있으며 그런 가치를 자녀들에게도 심어주려고 한다. 특히 Jeff와 Ann은 그들의 자녀가 자신들이 느끼는 세상보다 더 밝고 좋은 세상을 만들기를 원한다. Jeff와 Ann은 그들의 직장이 그렇게 하고 있으며 그들의 자녀들도 그렇게 의미 있는 직종을 가지기를 원한다.

적용 질문

Fromm의 인본주의적 정신분석 이론을 사용하여, Jeff와 Ann의 행동을 다음 질문들에 대한 답으로 분석하라.

1. Fromm의 이론은 Jeff와 Ann이 고생에도 불구하고 명절마다 Batavia에 돌아오는 것을 어떻게 설명할 수 있는가?

2. Fromm의 이론에 따르면, 왜 사람들이 일반적으로, 특히 Jeff와 Ann이 결혼 혹은 다른 친밀한 관계를 형성하는가?

3. Fromm에 의하면, 초월 욕구는 무엇인가? Ann과 Jeff는 그것을 충족하였는가? 설명하라.

4. Fromm에 의하면, 정체성 욕구는 무엇인가? Ann과 Jeff는 그것을 성취하였는가? 설명
   하라.

5. Fromm에 의하면, 흥분과 자극의 욕구는 무엇인가? Ann과 Jeff는 그것을 성취하였
   는가? 설명하라.

6. Fromm의 이론에 따르면, Jeff와 Ann의 인생관(참조체제)은 무엇인가?

7. Fromm에 의하면, Ann과 Jeff가 속한 성격 지향은 무엇인가?

8. 처음에 Cleveland로 이사한 것에 대한 Jeff와 Ann의 혼합된 느낌들을 Fromm의 이
   론은 어떻게 설명하는가?

이론 비교 질문

1. Fromm의 욕구는 Rogers의 욕구와 어떻게 비교되는가? Maslow와는 어떻게 비교되
   는가?

2. Jeff와 Ann이 매 휴가 기간 동안 Batavia에 돌아오는 것을 행동주의는 어떻게 설명할 수 있는가? 행동주의에 의해 강조되는 행동주의적 동기는 Fromm의 이론에서의 동기와 어떻게 비교되는가?

3. Ann과 Jeff가 결혼한 것과 아이들을 가진 것을 사회생물학은 어떻게 설명할 수 있는가? 이 설명은 Fromm의 이론과 어떻게 비교되는가?

※

사례연구 12

Erich Fromm

Andrea는 일주일 동안 여동생과 어머니를 의무적으로 방문하려고 한다. 그녀는 일 년에 한 번 찾아가는데, 그때마다 두려워한다. 매번의 방문은 스트레스 쌓이는 일이며 한 번 그녀의 어머니 집에 도착하기만 하면 그녀는 소속되지 않은 느낌을 받는다. 그녀는 어렸을 때부터 항상 이런 것을 느껴왔다. 그녀의 자매 Marla는 항상 예쁨을 받는 딸이었는데 자신의 필요나 자신을 발달시키는 것보다는 어머니가 원하는 것을 하면서 그 편애를 더 강하게 받았다. Andrea는 반면에 어머니를 어렸을 때부터 짜증나게 하였는데 그것은 자신만의 방식으로 일을 하였기 때문이다. 어른이 되어서도 Andrea는 어머니가 반대함에도 불구하고 자신의 방식대로 하였다. 이것은 Andrea가 해가 되고 파괴적인 경험을 하기 위함이 아니라 그저 다른 아이들처럼 친구들과 밖에서 놀고 몇 잔의 술을 마시고 춤을 추는 등과 같은 것이지만 어머니는 이런 행동들을 반대하였다. 어머니가 어떤 말을 했던 것은 아니었다. 그것은 오히려 찬성하지 않는 모습이나 목소리 억양으로 전달된 무언의 메시지였다. Marla는 반대로 이런 문제를 만들기 싫어하여 밖으로 나가는 일이 적었다. 시간이 지남에 따라 Andrea의 어머니는 Marla의 행동을 휘어잡게 되었고 그들의 관계는 건강하지 않은 의존적인 관계로 깊어졌다.

오늘 Andrea가 방문하였을 때 외로운 느낌이 들었는데, 어머니와 Marla는 자신들끼리만 이야기를 하였기 때문이다. Marla와 어머니가 말을 할 때에는 서로 직접적으로 쳐다보며 말을 하였지만 서로에게만 대화를 하며 Andrea가 없는 것처럼 대했다. 그들은 또한 커피와 스낵을 먹을 것인지에 대해서도 서로에게만 이야기를 하였다. Marla는 자신의 집이 있지만 어머니와 일이 끝나고 매일 보며 가끔씩은 Marla의 집에서 혹은 어머니의 집에서 저녁을 먹었다. 그들은 서로의 집 열쇠를 가지고 있으며 언제든지 찾아갈 수 있었다. 이 모든 것들에서 Andrea는 제외되어 있었고, 이것은 그녀를 불편하게 만들었다.

Andrea는 Marla가 너무 어머니에게 의존적인 것을 보면 가슴이 아팠고 Marla가 다른 인생의 방향을 찾기 바랐다. 하지만 Andrea는 Marla와 어머니의 관계에 대해서 할 수 있는 것이 하나도 없었다. Andrea가 집에서 살 때에 그녀는 Marla에게 같이 나가서 친구들과 놀자고 하였지만 많은 경우 Marla는 거절을 했었다. Andrea가 고향을 떠났을 때에 Marla를 초대하곤 하였는데 Marla는 그것이 어머니와 함께 오라는 것으로 항상 생각하며 매번 같이 찾아가곤 하였다.

Marla가 어머니 없이 혼자 여행도 할 수 없는 것은 몇 년 전부터였다. Andrea가 대학을 졸업했을 때, Andrea는 큰마음 먹고 휴가를 보내기를 원했고 Andrea와 Marla는 Maine 주에 가려고 준비했다. 그들이 어머니의 집에서 여러 잔의 커피를 마시며 토론하고 있을 때 어머니는 자신도 갈 수 있기를 원한다고 언급했다. Marla는 Andrea의 허락도 없이 동의하였다. 어머니는 즉시 그 기회를 잡았고 세 명이 함께 여행을 했다. 부모 없이 그녀의 첫 번째 휴가를 가는 것을 기대했던 Andrea는 매우 실망했다. 그녀의 시각에서, 그 휴가는 재앙이었다. 그들은 그들의 동갑내기 여행자들의 몇몇과 휴가의 첫 번째 밤에 술을 마신 이후, Marla와 Andrea는 어머니와 함께 쓰는 방으로 걸어갔을 때 불만을 나타내는 어머니의 모습을 보았다. 어머니는 의자에 앉아 있었고 찌푸리며 자신이 그들을 얼마나 걱정했는지를 표현했다. 그것이 동갑내기 여행자들과 마지막으로 시간을 보낸 것이 되어버렸다. 여행이 끝나기까지도 Marla와 어머니는 Andrea만 빼놓고 자신들끼리 다녔다. Andrea는 자신이 주최한 여행에 자신이 낄 수가 없었다. 35세의 Marla는 아직도 어머니와 휴가를 같이 간다. 마찬가지로, 그녀는 어머니에게 자신이 가끔 보는 친구들과도 같이 만나자고 한다. Andrea는 Marla가 홀로 무엇인가를 하게 하는 것을 포기하였다. Marla에게 어머니 관계에 대하여 말을 하려고 하면 질문이 나오기도 전에 Marla가 이런 내용의 대화에 대하여는 말을 막는다.

가족방문에 대하여 Andrea는 또한 다른 문제가 있다. 예를 들면 그녀는 가끔 심심하다. 그녀의 여동생과 어머니는 주로 바쁘지 않았다. 그들은 주로 직장에서 일을 하고 서로에게 시간을 보낸다. Andrea는 반면에 쇼핑과 맛있는 음식을 먹고, 박물관에 가고, 다른 문화적인 활동을 좋아한다. 그녀는 주말에는 주로 나가서 놀지만 그녀의 가족은 그렇지 않다. 이런 활동 부족은 Andrea에게 큰 부담을 안겨준다. 왜냐하면 일 년에 한번 그녀가 방문을 할 때에 어머니와 Marla는 자신들과만 시간을 보내러 온다고 생각하기 때문이다. 하지만 Andrea는 같이 자라온 친구들을 만나고, 방문하고 싶어 한다. 불행하게도 어렸을 때처럼 그녀는 어머니와 자매 외의 다른 사람들을 보게 되는 것에 대하여 어머니의 반대에 부닥친다. 그녀는 그녀의 가족이 좀 더 활동적이고 여동생이 하루빨리 독립적이 되기를 바란다.

적용 질문

Fromm의 인본주의적 정신분석 이론을 사용하여, Marla의 행동을 다음 질문들에 대한 답으로 분석하라.

1. Fromm에 따르면, 어머니의 어떤 유형의 고착이 Marla와 어머니 사이에 관계를 설명할 수 있는가? 이 이론에 따르면, 왜 이 행동이 나타나는가?

2. Fromm의 이론에 따르면, 어떤 성격 지향이 Marla를 가장 잘 기술하는가?

3. Fromm의 어떤 실존적 욕구가 Marla에게 해당되는가? 어떤 것이 그렇지 않은가? 설명하라.

4. Marla는 어떤 자유로부터의 도피 기제를 채택하였는가? 설명하라.

이론 비교 질문

1. Fromm 이외에 어떤 다른 이론들이 그녀의 어머니와 Marla의 관계를 설명할 수 있
   는가? 어떻게?

2. 기본적 불안과 싸우는 Horney의 복종 개념과 다른 사람에 대한 관계적 욕구를 충족시키기 위한 Fromm의 복종의 개념을 비교하라. Marla와 어머니와의 관계에 이들 개념 모두를 적용하라.

3. Freud 학파 이론에 따르면, 과도하게 의존하는 성격은 어떻게 발달되는가? 그녀의 어머니와 Marla의 관계를 이 개념으로 어떻게 설명하는가? Fromm과 Freud의 성격 지향을 어떻게 비교하는가? 특성 이론에서 특성과 이 개념은 어떻게 비교하는가?

유용한 힌트

당신은 사례 **11** 또는 **12**를 위한 적용 질문들의 일부를 대답하는 데 문제가 있는가? 다음이 도움이 될 것이다.

　　Fromm이론의 요점은 우리가 진화되고 더욱 복잡해짐으로써, 우리를 불쾌하거나 불안하게 하는 특성으로부터 멀리하게 되었다. 우리는 불쾌하게 하는 감정들을 줄이기 위한 다양한 기제를 사용한다. 이 기제의 몇몇은 건강하다; 또 다른 것들은 그렇지 않다. 예를 들어, Fromm은 세계에서 혼자인 느낌들에서 발달하는 기본적 불안을 제안했다. 우리는 고독감과 격리감을 감소시키기 위해서 여러 가지 **도피기제**를 사용한다. 이것들에는 강력한 파트너와 결합하는 경향인 권위주의; 사람, 물체 또는 제도, 순응, 권위에 대한 무제한적인 수용과 복종을 포함해서 위협하고 있는 것을 제거하기 위한 욕망인 파괴성; 및 권위에 대한 무조건적인 수용과 복종인 동조가 있다. 관련되게 Fromm은 또 다른 사람이 어머니상으로부터 거의 분리할 수 없게 하는 어머니 또는 어머니상에 대한 과장된 의존인 근친상간 공생을 포함하는 다수의 성격 장애를 논의했다. 이것은 어머니 고착의 극단적인 형태인데, 더욱 흔하며 유해하지 않다. 비록 이 장애의 유형과 앞에서 언급한 도피의 기제가 고립의 느낌을 감소시키는 것처럼 **보일지라도**, 이것들은 불안을 대처하는 건강하지 못한 방법이다. Fromm은 우리는 사랑 또는 일을 포함한 긍정적 자유(또는 자기-실현)를 통해서 건강한 삶을 살수 있다고 믿었다. 진정한 사랑과 일을 통해서, 우리는 다른 사람과 진실하게 연합하고 고립의 감정을 감소시킬 수 있다고 했다. 그러므로 Fromm이 논의한 성격 지향 중에서 유일한, 생산적인 성격 지향만이 건강한 것으로 간주된다.

Harry Stack Sullivan(1892-1949)

대인관계 성격 이론

왜 이 이론을 배우는가?

공헌

Sullivan의 대인관계 성격 이론은 미국에서 인기 있는 이론은 아니었고 흔히 성격 이론 강의에 포함되지 않았다. 그렇지만, 많은 그의 개념들과 저서들이 혼동으로 생각되고 때로 혼란스럽지만, Sullivan은 인간 행동과 적응을 이해하는 데 중심이 되는 독특한 생각을 발달시켰다. Sullivan은 "해부학은 운명이다"라는 Freud 학파의 가정으로부터 멀어진 것으로 알려져 있다. 대신에, Sullivan의 관점은 생물학이 아닌 사회가 성격의 형성에서 중요하다는 것이었다. 사실, 그는 더 나중에 건강한 대인관계를 이끌 수 있는 대인 기술의 발달에서 "단짝", 즉, 가장 친한 친구의 중요성을 논의한 첫 번째 이론가 중의 한 사람이었다. 유사하게, 수십 년 후에, Carl Rogers는 좋은 친구에게 이야기하는 것은 치료자에게 이야기하는 것과 마찬가지인데, 감정이입적이고 비판단적인 것으로도 성장

을 향상시키는 데 효과적일 수도 있다고 주장하였다. 따라서, Sullivan의 성격 분야에서의 중요한 공헌 중 하나는 행동에 기여하는 요인으로서 성적인 동기는 덜 강조하였고 대인관계의 중요성에 대해서는 더 강조하는 것이었다.

대인관계의 영향에 대한 Sullivan의 강조는 또한 그의 다정다감에 대한 욕구 개념에서, 소수의, 있다고 하더라도, 다른 이론가들이 기술한 독특한 욕구의 좋은 예가 되었다. 대상 관계 이론가들에 의해 논의된 개념과 유사하게 이 개념은 애착이론의 발달에 토대를 마련해 주었다. 그것은 심리적으로 건강한 아동을 양육하기 위하여 필수적인 아동과 돌보는 사람 간의 상호작용을 기술하였다. 그러므로, 그의 이론은 좋은 양육 기술을 향상시켜주는 지침으로 보일 수 있다.

사례연구 13

Harry Stack Sullivan

스물 여섯 살인 Stacy는 유럽계 백인 웨이트리스이다. 그녀는 그녀가 하는 일에 매우 능숙한데, 심지어 손님들이 합리적이지 못할 때조차, 그들의 모든 요구들을 맞추는 일에 열중하기 때문이다. 사장은 그녀가 손님들을 행복하게 만들기 때문에 그녀를 좋아한다. 예를 들어 그녀의 실력은 country-fried 스테이크를 시켰을 때 발휘되었다. 그녀가 음식을 가져갔을 때 손님은 그 음식에 대한 것을 하나도 마음에 들어 하지 않았다. 그는 자신의 고기와 감자에 더 많은 소스를 뿌려 달라고 하였고 더 많은 야채와 롤, 그리고 모든 음식을 더 따뜻하게 해달라고 하였다. Stacy는 몇 번이나 사과를 하고 그가 말한 것보다 더 많이 좋아할 만큼 가져다주었다. 그녀와 함께 일하는 대부분의 다른 웨이트리스라면, 이 손님이 주문한 대로 다시 가져다주긴 하겠지만, 그에게 다른 방식으로 돌려주었을 것이다. 예를 들어, 식사 후에 계산할 때 시간을 끈다든지 하면서 말이다. 그들은 분명히 실제 그 주문이 잘못된 것이 없다는 것을 알고 있기 때문에 그에게 사과하지도 않았을 것이다.

Stacy는 다른 사람을 기쁘게 하려고 노력하곤 하였다. 그녀의 인생 전체를 그래왔다. 어렸을 때부터 그리고 청소년 시기에도 그리고 지금 청년기에도 Stacy는 항상 순종적이었는데 다른 사람들이 짜증날 정도였다.

홀어머니의 4명의 아이들 중 세 번째로 태어난 그녀는 어머니의 관심을 원했지만 거의 받지 못하였다. 그녀의 두 오빠들은 꽤 난폭했고, 항상 문제를 일으켜 어머니는 그들의 뒤치다꺼리를 해야 했다. 그녀의 여동생은 겨우 Stacy가 태어난 후, 13달 후에 태어났는데, 아버지가 돌아가신지 6개월이 지난 때였다. 그들의 어머니는 그들 모두를 사랑했지만, 아이들이 필요로 하고 원했던 것들을 모두 들어주는 것이 어렵다는 것을 알았다. 모범적인 중간아이 증후군을 경험했던 Stacy에게는 더욱 그러했다: 그녀의 오빠들은 어머니의 관심을 계속 요구하게 하였고 그녀의 동생은 아기였으므로 관심을 받았다. 그래서 Stacy는 주목받을 수 있는 시간이 많지 않았다.

학교에 들어가기 전에 Stacy는 어머니의 관심을 받았는데 그것은 그녀가 요구적이지 않아서였다. 어머니는 종종 "네가 나에게 어떤 것도 요구하지 않는 착한 점이 고맙다!"고 Stacy에게 말했다. 이것은 그렇게 애정을 나타내는 것은 아니지만 Stacy의 어머니는 농담처럼 말하곤 하였고 Stacy는 마음을 다치기는커녕 자랑스러웠다. 다른 아이들처럼, Stacy도 어머니를 기쁘게 해드리고 싶어서 부엌을 치우거나 어린 동생을 돌보았다. Stacy가 이런 일들을 했을 때, 어머니는 자주 하지 않는 포옹을 해주며 고마움을 표현하곤 했다. Stacy가 이런 경험으로 얻은 것은 다른 사람의 관심과 사랑을 받기 위해서는 요구적이지 않아야 하고 그 사람을 위해서 무엇인가를 해야 한다고 배웠다.

이러한 순종적인 행동 패턴은 학교와 친구 관계 영역에서도 지속되었다. Stacy는 평균적인 학생으로 초등학교를 마쳤다. 그녀는 학교에서 조용하였고, 수업에서 거의 자원해서 대답하지 않았고 선생님의 시간을 빼앗지도 않았다. 그녀는 또한 다른 아이들과 함께 우정을 만드는 것이 다소 어려웠다. 그녀는 그들에게 놀아달라고 하기를 망설였다. 같이 어울리게 될 때에는 그녀가 원하든 원치 않든, 아이들이 원하는 것을 무엇이든, 그들이 원하는 방식으로 놀았다. 놀랍지도 않게 아이들은 Stacy를 받아들였지만 이용해 먹었다. 아이들은 Stacy와 놀아주었지만, 자주 그녀를 이용하였고, 게임에서는 자신들은 경찰이나 초능력을 가진 영웅과 같은 착한 역할을 하였지만, Stacy에게는 악당 역할과 같은, 그들이 가장 싫어하는 역할을 그녀에게 주었다. 다른 아이들은 친한 친구가 있었지만 Stacy에게는 없었다.

초등학교를 마쳐가면서 그녀는 다른 여자아이들과 우정을 맺는 것도 힘들어 하였다.그것은 그들이 그녀를 진정으로 좋아하지 않았다는 것이었다. 그녀는 그들과 어떤 접촉도 하지 않았다. 다른 소녀들은 서로 전화하고 자신의 집에 서로를 초대했지만, Stacy는 결코 이들에게 제안하지 않았다.

중학교 때는 다른 여자아이들처럼 남자아이에 관심을 가지게 되었다. 다른 여자아이들처럼 남녀 관계에 관련된 잡지를 읽었다. 모든 이야기에는 공통된 주제가 있었는데 그것은 여자들은 가끔 문제를 풀기 위해 남자의 힘이 필요하다는 것이었다. 그가 문제를 풀었을 때에 그 남자는 여자에게 관심을 가지게 된다고 하였다. 아니면 여자가 남자아이를 기쁘게 함으로써 관계가 형성될 수 있다고 하였다. 다시 한 번 Stacy는 다른 사람을 자신과 친구가 되게 하거나 남자친구가 되게 하려면 다른 사람이 원하는 것을 해주는 것이라 배웠다. Stacy는 청소년기 동안 점점 더 매력적이 되

었다. 그녀의 신체적인 매력은 다른 남자아이들이 그녀에게 다가오게 하였고 Stacy
가 로맨스를 시작하게도 만들었다. 그녀는 자신이 주장하는 바가 약하기 때문에 관
계가 시작하고 나서 쉽게 성관계를 맺었다. 그녀의 남자친구가 성관계를 요구할 때
그녀는 그들이 떠날까봐 동의를 하였다. 불행히도, 그들은 그녀와의 관계성을 깨곤
했다. 관계가 깨지고 얼마 후, 다른 남자아이가 그녀에게 사귀자고 하였다. 그녀는
점점 더 난잡한 아이로 평판이 나게 되었다.

　고등학생이 되면서도 이런 관계는 지속되었는데 불행하게 한 번은 나쁜 결과를
가져왔다. Stacy는 고등학교 시절 한 젊은 남자를 만났고, 처음에는 그들의 관계가
즐거웠다. 그녀가 이해하지 못하고 힘들어 했던 하나는 그의 성질이었다. 그는 가끔
이성을 잃어버리고 Stacy를 모든 것에 있어서 비난하였다. 처음에는 그의 폭발적인
성격이 소리지르는 것이었지만 점점 밀고 치는 상황까지 가며 신체적인 학대까지
다다랐다. Stacy가 관계를 계속 가지고 있을 때 그녀는 꾸준히 그를 만족시켜보려 하
였고 그녀가 무슨 잘못을 하고 있는지를 몰랐다. Stacy의 엄마가 그녀의 몸에서 멍들
을 보고는 그 관계를 끝내게 하였다.

　이제 어른이 된 Stacy는 아직도 친밀한 관계를 찾고 있다. 그녀는 아직도 여자
친구들이 없고 그것은 부분적으로는 그녀가 우정을 시작하지 않기 때문이고, 부분
적으로는 그녀와 일하는 여자들이 그녀에게 접근하지 않기 때문이다. 그들은 Stacy
와 같이 일하는 것에 대해서 불만은 없으나 그들은 그녀를 겁쟁이라고 본다. 그와
동시에 그녀는 데이트를 해도 그녀의 관계는 지속적이지 못하는데 남자들은 Stacy가
자신들이 원하는 것만 하고 원하는 이야기만 하기 때문에 그녀를 알아갈 수가 없어
서라고 하였다. 그들은 그것을 일방적인 관계처럼 느끼게 되고, 그들을 불편하게 만
든다.

적용 문제

Sullivan의 대인관계 성격 이론을 사용하여, 다음 질문들에 답을 함으로써 Stacy의 행동을 분석하라.

1. Stacy의 상호작용은 어떻게 특징화되는가? Sullivan의 이론에 따르면, 이러한 상호작용에서 "성격"을 어떻게 고찰할 수 있는가?

2. Sullivan의 청소년기 동안 Stacy는 무엇을 경험하였는가? 어떻게 이러한 경험들이 그녀의 성격에 영향을 미쳤는가?

3. Stacy는 Sullivan의 이론에서 사춘기 단계 동안 무엇을 경험하였는가? 어떻게 이러한 경험들이 그녀의 성격에 영향을 미쳤는가?

4. Stacy는 Sullivan의 이론에서 초기 청소년기 단계 동안 무엇을 경험하였는가? 어떻게 이러한 경험들이 그녀의 성격에 영향을 미쳤는가?

5. Stacy는 Sullivan의 이론에서 후기 청소년기 단계 동안 무엇을 경험하였는가? 어떻게 이러한 경험들이 그녀의 성격에 영향을 미쳤는가?

6. Stacy는 Sullivan의 이론에서 성인기 단계 동안 무엇을 경험하였는가? 어떻게 이러한 경험들이 그녀의 성격에 영향을 미쳤는가?

7. Sullivan의 이론에 비추어, Stacy는 진정한 관계 형성을 위해 무엇을 해야 하는가?

8. Sullivan이 말한 욕구들 중, 어느 것이 Stacy에게 채워져야 하는가? 대답을 위해 증거를 제시하라.

이론 비교 질문

1. Sullivan의 이론 외에 또 어떤 이론으로 Stacy의 행동을 설명할 수 있는가?

2. 진화 심리학은 Stacy의 남성과의 관계를 어떻게 설명할 수 있는가? 어떻게 Sullivan
   의 설명과 비교되는가?

3. Maslow에 의하면, Stacy의 어떠한 욕구가 충족되어야 하는가? Maslow의 욕구는
   Sullivan의 것과 어떻게 비교되는가?

✳

사례연구 14

Harry Stack Sullivan

Brian의 여섯 번째 생일이 다가올 때, 그의 엄마 Tammy는 지난 수년 동안 보여 왔던 그의 변화들을 곰곰이 생각해본다. Brian은 아주 요구적인 아기였다. 처음으로 엄마가 되던 Tammy는 모든 것을 완벽하게 하여 Brian을 돌보고 싶었다. 불행히도, Tammy는 Brian을 얼마 동안 모유를 먹일 것인지 준비하지 못했고, 당초 있을 불편함도 준비하지 못했다. 그래서 젖꼭지가 갈라지는 느낌을 받으며 시작하였다. 병원에 있을 때에 Brian은 Tammy의 젖꼭지를 잘 물지 못하여서 그녀가 멍이 들거나 갈라진 젖꼭지를 가지게 하였고 이것은 낫는 데 오래 걸렸다. Brain은 가끔씩 젖을 거부하였는데 그것은 병원 간호사들이 병원에서 돌봐줄 때에 주던 젖병을 빨았기 때문에, 젖병 빠는 것을 더 좋아하였기 때문이다. Tammy는 Brian을 어떤 자세로 앉히고, 어떻게 앉아야 하는지를 배우기 시작했지만, 젖먹이는 것이 불편하였다. 그녀는 젖이 새는 것이 싫었다. 수유용 패드도 항상 도움이 되는 것은 아니었다. 그녀는 이런 어려운 것들과 Brain이 만족할 때까지 젖을 계속 짜내야 하는 것에 대해서 지쳤다. 그는 많은 젖을 필요로 하는 것 같았다. Brian은 매 2시간마다 40분간 모유를 먹었고, 심지어 밤에도 그렇게 먹었다. Tammy는 혼자서 밤새 내내 수유를 하였기 때문에, 한 번에 한 시간 정도밖에 잘 수 없었다. 병원에서 퇴원한 첫째 날 밤, Brian은 밤새 내내 자지 못하였다. 19시간 동안 분만으로 지쳐 있는 데다, 병원 스탭은 체온과 혈압을 재기 위해 2시간마다 Tammy를 깨웠다. Tammy는 정신적으로 정서적으로 Brian이 태어난 후 이틀 동안 지쳤다. 그녀는 신체적으로 고통을 겪고 있는 그녀보다 잠을 더 많이 자는 남편이 점점 싫어졌고 애를 돌보는 것이 그만큼의 가치가 있는 것인지 생각하게 되었다. 모자란 잠과 애를 돌보는 불편함이 그녀의 아이를 먹이는 데 무척 힘들게 하였다. 두 달이 지나고 난 후 Tammy는 Brain에게 젖먹이는 것을 포기하고 젖병을 물려주었고 그는 잘 적응하였다. 젖병으로 먹이면서

Tammy는 자신의 기분이 얼마나 더 좋아지고 에너지가 생기며 아이를 먹이는 것이 즐거운 일인지 알았다. 아이를 먹이면서도 그녀는 쉴 수 있었고 아이를 바라보며 스스로에게 그리고 아이에게 웃어줄 수 있었다.

Brain은 또 다른 면으로 어려운 애기였다. 그는 2살까지 규칙적으로 밤에 잠을 자지 않았다. 잠을 안 자는 것은 아마도 치아가 나오는 고통 때문이었을 것이다. Tammy와 남편 Phil은 자주 Brian의 이 "마법에 걸릴 시간"에 관하여 농담 삼아 말하였다: Brian이 통제 불가능하게 울기 시작하는 저녁 시간이면, 그들은 그를 달랠 수가 없었다. 그리고 그는 아주 큰 소리로 울부짖었다. 그들은 안아보기도 하고, 노래도 불러주고, 걸어도 보았지만 아무것도 먹히지 않았다. 아이는 잠이 들 때까지 울음을 멈추지 않았다. 그런 경험을 비추어 보았을 때 Tammy는 Brain이 배가 고파서였을 수도 있다고 생각하였지만, 그 당시에는 둘 다 그럴 것이라고 생각하지 못하였는데, 그 이유는 아이가 먹은 지 얼마 되지 않아 울었기 때문이다.

나이를 먹으면서, Brian은 점점 협조적이 되었다. Tammy는 3살 반 또는 4살, 적절하게 말할 수 있었을 때, 분노발작과 다양한 수용하기 어려운 행동들에 관하여 Brain에게 말할 수 있었다. Brain은 가끔씩 자신을 나쁜 Brain 혹은 좋은 Brain이라고 칭하였다. 어느 날 그는 말을 잘 듣는 아이였는데 그때에는 그는 자신의 엄마에게 "오늘은 좋은 Brain이예요"라고 하였다. 그렇지만 이제 6살이 되가는 그는 더 이상 자신을 두 개의 사람으로 나누어서 부르지 않는다.

Brain은 아기 때와 사뭇 다르게 변해가고 있다. 그는 멋진 유머 감각을 가진 자신감 있고 품위 있는 똑똑한 작은 소년이다. 그는 또한 훌륭한 상상력을 가지고 있다. 가장 최근 그가 지어낸 것은 아무도 보지 않을 때 오렌지 주스를 마셔버린 "귀신 괴물"이다. Tammy가 Brain에게 "누가 그랬어"라고 할 때면 Brain은 "귀신 괴물"이라고 답하곤 한다. 이것은 Brain이 4살일 때부터 시작되었다. 그는 자신이 주스를 모두 마셔버린 것을 잊곤 했다. 그리고 더 마시기 위해 돌아왔을 때, 주스가 사라진 것에 대해 귀신 괴물을 비난하기 시작했다. 결국 귀신 괴물들은 각자의 캐릭터를 가지게 되었다. 하나는 까맣고 털이 많으며 빨간 눈을 가졌다. 어떤 괴물은 친근하고 어떤 괴물은 그렇지 않았다. 얼마 전에는 Tammy가 Brain이 자신의 어린 동생에게 착한 귀신 괴물들을 초청하여 차 마시는 파티를 하자고 하는 이야기를 들었다. 지난 6년은 확실히 사건들이 많았지만, Tammy는 그 아무것도 바꾸고 싶어 하지 않는다.

적용 질문

Sullivan의 대인관계 성격이론을 사용하여, 다음 질문들에 답함으로써 Tammy와 Brian 의 행동을 분석하라.

1. Sullivan에 의하면 의인화란 무엇인가? 사례연구에서 나쁜 엄마 좋은 엄마, 좋은 나 그리고 나쁜 나의 예를 찾아보라.

2. Sullivan의 이론을 사용하여, Tammy와 Brian의 수유경험을 해석하라.

3. Sullivan의 이론이 Brian의 "마법에 걸린 시간"과 그 후의 수면을 어떻게 해석할 수
   있는가?

4. Brian은 Sullivan의 어떤 단계에 놓여 있는가? 설명하라.

5. Sullivan의 이론에 따르면, Brian은 어떤 인지 수준을 보이고 있는가? 설명하라. 언
   제 그는 이 수준을 보이기 시작했는가?

이론 비교 질문

1. Sullivan의 좋은 엄마/나쁜 엄마 의인화를 비교해서, Klein은 착함과 나쁨 둘 다를
   가진 엄마의 가슴을 어떻게 논의하고 있는가?

2. Tammy와 Brian의 모유수유 경험을 설명하기 위해 Bandura의 상호 결정론 개념을 사용하라. 이것을 Sullivan의 설명과 어떻게 비교할 수 있는가?

3. Tammy와 Brian의 모유수유 경험을 설명하기 위해 Skinner의 급진적 행동주의를 사용하라. 이것을 Sullivan의 설명과 어떻게 비교할 수 있는가?

4. Sullivan의 다정다감에 대한 욕구 개념과 Bowlby와 Ainsworth의 애착 유형 개념을
   어떻게 비교할 수 있는가?

유용한 힌트

당신은 사례 13 또는 14를 위한 적용 질문들의 일부를 대답하는 데 문제가 있는가? 다음이 도움이 될 것이다.

Sullivan에게 있어 성격은 대인관계 양식이었다. 그는 우리의 성격이 어머니와의 상호작용을 시작으로(특히 섭식 경험), 타인들과의 상호작용을 통해서만이 발달된다고 믿었다. 좋은 섭식 경험들은 좋은 젖꼭지와 좋은 엄마 인격화에서 생겨난다; 나쁜 섭식 경험들은 나쁜 젖꼭지와 나쁜 엄마 인격화에서 생겨난다. 이러한 인격화(이미지)는 모호하며, 반드시 그 엄마의 정확하거나 적절한 상이 아닐 수 있다; 그들은 돌보는 역할을 하는 대리모에게도 적용될 수 있

다. 이러한 인격화는 아동기 이후에 융합되며, 어머니에 대한 지각이 더 정확해진다. 비록 Sullivan이 그의 이론에서 대인관계와 명확한 의사소통의 중요성을 강조하였지만, 그가 사용한 많은 용어들이 필요이상 이해하기 어렵다. 예를 들어, 긴장은 행동의 잠재로 정의 된다; 에너지 전환이 곧 행동이다; 역동은 영속적인 에너지 단위 또는 행동의 일관된 행동방식이다. Sullivan의 용어 졸리운 탈애착은 아기가 잠자기 위해 운다고 말하는 몽상 방식이다. 당신이 아는 바와 같이, 앞서 언급된 인격화, 대리모, 좋은 엄마/나쁜 엄마 같은 용어들은 사용하기에 어색함도 있다.

John Bowlby(1907-1990)와 Mary Ainsworth(1919-1999)

애착 이론

왜 이 이론을 배워야 하는가?

공헌

John Bowlby와 Mary Ainsworth의 연구는 성격 심리학 분야에서뿐만 아니라 발달 심리학과 임상 심리학에서도 가치로운 것이다. 그들의 연구는 부모-자녀의 관계가 성인 적응, 성격 및 성인 관계에 미치는 영향을 증명하였다. 발달적 조망에서, Bowlby와 Ainsworth의 연구는 아이들의 정서적 발달과 사회적 발달을 이해하는 데 중요하다. 임상적 조망에서도 애착 장애를 이해하는 데 중요하고 아동의 치료에도 유용하다.

Bowlby는 대상관계 이론가들의 비과학적인 접근으로 자신이 바라보는 것에 만족하지 않았다. 이는, 진화심리학에 대한 그의 관심과 조합되어, 아동의 정서적 애착을 이해하는 데 더 과학적인 접근으로 이끌었다. 사실상, 그는 애착을 진화론적인 이득으로 바라보았다: 애착은 잠재적인 포식자로부터 보호해주고, 또한 그들의 생리적인 욕구, 즉, 음식, 물, 쉼터 등등을 충족시켜주기 위한 자원을 안전하게 확보하는 데 도움이 되기 때문에 아동을 생존하게 해준다. 아동이 살아남았기 때문에, 부모의 유전자들은 전달되고 또한 살아남게 되었다. Ainsworth는 그것들에 대해 더 많은 연구를 수행하였고 다듬음으로써 특히 이들 관계의 개념을 이해하는 데 더 과학적인 접근을 발전시키는 데 중요한 영향을 끼쳤다. 그녀는 또한 어린 아동의 애착 양식을 측정하기 위해 낯선 상황 절차라 불리는 경험적 방법을 개발하였다.

이러한 연구는 효과적인 양육 양식을 이해하는 데 거대한 영향을 미쳤다. 이것 때문에, 우리는 잘-적응한 아동이 후에 잘-적응한 어른이 되는 발달에서 반응적이고 정서적으로 따뜻하게 돌봐주는 사람의 중요성을 이제는 이해할 수 있다. 우리는 또한 더 나중에 건강하고 안전한 관계를 발달시키는 데 이러한 유형에 대한 환경의 중요성을 이해할 수 있다.

사례연구 15

John Bowlby와
Mary Ainsworth

Tina는 그녀가 일하는 탁아소에 있는 22개월 된 쌍둥이에 대해 궁금했다. 그 아이들은 이란성 쌍둥이다: 한명은 David라는 남자 아이이고, 다른 한명은 Chelsea라는 여자 아이이다. 그 아이들은 너무 달라서, 같은 나이임에도 불구하고 어떻게 그들이 쌍둥이로 볼 수 있는지 의아했다. David와 Chelsea는 두 살이 되었을 때부터 탁아소에 맡겨졌지만, Tina는 이 쌍둥이들이 탁아소에 맡겨진 첫날부터 너무 다르다는 것을 알아차렸다. David는 새로운 상황에 대해 약간 근심스러워 했지만 Chelsea는 매우 슬픔에 잠겨 있었다. David는 엄마와 굿바이 허그와 키스를 하였고 엄마가 떠나는 것을 보면서 슬퍼했지만 탁아소 직원들에 의해 쉽게 주의분산되었다. 그는 빠르게 장난감으로 호기심을 돌렸고, 그것을 가지고 놀았으며 다양한 활동에 참여하였다. 반면에, 그의 여동생은 엄마와의 분리를 매우 어려워했다. Chelsea의 엄마가 첫날 탁아소를 떠나려 할 때, Chelsea는 엄마에게 달라붙어서 마치 아파서 고통스러운 것처럼 울부짖었다. 엄마는 David에게 했던 것처럼 공감이나 안도감을 보여주지 않았다. 대신에, 펼쳐진 상황에 매우 당황하고 초조해하는 것처럼 보였다. 그녀는 Chelsea에게 "그만해! 당황스럽잖아!"라고 말하는 것으로 보아 Chelsea에게는 냉혹한 것이 틀림없다. Tina는 이것을 첫날에 다음의 두 가지 이유로 알아차렸다: (1) 엄마는 Chelsea에게 상호작용하는 것보다 David에게는 매우 다르게 상호작용하였기 때문이다; 또 (2) 대부분의 부모들은 자녀를 탁아소에 두고 떠나는 것에 대해 좋지 않은 감정을 느끼는데, 특히 첫날에는 전형적으로 자녀들의 근심에 대해 측은하게 여기기 때문이다. 그러나 이 쌍둥이의 엄마는 Chelsea에게 매우 차갑게 행동했다. Chelsea의 동요는 그날 하루 종일 계속되었다.

　이 쌍둥이의 엄마가 첫째 날 늦은 시간에 그들을 데리러 왔을 때, David는 엄마를 보자마자 다시 환호했다. 엄마를 보자마자 달려가, 엄마를 껴안고서 그가 한 모든 것들을 말하기 시작했다. 엄마는 거기에 잘 반응해 주었고, 웃어주며 다시 껴안아 주면서 질문을 던졌다. 그러나 Chelsea는 엄마가 다시 돌아온 것을 보았을 때, 그녀의 반응은 매우 달랐다. 엄마에게 달려가 껴안았지만, 엄마를 다시 본 것에 대해 행복해하기보다는 즉각 울기 시작했고, 엄마가 너무 그리웠다고 말하였다. 엄마는 David에게 했던 것과는 또 다르게 Chelsea를 대했다. 엄마는 Chelsea에게 "여기 왔잖아"라고 말하고 납득하기 어려운 태도로 뻣뻣하게 Chelsea를 껴안았다. Tina는 엄마가 Chelsea를 반기는지에 대해 완전하게 확신할 수 없었다. Tina는 엄마가 Chelsea에게 "그만 울어!"라고 화난 목소리로 말하는 것을 엿들었을 때 더욱더 혼란스러웠다.

엄마가 Chelsea를 탁아소에 두고 떠났을 때, 위로받지 못하는 Chelsea의 무력감은 센터에 오고 난 후 몇 주 동안이나 계속되었다. 어느 날, 엄마가 아이들이 바깥 놀이터에 있을 때 그녀를 떼어놓게 되었다. 엄마가 떠나려 할 때, Chelsea는 놀이터 주변 울타리를 움켜쥐었고, 엄마에게 큰소리로 다시 오라고 소리쳐 울었다. 엄마가 계속 걸어가버리자, Chelsea는 바닥에 나뒹굴었고 Tina가 Chelsea를 달래고 주의를 다른 데로 돌리려 했지만 계속 울면서 난리를 쳤다.

Tina는 David와 Chelsea의 행동이 다르다는 것을 계속적으로 알아차렸고 또한 엄마가 탁아소에 그 쌍둥이를 데리고 올 때부터 각각에게 다르게 반응하는 것을 알았다. 지난주에 아이들이 동물원으로 소풍을 갔고, Chelsea와 David의 엄마는 보호자로 동반하였다. 탁아소에 있는 모든 아이들이 소풍을 즐겼지만, David가 사자의 울음소리가 너무 커서 깜짝 놀랐다. 그는 엄마에게 달려갔고, David를 붙잡으려고 웅크린 엄마의 어깨에 얼굴을 파묻었다. 엄마는 그를 편안하게 해줄 수 있었고, 그에게, "괜찮아, 사자가 안녕이라고 말한거야"라고 말해주었다. David는 재빨리 사자에게 손을 흔들며 반응해주었다. "안녕!" 흥미롭게도, Chelsea 또한 소풍에서 한 순간 무서워하게 되었다. 한 낯선 사람이 그녀가 너무 귀여워 그녀에게 접근했고 입은 옷이 너무 예쁘다고 말했으며 "엄마가 골라준거니?"라고 물었다. 그 낯선 사람에게 너무 화가 나서, Chelsea는 그 사람으로부터 도망쳤고, 울었다. 엄마는 정말로 그녀를 달래주려고 하지 않았지만, 그녀를 들어올렸다. 대신, 그녀는 Chelsea에게 어리석었다고 말하면서 "숙녀처럼 행동해야지"라고 말했다. 혼란스럽게도, Chelsea는 엄마가 붙잡아 주길 원하는 것처럼 보였지만, 그녀가 붙잡았을 때는 내려가기 위해 꿈틀거렸고 또다시 붙잡으려고 손을 잡는 모습이 엄마를 더욱 짜증나게 하였다.

Tina는 이 쌍둥이들의 상이한 반응들이 생물학적인 차이인지 아니면 다른 무엇인지에 대해 궁금했다. 이러한 상이한 반응들이 한 쌍둥이는 남자이고 다른 쌍둥이는 여자이기 때문일까? David가 남자이기 때문에 더 안정적일까? Chelsea가 여자이기 때문에 더 감정적일까? 쌍둥이가 상이한 유전적 구조를 가지고 있기 때문에 이것들이 기질의 차이를 가져왔을까? 아니면 엄마가 그들에게 대하는 방식이 다르기 때문일까?

적용 질문

Bowlby와 Ainsworth의 애착 이론 접근을 사용하여, 다음 질문에 대한 답을 함으로써 David와 Chelsea의 행동을 기술하라.

1. Bowlby와 Ainsworth에 따르면, 어떤 유형의 애착 양식으로 David를 나타낼 수 있는가? Chelsea는? 설명하라.

2. Bowlby와 Ainsworth에 따르면, David와 Chelsea의 애착 양식이 다른 이유를 설명하라.

3. Ainsworth의 낯선 상황을 설명하라. 무엇을 측정하는 것인가? 만약 어떤 연구자가 Ainsworth의 낯선 상황에서 David와 Chelsea의 반응에 대해 연구한다면, 그는 어떤 유형의 관찰을 할 것 같은가?

4. Bowlby에 따르면, 불리 불안의 세 단계는 무엇인가? 엄마가 Chelsea를 떠난 후 탁
   아소 직원에게서 위로받지 못한 단계는 어느 단계인가?

5. 애착 이론은 초기 아동기 애착 양식과 더 나중의 성인 관계 사이의 관계에 대해
   무엇을 말해주고 있는가? David와 Chelsea의 성인 관계가 그들의 애착 양식의 기
   술에 토대가 될 것 같은지를 예측하라.

이론 비교 질문

1. 애착이론은 대상관계이론과 어떻게 비교되는가?

2. 행동주의는 David와 Chelsea의 애착 양식에서의 차이를 어떻게 설명할 수 있는가?

사례연구 16

John Bowlby와
Mary Ainsworth

A ngela는 Justin과 5개월 간의 만남을 가진 후 깨졌다. 그들은 대학에서 만났지만, 그들의 고향은 서로 다른 주에 있었다. 수업도 같이 듣지 않았다. 대신에, 그들은 소셜 네트워크 사이트에서 만났다. 그녀는 그를 온라인 친구 중 한 명으로 만났고 사이트의 사진을 보고 귀엽다고 생각했기에 그와 접촉하게 되었다. Angela에 따르면 이것은 소셜 네트워크 사이트에 관한 좋은 것 중 하나이다: 어떤 사람은 정상적으로는 만날 수 없는 다른 사람을 만날 수 있고 새로운 친구나 관계를 만들 수 있다. 그녀는 매우 흥미로운 사람들을 이러한 방식으로 만났다. 이러한 경우에서, Angela와 Justin은 온라인에서 만났지만 결국에는 면대 면으로 만나게 됐고 그들이 같은 대학에 다니고 있는 것을 알게 되었다. 그들은 점심 시간에 만났고 잘 맞는 것처럼 보였다. 그들은 데이트를 시작했고, Angela는 Justin이 사랑스럽게 생각되었다. 그는 즐거움에 열망했고 전형적으로 그들의 데이트에서 무엇을 할지를 Angela에게 결정하도록 했다. 그들이 무엇을 할지에 동의하지 않으면, Justin은 전형적으로 Angela가 원하는 대로 맞춰줬다. 예를 들어, 한번은 영화를 보러가기로 했지만, 그들이 영화관에 도착했을 때, 둘 다 서로 다른 영화 보기를 원했었다. Justin은 Angela에게 그녀가 원하는 영화를 보자고 말했고, 그는 자기가 원했던 영화는 다른 때에 보았다.

Justin과 Angela는 학기가 끝날 때까지 10주 동안 서로 보게 되었고, 여름 동안에는 가족들이 있는 고향으로 돌아갈 때였다. 이때가 Angela가 Justin의 부모를 만날 수 있는 유일한 시간이었고, 그의 부모님이 그녀의 가족들과 얼마나 다른지에 대해 맞닥뜨리게 되었다. Justin의 부모는 차갑고 냉랭한 것처럼 보였다. 그들은 4개월 동안 아들을 보지 않았음에도 불구하고 그를 반기는 것 같지 않았다. 그들은 그에게 최소한도로 상호작용했고, 차에 Justin의 짐을 챙겨 싣고 떠났다. 반면에 Angela의 부모는 딸을 다시 보기를 간절히 원했었다. 이것은 Angela가 부모님에게 인사를 하자마자 부모님의 얼굴이 잔뜩 상기되어 있었고 포옹을 하며 키스를 하는 방식에서 확인되었다. Justin이 부모님께 인사를 했을 때에는 어떠한 포옹도 키스도 없었다.

그들은 각자의 집으로 떠나야 함에 슬퍼했지만, 각자 고향에서 여름 동안 일을 해야 했다; 그들은 다음 학기 등록금 마련을 하기 위해 일을 해야만 했다. 그들은 전화로 얘기하고 인터넷과 화상을 통한 채팅을 약속했다. 또한 여름 동안 한 번이나 두 번 정도 함께 하기를 희망했다. Justin은 Angela보다 그들의 임박한 헤어짐에 대해 더 속상해 하는 것처럼 보였다. 그는 울 것 같았고 그녀가 여름 동안 자신에 대해 잊을까봐 두렵다고 고백했다. 그녀는 그를 안심시키려 했지만, 그는 확신이 없는 것처럼 보였다. 결국 그들은 각자 떠나게 되었고 다른 방향으로 가게 되었으며, 가는 중에도 기회가 되면 전화를 하고 집에 도착해서는 곧바로 확실하게 전화를 하기로 했다.

Justin은 집에 도착하자마자 곧장 Angela에게 전화를 했다. 사실, Angela는 집에 이미 도착했지만, 가족들과 재회하고 가족들의 생활과 자신의 생활에 대해 서로 이야기를 하는 데 바빠서 그가 전화를 했을 때 매우 놀랐다. Justin은 또한 "굿나잇"인사를 하기 위해 늦은 밤 전화를 했다. 이것은 2주 동안 하루에 최소한 두 번 이상 매일 반복되었다. 또한, Justin은 "그녀의 얼굴이 그리워"라는 이유로 화상 채팅을 제안하였다. 그녀도 또한 그를 본다는 생각이 좋았기 때문에 화상채팅을 동의하였지만, 이틀에 한 번 꼴로 하던 한 시간의 화상 채팅은 매일로 바뀌었고 전화도 계속되었다. 그리고 매일 한 시간의 화상 채팅은 매일 두 시간이 되었고, 거기에 전화도 이어졌다. Justin이 Angela에게 보인 관심은 처음에는 비위에 맞추려 했지만, 결국 노골적으로 드러내기 시작했다. 그녀는 화상 채팅을 할 충분한 시간이 없다고 그에게 설명했지만, Justin은 상처를 받았고 그녀가 자신을 정말로 사랑하지 않는다고 불평했다. 그녀는 단지 너무 바빠서 그렇다고 그를 안심시키려 했지만, 그들의 대화는 지쳐서 끝이 났다. 다음날, Angela가 그녀의 친구들과 소셜 네트워크 안에 있었을 때, Justin은 그녀에게 메시지를 보냈고 이야기하기를 원했다. Angela는 가족들과 시간도 보내야 하고, Justin과도 이야기해야 하는 그녀의 일과 스케줄 사이에 있었기 때문에 친구들과 보내는 시간이 거의 없어 조금 짜증이 났지만 Justin과 상황을 개선시키기를 원했기 때문에 대화를 받아들였다. 대신에, 대화는 Angela의 눈속임 때문에 Justin과 또 다른 언쟁으로 변해버렸다. 그녀는 그것을 부정했고, 바쁜 스케줄에 대해 설명했지만, 또다시 그는 확신을 갖지 못하는 것처럼 보였다. Justin은 Angela에게 약간의 여유를 주기로 동의했다. 다음날 그는 그녀에게 자신의 행동에 대해 사과하는 꽃을 보냈지만 Angela는 여전히 짜증이 나 있었다. Justin이 Angela에게 약속한 그 여유는 단지 일주일뿐이었다. 결국 Justin은 또다시 요구하기 시작했다. 그는 그녀에게 하루에도 몇 번씩 문자를 보냈고 그녀가 답을 하지 않으면 화가 났다. 그녀가 전화를 받지 않을 때에는 음성 메시지를 남겨 놓았다. 때로 이 메시지는 화가 나 있었고 비난의 기운이 담겨 있었다; 때로 이 메시지들은 그녀가 어떻게 더 이상 그를 사랑하지 않을 수 있는지에 대해 그를 울게 하였다는 내용이 담긴 침울한 것이었다. Angela는 Justin의 질투와 끈질긴 행동에 신물이 났다. 그녀는 그의 요구하는 본성에 짓눌림을 느꼈고 그의 궁핍함에 지쳐버렸다. 그녀는 이 관계를 끝낼 가장 좋은 것이 무엇인지를 생각하고 있다.

적용 질문

Bowlby와 Ainsworth의 애착 이론 접근을 사용하여, 다음 질문에 대한 답을 함으로써 Angela와 Justin의 행동을 기술하라.

1. Bowlby와 Ainsworth에 따르면, Justin이 가지고 있는 것을 나타내는 성인 애착 양식은 어떤 유형인가? 설명하라.

2. 애착 이론에 따르면, 아동기 애착 양식이 성인 애착 양식과 성인 관계에 어떻게
   영향을 미치는가?

3. Bowlby와 Ainsworth에 따르면, Justin의 부적응 애착 양식의 원인은 무엇인가?
   Angela의 애착 양식의 원인은 무엇인가?

이론 비교 질문

1. Bowlby와 Ainsworth의 이론은 진화심리학적 조망과 어떻게 비교될 수 있는가? 이 것은 어떻게 진화심리학으로 보일 수 있는가?

2. Horney의 이론은 애착 이론과 어떻게 관계되는가? Horney의 이론은 Justin의 달라 붙는 행동을 어떻게 설명할 수 있는가?

유용한 힌트

당신은 사례 15 또는 16을 위한 적용 질문들의 일부를 대답하는 데 문제가 있는가? 다음이 도움이 될 것이다.

  Bowlby와 Ainsworth는 우리가 성인 관계를 행하는 방법이 우리를 돌봐주는 사람, 특히 부모에 대해 아동기에 우리가 발달시킨 관계 유형과 유사하다고 주장하였다. 우리의 부모가 따뜻하고 양육적이라면, 그들과 함께 안전한 관계를 발달시킬 것이다. 이것은 건강한 성인 관계에 반영된다. 그렇지만, 만일 우리가 우리의 돌봐주는 사람과 안전한 관계를 발달시키지 못한다면, 아마도 그들이 우리에게 애정을 보여주

는 것이 어렵거나 우리의 욕구에 반응해주지 않기 때문에, 우리는 아동기에 회피적 애착 유형이나 양가적 애착 유형으로 관계를 발달시킬 수 있다. 이러한 애착 유형은 더 나중의 성인 관계의 모형이 된다. 회피적 애착 양식을 가진 사람들은 관계를 발달시키는 것을 어려워하며, 외톨이로 기술되어질 수 있고, 반면에 양가적 애착 양식을 가진 사람들은 달라붙는 것으로 기술되어질 수 있는데, 그들의 파트너/친구들이 자신에 대해서 진정으로 돌봐주지 않는 것에만 항상 관심이 있다.

Abraham Maslow(1908–1970)

전인적 역동 이론

왜 이 이론을 배우는가?

공헌

그의 이론이 부적응을 설명할 수 있지만, Maslow가 주로 강조한 것은 심리적으로 건강한 사람을 이해하는 것이었다. 비록 그는 행동주의와 정신분석 모두에서 이점을 보았지만, Maslow는 또한 그것들을 비판하였는데, 이 이론들은 불건강한 성격을 너무 많이 강조하였으며, 이 이론이 적응을 이해하는 데는 한계점이 있었다고 주장하였다. 그의 관점에서, 이들 사고 학파는 심리학자가 인간을 완전하게 보는 것을 허락하지 않았다. 대조적으로, Maslow의 전인적 역동 이론은 인간 행동을 이해하는 전인적인 접근을 취하였는데, 우리 모두 주어진 매 시간에 다양한 욕구에 의해 모두 동기화된다고 주장하였다. 이들 욕구는 본질적으로 생리적이거나 심리적일 수도 있다. 따라서,

그의 욕구 위계는 심리학 분야에 대한 그의 가장 중요한공헌 중의 하나인데, 제3 사고 학파의 발달을 가져왔다(행동주의와 정신역동에 이어): 인본주의. 욕구 위계는 심리학 분야에서뿐만 아니라, 일에서도 유용하고, 경영 이론에서 널리 적용되고 논의되었다. 또한, Jung이 자기실현과 유사한 개념인 자기-실현을 처음으로 기술하긴 했지만, 이 개념을 실제로 널리 대중화시킨 사람은 Maslow였다. Maslow는 실현을 인간의 행복과 적응을 추구하는 활력으로서, 그들의 최고의 잠재력을 추구하는 인간의 노력으로 보았다. 요약하면, Abraham Maslow는 인본주의 심리학의 창시자로 간주되며, 그것의 가치를 대중화하였는데, 모든 사람들에게 성장, 행복 및 적응을 장려하였다.

사례연구 17

Abraham Maslow

Cindy는 문제가 있는 초기 아동기를 지내온 네 살 아이이다. Cindy의 소아과 의사는 그녀가 방치되고 있다고 걱정한 나머지 Children and Youth Services와 연락을 한 후 겨우 생후 6개월이 된 Cindy를 그녀의 부모로부터 떼어놓아 양부모 집으로 보냈다. 소아과 의사가 처음(그리고 이후에도) Cindy를 보았을 때 누추해보였고, 최근에 씻지 않았음을 암시하는 냄새를 풍겼다. 게다가 내과 의사 역시 Cindy의 성장 결핍 때문에 방치에 대하여 관심을 보였다. 아기가 흔히 생후 2주경에 받게 되는 첫 번째 건강검진에서, Cindy는 몸무게가 충분하지 못하였다. 아기들이 흔히 병원에 머무르는 동안 몇 십 그램의 몸무게가 빠지기는 하지만 2주 정도(그리고 때로는 좀 더 많은 시간) 지나면 그 몸무게를 다시 회복하는 것으로 알려져 있다. Cindy는 처음 건강검진 당시 생후 4주였고, 병원에서 빠졌던 몸무게를 회복하였지만 더 이상 몸무게가 늘지 않았다. 또 Cindy는 6주째 건강검진(실제로는 9주에 하였음)에서도 적당한 몸무게를 유지하지 못하였다. 신체적 원인이 성장 결핍의 이유는 아닌 것처럼 보였다. 오히려 소아과 의사가 아기가 먹는 분유의 양을 물었을 때 대답은 그 양이 적절하지 않음을 나타냈다. 내과 의사는 Cindy와 동행한 어른(할머니)을 질책하였고, 그 나이의 아동에게 필요한 분유의 양을 알려주었다. 그렇지만 3개월째 건강검진(여전히 기간을 넘겨서 행함)에서 Cindy는 여전히 적절하게 성장하지 않고 있었다. 이번 세 번째 방문에서는 기저귀 발진 또한 매우 심하였다. 아기의 피부가 너무 벗겨져서 기저귀 발진이 일어난 어떤 곳에는 곰팡이 감염을 보이기도 했다. 기저귀 발진의 심각성은 소아과 의사에게 경종을 울렸다. 흔히 부모들은 기저귀 발진이 그렇게 악화되기 전에 아이들을 데려왔지만(아니면 부모들이 스스로 치료를 했거나) 내과 의사는 그 부모들을 만나보는 것조차도 못했다. 대신 Cindy의 외할머니는 매번 그녀를 데리고 왔다. 외할머니는 심한 관절염을 앓고 있는 꽤 나이든 여인이었지만

Cindy가 기저귀 발진을 지니고 있으므로 데려오는 수고를 하였다. 할머니는 Cindy의 보호자는 아니었음에도 불구하고, 그 아이가 보통의 면역주사를 맞는 것과 내과의 사가 주기적으로 진찰을 하는 것ー 즉, 할머니가 방문하는 것이 신체적으로 가능할 때마다 ー이 중요하다고 여겼다. Cindy의 실제 보호자는 어머니였다. 의사가 왜 아이 의 엄마가 같이 오지 않냐고 물으면 할머니는 멍해지면서 엄마는 시간이 없다고 하였다. 그래서 내과의사는 Cindy가 자신의 어머니에 의해 방치되고 있음을 의심하였다. 그녀는 적절한 영양공급이나 위생관리를 제공받지 않는 것처럼 보였다.

Children and Youth Services 담당자들이 조사를 했을 때 그들은 Cindy가 마약 중 독자이면서 재활에는 아무런 관심이 없는 40세의 어머니에게서 태어났음을 알아냈다. 그녀는 자신의 집도 없이 친구들과 함께 살고 있는 편모였다. 이 친구들은 주로 아프리카계 미국인들과 라틴계 미국인들이 거처하는 비교적 가난한 이웃에서 살았다. Cindy와 어머니 또한 아프리카계 미국인이었다. 그들은 잠시 한 친구의 집에서 살다가 다른 친구가 또 돌보아 줄 수 있을 때까지 같이 살곤 하였다. 때때로 그들은 Cindy의 할머니를 방문하여 거기서 살기도 했다. 이런 경우 할머니는 Cindy를 소아 과 의사에게 데려갔지만 Cindy의 할머니는 늙고 아파서 격렬한 신체적 필요를 요구 하는 아동을 돌볼 수 없었다. 아무도 Cindy의 아버지가 누구인지 몰랐고, 다른 친척 이라곤 없었다.

Children and Youth Services가 교육과 부모 훈련을 제공함으로써 Cindy의 어머니 를 대신하여 중재하길 시도했음에도 불구하고, 그녀 어머니의 마약 중독은 적절한 보살핌을 방해하였다. 어떤 경우 사회복지사가 Cindy와 어머니를 방문했을 때 Cindy 는 매우 심각한 탈수 증세를 보여 의학적 위험에 놓여 있기도 하였다. 원인에 대해 묻자 Cindy의 어머니는 그것은 "겨우 감기일 뿐"이며, 의학적 주의는 필요치 않다고 반복적으로 말하였다. 강요를 하였을 때 Cindy의 어머니는 그녀를 의사에게 보이거 나 병원에 데려가는 것을 거부했는데, 이유는 그렇게 할 돈이 없다는 것이었다. 실 제로 Cindy의 어머니는 마약주사가 필요했고 그것에 돈을 사용하는 것을 더 좋아 하였다. 그래서 Cindy는 양부모 가정으로 보내지게 되었다.

사랑이 넘치는 양부모 가정이 많기는 하지만, Cindy가 보내진 곳은 불행하게도 적절한 영양, 신체적 보살핌 및 안식처 역할은 하지만 그 밖의 다른 것들은 충분하 지 못한 곳이었다. 그녀의 양육 가족은 아동의 복지에 대해서보다는 양육으로 얻게 되는 적절한 보상에 더 많은 관심이 있었다. 그녀의 양육 부모들은 애정을 거의 보 여주지 않았고, 안아주거나 말을 걸어주지도 않았다. 몇 달이 경과한 후 그녀와 가족이 살던 동네는 더 나빠지게 되었는데, 길거리 총격을 포함한 갱단의 폭력이 시작되었다. 양육 가족은 다른 주로 이사하기로 결정했고, Cindy를 입양하기를 원하지 않았다. 이 사실은 그녀의 사회복지사에게 통보되었고, Cindy는 또 다른 양육 가족에게 가게 되었다. 그녀의 친 어머니와의 접촉은 간헐적으로 있었고, Cindy는 어머니가 계속적으로 마약 중독 상태였기 때문에 어머니의 품으로 되돌아갈 수 없었다.

12개월이 되어도 Cindy는 마치 6개월 된 아이처럼 보였고, 혼자서 앉을 수 있기는 했지만 아직도 기어 다니거나 걷지는 못하였다. 그녀는 생의 첫 일 년 동안 거의 만져주는 일이 없었기 때문에 누군가가 만지면 움츠러들었다. 또 그녀는 자기 자신에 대해서 매우 수줍어하고 확신이 없었다. 그녀는 쉽게 놀라고 울음을 터뜨렸다. Cindy의 물질적인 것들은 다 채워졌지만 다른 사람들과의 접촉이 모자라며 사랑이 결핍되어서 그녀는 풍성해질 수 없었다.

사회복지사는 Cindy를 또 다른 양육 가족에게 보냈다. 다행히도 이 가족은 Cindy에게 관심을 많이 베풀어주었다. 그들은 다른 어린 아이들을 기르는 깨끗하고, 조용하고, 일하는 노동자 계급 이웃들과 함께 살고 있었다. 그녀의 새 양어머니는 낮에는 Cindy와 다섯 살, 여덟 살 두 친딸과 집에서 지냈고, 남편이 퇴근해서 집에 온 다음에는 일주일에 한 번씩 나흘 저녁을 전화로 주문하는 카탈로그 회사에서 시간제로 일을 하였다. Cindy의 새 양아버지는 슈퍼마켓들에 비식품 물건들을 납품하는 도매상점에서 감독자로 근무했다. 양부모는 매우 인내심이 많고 기꺼이 애정을 보여주었다. 그들의 두 딸은 아기 여동생을 돌보게 된 것에 대해 뛸 듯이 기뻐하였다. Cindy는 처음에는 주저하였지만 점차 신체적인 접촉을 찾게 되었는데, 특히 놀라게 되거나 편안하다고 느끼지 못하는 경우에 그러하였다. 8주가 지나자 Cindy는 9개월로 보일 만큼 충분히 자라고 발달하였다. 6개월이 지나고 Cindy는 발달적으로 그리고 신체적으로 또래의 다른 아이들과 같은 수준이 되었다. 이 시기 동안 Cindy의 어머니는 약물 과용으로 사망하였다. 다른 어떤 가족도 Cindy를 돌볼 의사가 있거나 돌볼 수 없었기 때문에 그녀는 입양 대상이 되었다. 다행히도 Cindy의 새로운 양육부모는 그녀를 사랑하여 입양하기로 하였고 인정이 되었다. Cindy는 이제 행복하고 자신감 넘치는 4살 아이로 그녀의 입양 가족과 함께 살고 있다.

적용 질문

Maslow의 전인적 역동 이론을 사용하여 다음 질문들에 대답함으로써 Cindy의 삶을 분석하라.

1. Cindy의 생애 첫 일년 동안 Maslow의 욕구 위계를 고찰해 보라. 어떤 욕구들이 충족되었는가? 충족되지 못한 욕구들은 무엇인가?

2. 충족되었거나 충족되지 못한 욕구들의 결과는 무엇인가?

3. Cindy가 두 살이었을 때 Maslow의 욕구들 중 어느 것이 충족되었는가? 그것의 결과는 무엇인가?

4 Cindy는 (자기)실현을 위해 어떤 유형의 가치들을 받아들여야 하는가?

이론 비교 질문

1. Maslow의 안전 욕구들은 Erikson의 구강 감각 단계의 기본 신뢰를 배우는 개념
   과 어떻게 비교되는가? 어떤 위기가 기본 신뢰를 유도할 수 있는지, 그리고
   Cindy에게 있어서는 기본 신뢰가 발달되었는지 여부를 설명하면서, 이 개념을
   Cindy의 경험에 적용하라.

2. Sullivan의 욕구 개념들은 Maslow의 개념들과 어떤 차이가 있는가? Sullivan의 어
   떤 욕구들이 Cindy의 입양 이전과 이후에 부합되었는가? 어떤 욕구들이 부합되
   지 않았는가?

3. Horney의 기본 불안 개념은 Maslow의 안전 욕구 및 사랑 욕구와 어떻게 비교되는가? 이 개념을 입양 이전과 이후의 Cindy의 경험들에 적용하라.

✳

사례연구 18

Abraham Maslow

Frank는 42세의 두 아이를 둔 기혼의 인디안계 미국인으로 공장 근로자이다. 그는 가장 가까운 큰 도시에서 약 한 시간 떨어진 서부 펜실베이니아주 소도시에 살고 있다. 그는 현재까지 6년 동안 야간근무 3교대 일(밤 11시부터 아침 7시까지)을 하고 있다. 그 시간은 끔찍하며, 그는 실제로 결코 그것에 익숙해지지 못하고 있다. 그는 아침 일찍 집에 돌아오면 잠에 들려고 노력하지만 그 시간이면 아이들이 학교에 갈 준비를 하고, 아내가 출근 준비를 하고 있기 때문에 잠들기가 어렵다. 모든 사람들이 집을 나설 때까지 잠자리에 들기를 기다린다 할지라도 여전히 Frank는 낮에 수면을 취하는 데 어려움이 있다. 그는 항상 피곤하지만 적어도 주말에는 약간 잠을 자며, 세 번째 교대조에서 일해서 버는 돈은 첫 번째나 두 번째 교대조에서 버는 것보다 더 많이 받는다. 때때로 그는 만일 그가 충분히 잠을 자기만 하면 정말로 행복한 사람이 될 것이라고 생각한다.

그들 부부의 수입으로 Frank와 아내는 가족을 부양할 수 있었다. 그들은 작은 집을 살 수 있었고, 항상 식탁에는 음식이 있으며, 아이들은 꽤 고급스러운 옷을 입을 수 있었다. 집, 옷 및 음식은 특상품은 아니지만 항상 충분했다. 즉, Frank와 아내는 최근까지 가족을 부양할 수 있었다. Frank는 막 직업을 잃게 되었다. Frank의 공장은 경쟁관계에 있는 다른 주의 회사에 팔렸는데, 처음에는 생산 계획에서 아무런 변화가 없는 것처럼 보였다. 그러던 어느 금요일, Frank는 임금을 받으면서 이 날이 그가 일하는 마지막 날임을 통보받았으며, 그의 모든 개인 사물을 가져갈 것을 요구하는 통지를 받았다. 그 공장은 매각으로 인해 곧 문을 닫을 예정이었다. Frank는 다른 동료들과 마찬가지로 그 소식에 절망했다.

근로자들 또한 그 소식에 놀랐다. 그 의자 회사는 항상 그곳에 그렇게 존재할 것으로 보였고, 또 그렇게 생각했었다. 그들의 아버지들이 그 회사에서 일했었고 또 은퇴했었다. 일부 근로자들의 할아버지들 또한 그랬었다. 그들은 자신들의 직업이 안전하다고 생각했었지만 그들은 틀렸다.

　　Frank와 동료들은 항상 자신들의 일을 자랑스러워했다. 그들은 그들의 아버지들이 그들보다 먼저 사용했었던 연장들을 이용하여 의자를 손으로 정교하게 만들었다. 그들은 훌륭한 제품을 생산하였다. Frank는 그가 제작한 의자의 등받이에 그가 만든 정교한 디자인에 특히 자부심을 가졌다. 그의 기술은 동료들의 존경을 받았다. 회사가 문을 닫은 지 두 달이 지난 지금 Frank는 그다지 자부심이 없다. 그는 어떤 다른 일도 구할 수 없었고, 가족을 부양할 수 없으리라는 예상에 당혹스러워하고 있다. 그와 아내는, 아내가 하고 있는 일과 실업 보상금으로 인해 일시적으로는 빚을 지지 않고 살아갈 수 있긴 하지만, 그의 실업 보상금이 바닥날 때 어떤 일이 일어날지에 대한 확신이 없다. 저당을 어떻게 갚아나갈 것인가? 어떻게 식탁에 음식을 올릴 것인가? 은퇴를 대비하여 저금을 하는 것이 가능하기나 하겠는가?

　　아내의 수입에 의존하는 것이 Frank에게는 특히 힘든 일이다. 그는 자신이 생계를 위해 돈을 벌어오는 사람이어야 한다고 생각하지만, 공장이 문을 닫은 후로 아내는 그에게 매우 지지적이다. 그녀는 지속적으로 그의 자기존중감을 높여주려고 노력하고 있고, 단 한 번도 포기해야만 했던 일들에 대해 불평하지 않았다. 그는 그녀를 무척 사랑하며, 사랑하는 그녀와 아이들을 위해 무엇인가 더 해줄 수 있기를 바라고 있다. 만일 그가 직업을 다시 얻을 수만 있다면, 항상 피곤했던 시절로 돌아갈 수만 있다면 무엇이라도 할 것이다. 그는 쓸모없는 존재이자 무능한 존재라고 느끼고 있다.

적용 질문

Maslow의 전인-역동적 이론을 사용하여 다음 질문들에 답함으로써 Frank의 삶을 분석하라.

1. Frank가 해고당하기 전에는 Maslow가 위계로 기술한 어떤 욕구들이 충족되었는가? 예를 들어 설명하라.

2. 해고되기 전 어떤 욕구들이 충족되지 못했는가? 설명하라.

3. Frank가 해고된 후 Maslow의 욕구 중 어느 것이 충족되었는가? 예를 들어 설명
   하라.

4. Frank가 해고된 후 어떤 욕구들이 충족되지 못했는가? 설명하라.

이론 비교 질문

1. Maslow의 욕구는 Rogers가 논의한 욕구들과 어떻게 비교되는가? Frank가 해고당하기 전 Rogers의 어떤 욕구들이 만족되었는가? 그리고 해고당한 후에는 어떠한가?

2. Maslow의 욕구들은 Fromm의 욕구들과 어떻게 비교되는가? Frank가 해고당하기 전 Fromm의 욕구들 중 어느 것이 충족되었는가? 그리고 해고당한 후에는 어떠한가?

3. Kelly의 조정 계(modulation corollary)와 침투성(permeability) 개념은 Frank가 실직한 후 느끼는 쓸모없는 존재라는 생각과 무능감을 어떻게 설명해주는가? Kelly 이론의 초점과 Maslow 이론의 초점은 어떤 점이 다른가?

유용한 힌트

당신은 사례 17 또는 18을 위한 적용 질문들의 일부를 대답하는 데 문제가 있는가? 다음이 도움이 될 것이다.

Maslow의 이론은 꽤 간단하지만 몇 가지 사항들을 기억해야 한다. 먼저, 욕구는 언제나 완전히 충족되어질 수는 없으며, 위계에 있는 다음 욕구가 충족되기 전에는 완전히 충족될 수 없다는 것이다. 예를 들어, 우리는 위계에 속한 다른 높은 단계의 욕구들을 포함하는 많은 의무들을 이행할 목적으로 종종 피로나 배고픔을 모두 무시한다. 하지만 우리의 생리적 욕구들은 부분적으로 그리고 만족스러운 수준까지 충족된다. 또한, 모든 이들이 자기실현을 위하여 애쓰지 않는다는 것을 기억해라. B동기(혹은 욕구)에 의해 동기화된 사람들은, 또한 meta-동기와 존재(being)욕구로 불린다. 마지막으로 자기실현은 완벽하게 달성되는 어떤 것이 아니라 오히려 지속적으로 향하여 수행하는 것이다.

Carl Rogers(1902–1987)

개인 – 중심 이론

왜 이 이론을 배우는가?

공헌

Carl Rogers는 인본주의 심리학의 창시자 중의 한 명으로 잘 알려져 있고, 그는 그의 연구와 저서로 세상에 큰 영향을 주었다. 그의 공헌은 상당해서 심리학과 심리치료 분야까지도 넘어서서 멀리까지 도달하였는데, 예를 들면 교육과 평화 분야와 갈등 해결에 영향을 주었다. Rogers의 무조건적인 긍정적 존중 개념, 즉 비판단적인 방식으로 받아들여질 우리의 욕구는 특히 많은 분야와 관련되고 새로운 치료 접근의 발달에서 중심이 되었다: Rogers의 개인-중심 심리치료.

　　Maslow와 마찬가지로, Rogers는 비록 그의 용어에 대한 개념화가 Maslow의 것과는 상이하지만, 자기실현의 개념을 대중화시켰다. Rogers에게 자기실현은 완전하게 기능하는 인간이 되는 일이었다. 그는 어떤 사람이 완전히 기능하기 위해서는 어떤 조건에 반드시 부합되어야 한다는 것을 관찰하였다. 따라서,

Rogers는 무조건적인 긍정적존중을 포함하는 적응에 기여하는 요인들과 가치의 조건을 포함하여 부적응에 기여하는 요인들의 이해를 발달시키는 데 산파 역할을 하였다. 가치의 조건들은 특히 우리들 중 너무 많은 사람들이 다른 사람들의 인정과 애정을 얻기 위해 그들의 기대에 맞춰 살아가려고 하기 때문에 적절한 개념이다. **다른 사람들**이 우리에게 원하기 때문에, 다른 사람들로부터 압력을 받기 때문에, 우리가 원하지 않기 때문에 행동(예, 직업, 전공, 대학을 선택)에 관여한다. 다른 사람들의 기대에 부응해서 살아가는 것은 우리가 원하는 것을 하는 능력을 우리에게 부인하는 것이다. 이것은 우리 자신의 관심을 개발하는 능력을 우리 자신에게 부인하는 것이다. Rogers는 이러한 경향성에 주의를 환기시켰고 사람들이 그들 스스로에게 진실하게 되고, 그래서 성장과 적응을 향상시킬 것을 장려하였다.

사례연구 19

Carl Rogers

Katharine은 다음 달 그녀의 졸업 20주년 고교 동창회에 참석하기로 약속되어 있고 기대에 부풀어 있다. 그녀는 그녀가 실패했다고 느꼈기 때문에 고의적으로 졸업 10주년 고교 동창회를 가지 않았다. 그녀는 그녀의 동창이 자신보다 더 성공했을까봐 두려웠다. 더욱이 그녀는 그들이 자신을 동정할까봐 두려웠다.

졸업 10주년 동창회 바로 직전에 Katharine은 이혼을 하였고 그녀 자신을 지탱하기 위해 비서로서 일을 하고 있었다. Katharine은 그녀의 고등학교 시절의 좋아하던 동창과 졸업한 다음 해에 결혼을 했다. 그녀는 항상 결혼하기를 원했었다; 어린아이처럼, 그녀는 결혼을 꿈꾸었다. 그래서 그녀의 남자친구가 그녀에게 청혼하였을 때 그녀는 행복하게 동의하였다. 그러나 결혼은 그녀가 바래왔던 전부가 아니었다. 고등학교 때 그녀는 그녀 자신의 사업을 하는 것을 꿈꾸었지만 남편은 그녀가 지역단과대학에서 경제수업을 듣는 것을 찬성하지 않았고 그녀가 돈을 버는 것에 어떠한 용납도 하지 않았다. 그는 아내는 집에만 머물러야 하고 그와 그의 가정을 돌보기를 원했다. 그들이 임신을 하려 했지만 그녀가 임신하지 못하게 됨에 따라 결혼이 더욱더 실망스러워졌다. 그녀의 남편이 직장동료와 바람이 나면서 그는 그 여자와 결혼하기 위해 Katharine에게 이혼을 요청했다. Katharine은 망연자실하였다.

그녀는 남편도 잃고 아이도 없는 데다 직장도 없었다. 그녀는 결코 그녀 자신이 이런 상황에 처할 거라고 상상해 본 적이 없다. 고등학교에서 그녀는 항상 모든 것을 가진 여성 중 한 명이 될 거라고 생각했다: 직업과 가정생활. 이제 그녀는 가정에 대한 확신도 없는 채로 누군가의 사업체의 비서가 되었다. 설상가상으로 Katharine은 그녀가 이혼한 그 해에 체중이 약 14kg이 늘었다. 그녀는 항상 호리호리했지만 그녀의 현재의 모습으로 동창회에 갈 생각이 없어졌다.

직장 동료는 이혼 후 Katharine의 우울을 지적하고 그녀가 여성지지모임에 동행하기를 제안했다. 그 지지모임은 Katharine의 생활을 변화시켰다. 그 집단의 다른 여성들은 그녀가 말하는 것을 경청하고 그녀에게 있었던 것들을 이해하려고 하였다. 계속 그 집단에 가면서 그녀는 그들이 그녀를 동정하지 않고 놀리지 않는 것을 깨닫고 더 마음을 열었고 그녀의 마음에 대해서 더 말하였다. 결국 그녀는 그들에게 자신의 사업을 가지고 싶어 하던 고등학교 때의 꿈을 말하였다. 그녀의 전 남편이 항상 그녀가 그 가능성을 꺼낼 때마다 항상 놀리고 불가능하다고 이야기하였기 때문에 처음에 이것을 마지못해 그들에게 말을 하였다. 비판 대신에 그녀는 그 집단으로부터 지지를 받았다.

그들은 그녀가 몇몇 경제학 강의를 듣도록 격려하였고 그녀가 창업할 종류의 사업이 무엇인지 논의하였다. 그들이 그녀가 예술가라는 것을 발견했을 때 그들은 그녀에게 다양한 공예 전시회에서 만들고 팔도록 제안하였다. Katharine은 다양한 꽃꽂이, 크리스마스 장식 및 장신구들을 주말과 저녁에 만들고 판매하였다. 비록 이 아이템들이 팔렸지만 그녀는 그녀를 지탱하고 그녀 자신의 사업을 시작할 수 있는 양의 충분한 것들을 팔지 못했다. 그녀는 그녀가 나무세공을 시작할 때까지 그녀의 영역을 발견하지 못했다. 그녀는 나무로 빅토리아 풍의 산타를 만들기 시작했고 그것에 색을 칠했다. 그것들은 Katharine 자신만의 고유한 감각을 나타냈다. 그녀는 그녀의 발명품이 3일의 전시회 중 둘째 날에 다 판매된 것에 놀랐다. 이것은 그녀에게 그녀가 필요했던 자신감을 가져다주었다.

Katharine은 그녀가 그녀의 산타를 팔기 시작할 작은 공간을 빌렸고 발명품을 만들었다. 결국 그녀는 비서 일을 그만둘 수 있는 충분한 돈을 벌었고 그녀의 사업에 전부를 쏟을 수 있었다. 그녀의 아이템은 매우 인기가 있어서 주문이 밀리지 않게 두 명을 더 고용하였다.

그녀의 사업을 여는 것은 또한 다른 긍정적인 효과를 가져왔다. 그녀를 너무 바쁘게 만들어 먹을 시간조차 없게 되었고 이혼 후 얻은 14kg의 체중 중 약 9kg이 빠지게 되었다. 사회적으로 그녀는 계속적으로 방문하는 그녀의 "단골" 손님들이 더욱더 많아졌다. 사실 그녀가 그녀의 가게에서 만난 한 손님은 그녀에게 데이트를 요청했고 그들의 관계는 결혼까지 맺어졌다. 그녀는 또한 그녀를 의지하는 두 명의 동료들 때문에 자신이 필요하다고 느끼게 되었다. 그녀는 그들에게 또한 의지했고 때때로 그들의 가게에 좋은 제안을 가져오게 되었다. 그녀는 지역 상업에서 활동적이 되었다. Katharine은 더 이상 실패자라고 느끼지 않았고 졸업 20주년 동창회에 참석하는 것에 자신감을 갖게 되었다.

적용 질문

Rogers의 개인-중심 이론을 사용하여 다음 질문에 대답을 함으로써 Katharine의 행동을 설명하라.

1. Katharine의 자기-개념은 그녀가 지지집단을 경험하기 전 그녀의 이상적 자기와 어떻게 다른가? 이것은 Rogers의 이론에 따르면, 그녀의 정신건강에 대하여 무엇을 내포하는가?

2. Rogers의 이론이 Katharine의 자기들에서 어떠한 차이의 원인을 어떻게 설명할 수 있는가?

3. Katharine의 자기-개념이 어떻게 지지집단 경험 후 자신의 이상적 자기와 달라졌
   는가? 이것은 Rogers의 이론에 따르면, 그녀의 정신건강에 대하여 무엇을 내포하
   는가?

4. Rogers의 이론에 따르면, Katharine의 지지집단에 대한 경험 전과 후의 일치에서
   무엇이 달라졌는가?

이론 비교 질문

1. Rogers의 이론 이외에 다른 어떤 이론이 Katharine의 경험을 설명할 수 있는가? 어떻게?

2. Bandura의 자기-조절과 자기-효능감 개념을 Katharine의 경험에 적용하라. Bandura의 이론의 초점이 Rogers의 초점과 어떻게 다른가?

3. Rogers에 의해 논의된 욕구가 Fromm에 의해 논의된 것과 어떻게 비교되는가? Maslow와 비교하면 어떻게 다른가?

4. May의 책임과 신뢰의 개념을 사용하여 Katharine의 생활양식 변화를 설명하라.

사례연구 20

Carl Rogers

Allen은 집 근처에 있는 GM 공장에서 자동차를 조립하는 일을 한다. 그의 직업은 좋다: 그는 적당한 급여를 받는다; 그는 회사로부터 고용보험과 건강보험에 대한 혜택을 받고 있다; 또한 그의 감독자는 그와 그의 동료들에게 어떻게 그들의 업무가 더욱더 부드럽고 효율적이게 운영될지에 대한 의견을 물어보곤 한다. 그렇지만 그가 서른 살이 되면서부터 그는 그의 직무 생활에 대한 불만족이 끊임없이 증가하게 되었다. 그는 무엇인가 더 충만하고 의미 있는 일을 하길 희망했다.

그가 더 어렸을 때, Allen은 선생님이 되는 꿈을 꾸었다. 그는 초등학교에서부터 고등학교 때까지 꽤 좋은 학생이었고 항상 어린이들을 사랑했다. 그가 아이였을 때조차도, Allen은 동네의 어린 친구들과 노는 것을 좋아했고 더 어린 아이들은 Allen과 함께 노는 것을 매우 좋아했다. 여름 동안에는 더 어린 아이들은 그의 집으로 놀러왔고 Allen은 그들과 놀기 위한 정성들인 시나리오를 만들기도 했다. 그들은 해적놀이, 경찰과 도둑놀이를 하기도 했고 중세 마상 창시합이 열리는 것처럼 놀기도 하였다. 고등학교 시절에 Allen은 대학에 가기로 결심했고 초등학교 선생님이 되기로 결심했다.

Allen의 가족은 전형적인 노동계층 가족이었다. 그들은 부유하지는 않았지만 적당한 집과 충분한 음식과 옷이 있었다. 비록 그의 부모님들은 진실로 Allen이 대학을 가기를 원하는 이유를 이해하지는 못했지만 그들은 그가 적절한 직업을 찾고 정착하기를 더 원했다. 그들은 그를 사랑했고 Allen이 지역 대학에 가서 선생님이 되고 싶은 그의 꿈을 위한 대학 등록금을 지불해주는 것에 동의하였다. Allen은 대학에 원서를 냈고 합격했다. 그는 한 학기를 끝냈지만 학기 중간에 그의 동생이 매우 아프게 되었고 비싼 병원치료를 받게 되었다. 비록 Allen의 아버지는 몇몇 건강 보험을 가지고 있었지만 그것은 의료비를 충당할 만큼 충분하지 않았다. 그의 부모님은 Allen에게 더 이상 등록금을 내줄 수 없다고 말했고 그에게 직업을 찾고 가족을 재정적으로 돕도록 압박을 가했다. 많은 스트레스를 가지고 Allen의 부모님 모두 Allen에게 대학은 시간과 돈의 낭비라고 생각하는 것을 표현했고 그가 자리를 잡기 싫어하는 핑계라고 생각하였다. Allen에게는 운 좋게도, GM공장이 그의 지역에서 그때에 문을 열게 되었다. 그는 그 곳에 원서를 냈고 고용이 되었다. 집에 살고 있는 책임감 있는 아들인 Allen은 그의 월급이 동생의 의료비 지불에 보탬이 되도록 기여 하였다. 그의 부모님은 그가 성장하면서 무언가를 하려고 할 때 항상 가족 돌봄의 중요성을 강조하였다.

조립 공장에서 일을 시작한 몇 달 후 고등학교 때부터 만나온 Allen의 여자친구 가 임신을 하게 되었다. 비록 그들이 주의를 기울였지만 피임법이 100% 효과를 보 는 것은 아니었고 Allen과 여자 친구인 Sue는 임신에 대해 의사결정을 해야만 했다. 낙태는 둘 다 원치 않았다. 더욱이 Allen은 만일 그가 그의 자식을 돌보지 않거나 지 탱하지 않는다면 그의 부모가 매우 비난할 것이라는 것과 자식과 의절할지도 모른 다는 것을 알았다. 그들은 서로가 사랑했고 거의 3년을 만나왔기 때문이다. Sue와 Allen은 결혼하기로 결심했다. 그들의 부모님은 그들이 결혼하고 그들의 집을 꾸리 는 데 도움을 주었다. 비록 그들은 임신이 결혼 후에 왔으면 좋았을 것이라고 하였 지만 둘 다 손자를 보는 것에 즐거워하였다.

Allen과 Sue는 작은 아파트에 집을 마련했다. 그곳은 안락했고 필요한 몇몇 가구 가 갖춰져 있었다. Allen의 월급과 Sue가 슈퍼에서 계산원으로 아르바이트를 하면서 버는 돈으로 그들은 집을 사기 위하여 조금씩 저금을 하였다. Sue는 아기와 함께 집 에 머물면서 직장을 그만두었고 Allen은 때때로 야근을 하면서 집세와 집 임대료를 위해 돈을 벌었다. 결국 그들은 집을 살 수 있었고 곧 둘째 아기를 갖게 되었다.

Allen은 항상 아이를 사랑했기 때문에 아빠가 되는 것에 기대를 가지고 있었다. 그는 매력적인 아빠, 사랑스러운 배우자 및 좋은 부양자였다. 가족을 부양하는 것은 그에게 매우 중요했다. 하지만 결혼한 지 10년째가 된 지금, 아이들은 학교에 다니 고 30번째 생일이 다가오면서 Allen은 몇몇 불평과 불안을 느끼게 되었다. 그는 삶에 서 또 다른 무엇인가가 있는지에 대해서 곰곰이 생각했다. 그는 만일 그가 다른 무 언가를 성취할 수 있다면 바로 그것을 향해 시작해야만 한다고 느끼게 되었다. 그리 고 그는 만일 그가 학교로 돌아가 남은 학기를 끝낸다면 선생님으로서 직업을 가질 수 있을지 곰곰이 생각하게 되었다. Sue는 이제 직장으로 되돌아가려고 했다. 아이 들이 이제 학교에 다니게 되면서, 그녀는 종일 근무를 할 수 있게 되고 조부모가 학

교가 끝난 후 아이들을 돌볼 수 있게 되었다. 그녀가 번 돈으로 Allen을 대학에 보내
는 데 사용할 수 있게 되었다. 그러나 Allen이 학교로 되돌아가는 데에 돈을 사용하
려고 할 때마다, Sue는 그를 학교에 보내는 것보다는 새 지붕, 새 창문, 진입로 포장
및 더 좋은 가구를 장만하는 것이 더 나은 것이라고 말했다. 그녀는 왜 그가 그의
직업을 포기하길 원하는지와 선생님으로서 직업을 찾는 것에 대한 이득을 이해하지
못하였다. 그는 지금 하고 있는 것을 잘 하고 있다. Allen의 부모님은 Sue와 같은 감
정을 드러냈다.

　　Allen은 아내와 부모님이 그가 선생님이 되겠다는 생각에 대한 얘기를 하였으며
동료들에게도 이야기하였다. 그들 또한 이해를 하지 못하였다. 그들은 그가 그의 직
장을 포기하는 것이 미친 것이라고 생각하였다. 좋은 직장은 쉽게 오지 않는다.
Allen의 동료들을 이해시키지 못한 것이 처음 있는 일은 아니었다. Allen은 항상 읽
는 것을 좋아했고 종종 책이나 잡지 기사를 읽고 직장에서 동료들과 토론하는 것을
즐겼다. 그의 동료들의 반응은 매우 호의적이지 않았는데 때때로 그들은 그가 내놓
은 몇몇 아이디어를 비웃었다. 비록 그들이 Allen을 좋아했지만 그들은 그가 때때로
조금 이상하다고 생각하였다. Allen은 때때로 그가 너무 이상한지 아닌지를 생각하
게 되었다. 그는 직장에 알맞은 사람이 아닌 것 같았고 그의 아내와 부모님은 그를
이해하지 못하였다. 그는 때때로 그가 모든 사람이 생각하는 그가 아니라고 느꼈다.
그는 자신이 좋은 직장인이었고 좋은 아빠였고 좋은 남편이라고 생각했으며 또한
모두가 그럴 것이라고 생각했다. 그렇지만 Allen은 또한 그 자신이 대학생, 선생님
및 아이들의 멘토로서 그 자신을 보았다. 그는 자신이 그렇게 될 것이라고 희망했
다. 지금 자신의 모습에 있어서 그는 자랑스럽지만 이 모습은 자신이 원하던 모습이
아니었다.

　　최근 들어, Allen은 한 동료와 점심시간부터 휴식시간이 끝나고서도 이야기를 계
속한 적이 있다. 비록 대부분의 그의 동료들은 그의 생각이나 그가 말하는 것을 이
해하지 못하고 비웃었지만, 이 한 동료는 잘 듣고 그를 지지해주었다. Allen은 이 동
료에게 무엇이든 말할 수 있었고 비웃거나 비판받는 것에 대한 두려움을 가지지도
않았다. 이 동료는 몇 년 전 Allen과 비슷한 생각을 했고 정확하게 그가 하려는 것을
알고 있었고 Allen이 더욱더 명확하게 그것을 볼 수 있도록 도왔다. 가끔씩은 그 사
람이 Allen이 말한 것을 다른 말로 되풀어 말해 줄 때가 있는데, 그때에 Allen은 더
명백한 시야가 생기는 것 같았다. 그는 그가 인간으로서 성장한다는 것을 느꼈다.
Allen은 이 대화로 앞을 내다보게 되었다. 이것들은 그가 교사가 되고 싶어 하는 부

분에 있어서 더 강화를 시켜준다. 그는 그의 부모와 부인이 이 사실을 받아들여주고 그는 그의 결론이 지지받기를 원한다.

적용 질문

Rogers의 개인-중심 이론을 사용하여 다음 질문에 대답을 함으로써 Allen의 행동을 설명하라.

1. Rogers의 어떤 욕구가 Allen을 충족시켰는가? 어떤 것이 그렇지 않았는가? 설명하라.

2. Allen의 이상적 자기가 그의 지각된 자기와 어떻게 다른가?

3. Allen의 유기체적 자기는 그의 지각된 자기와 다른가?

4. Allen이 점심시간에 말을 한 동료는 Rogers 학파 치료자의 특징을 가지고 있다. 그 것들을 열거하고 어떻게 동료가 그것들을 표현했는지 설명하라.

5. Allen이 실현화하기 위해 무엇을 해야 하는가?

이론 비교 질문

1. Bandura의 상호결정론은 Allen의 경험에 어떻게 적용될 수 있는가? 상호결정론에 서 환경적 요소는 Rogers의 무조건 긍정적 존중과 어떻게 비교가 되는가?

2. Skinner의 급진적 행동주의는 Allen의 야망을 직업으로 변화시키는 데 어떻게 설명할 수 있는가? Skinner의 이론 초점은 Rogers의 이론의 초점과 어떻게 비교 되는가?

3. 청년기 동안 형성되는 Erikson의 정체성 개념은 Allen의 야망이 직업으로 변화하는 데 어떻게 적용되는가? Rogers의 자기 개념과 어떻게 비교되는가?

유용한 힌트

당신은 사례 19 또는 20을 위한 적용 질문들의 일부를 대답하는 데 문제가 있는가? 다음이 도움이 될 것이다.

Rogers의 이론의 가장 혼동이 되는 관점들 중의 하나는 자기구조를 논하는 것이다. 그는 유기체 자기, 지각된 자기, 그리고 이상적 자기를 논한다. 유기체적 자기는 지각된 자기와 이상적 자기 모두를 포함하는 총체적 자기이지만, 또한 그것은 우리가 알지 못하는 다른 관점의 자기를 포함한다. 지각된 자기는 자신이 생각하는 자기이다(이것이 정확하든 정확하지 않든). 이상적 자기는 자신이 되고자 하는 자기이다. 잘 조화된 사람에서는 이상적 자기와 지각된 자기 사이에 모순이 거의 없다. 유사하게, 실현화 경향과 자기-실현경향은 정신적으로 건강한 사람에게서는 거의 일치한다. 자기-실현화는 지각된 자기를 실현화하기 위한 경향이며, 그것은 (더욱 일반적인)실현화 경향의 하위체계이다. 실현화 경향은 전체 유기체가 실현화되는 것을 말한다; 의식적이고 무의식적인, 신체적이고 심리적인. 만약 이러한 두 경향들이 모순적이라면(적합하지 않다면), 사람은 자신이 아닌 어떤 것이 되려고 시도할 것이다. 즉, 자신의 유기체적인 경험은 자기개념과 다르다. 불일치가 더 커질수록 부적응도 더 심해진다. 이것은 대부분이 가치의 조건으로부터 야기된다.

Rollo May(1909–1994)

실존주의적 분석 이론

왜 이 이론을 배우는가?

공헌

Rollo May는 종종 미국의 실존주의 심리학의 아버지로서 언급된다. 실존주의 심리학은 유럽에서 처음 시작되었는데 여러 사람들 중에, Jean-Paul Sartre와 Friedrich Nietzsche와 같은 철학적 저서에서 뿌리를 두었지만, 미국에서 실존주의 아이디어를 고취시킨 것은 May였다. May는 인간 조건에 대한 날카로운 관찰자였는데 불안과 창조성에 대한 그의 저서 그리고 예술과 함께 심리학 분야를 통합시키는 데 매우 잘 알려졌다.

May는 실존주의 심리치료의 개발을 통하여 그리고 일반 대중의 수백만 사람들이 읽는 수많은 책의 출판을 통해서 사람들이 자기 자신만의 자기감을 발달시키고 진실하게 살아가도록 도운 것으로 잘 알려져 있다. 따라서, May는 성격심리학 분야에 기여했을 뿐만 아니라, 심리학 분야 밖의 수백만 사람의 삶도 어루만졌다. 그의 저서들 전반을 통하여, 그는 사람들이 성장하도록 격려하였고 그들 자신의 삶에 책임을 질 수 있도록 격려하였다. 그는 많은 사람들이 다른 사람들에게 결정을 하게 하고 선택을 하게 함으로써 자신들의 자유를 포기한다고 생각하였다. 특히, 그는 많은 사람들이 다른 사람들의 기대에 자기도 모르게 동조하고 또한 이러한 동조는 사람들이 진실하게 살아가는 것을 허락하지 않는다고 생각했다. 이들 아이디어는 가치의 조건(다른 사람의 승인이나 사랑을 얻기 위해 행동하는), 그리고 지각된 자기의 부정확한 버전이 아닌 실제 자기를 실현시키려는 필요성을 논의한 Carl Rogers에 의해 반복되었다.

요약하면, May는 우리가 누구인지 우리의 삶이 무엇과 같은지를 우리가 통제할 수 있다고 제안하는 메시지를 보냈다. 이 메시지는 나아가서 우리가 행복하지 않거나, 우리가 소외되었다고 느낀다면, 우리는 우리 자신을 더 행복하게 해줄 변화를 시도할 책임이 있다고 제안하였다. 그는 사람들이 자신의 가치 체계에 따라 살아갈 용기를 발견하고 의미있는 것을 발견할 수 있는 행동에 관여하도록 사람들을 격려하였다.

✳

사례연구 21

Rollo May

Jillian은 33세의 백인 레즈비언이며 유명한 잡지의 성공한 작가이다. 그녀는 2004년 아주 많은 세레모니가 있었던 도시 샌프란시스코에서 법적으로 동성의 결혼이 허락되면서 결혼하였다. 그녀는 체외수정으로 받은 아이를 곧 낳을 예정이다. 그녀는 게이 친구도 있고 보통 친구도 있다. 생활은 좋았지만 항상 그렇게 보이는 것 같지는 않다. 몇 년 동안 그녀는 자신의 성적 성향에 대해서 고민해왔었고 심한 고통 속에서 자신이 레즈비언이라는 것을 선포하였다.

어렸을 때에 Jillian은 다른 아이들과 좀 다르다고 느꼈었다. 그녀는 대학 중반부까지도 왜 그런지 알 수가 없었다. 십대로서 그녀의 친구들은 남성 록 스타들이나 영화배우 또는 TV 남자 배우들의 사진과 기사에 목을 매었지만 그녀는 그들에게 관심이 가지 않았다. Jillian은 비록 그녀의 친구들과 어울리기 위해서 그러는 척 했지만 그녀는 그들에게 정말로 흥미가 없다는 것을 알았다. 대신에 Jillian은 그 남자들이 옆에 두고 있는 여성들에게 더 관심을 보였다. 처음에는 그런 매력을 느끼는 감정을 무시하고 고등학교 때에는 남자들과 가끔씩 데이트도 하였다. 하지만 그녀는 그들에게 신체적으로나 정서적으로 관심이 없었다. 대학교에서도 마찬가지였다: 그녀는 데이트도 하였지만 남자와 오랫동안 관계를 맺는 것이 어려웠다. 대학교 3학년 때에는 그녀는 사랑에 빠질 수 없다는 것을 느끼게 되었고 남자들과 성관계를 가졌음에도 불구하고 다른 여자와 있다는 것을 상상했을 경우에만 흥분될 수 있었다. 그녀는 자신에게 무엇이 잘못되었는지를 곰곰이 생각하게 되었다. 그녀의 여자 친구들은 쉽게 사랑에 빠지고 그녀들이 말하는 성관계 이야기들은 Jillian을 불편하게 하였는데 그것은 그녀보다 그들이 더 잘 즐기기 때문이었다.

22세가 되면서 그녀는 석사 과정에 있을 때에 다른 대학원 여자 친구인 Erin을 만났는데 그녀와는 바로 친해졌다. Erin과 Jillian은 친한 친구가 되었고 영화도 보고 주말에는 바에도 갔고 바다에도 갔다. 그들은 비슷한 점이 무척 많았다: 글 쓰는 것에 대한 관심부터 라켓볼을 좋아하는 것, 롤러 블레이드와 개를 좋아하는 것이었다. 그들의 우정이 자라면서 Jillian은 자신이 친한 친구와 사랑에 빠졌다는 것을 피할 수가 없었다. 그 관계는 정신적인 사랑이었고 Jillian은 Erin이 우정을 깨고 도망갈까 봐 사실을 말하지 못하였다. Jillian은 치료자를 찾았고 그때에도 그녀는 자신에게 무엇인가 잘못되었다는 것을 다시 생각하였다. 하지만 몇 번의 회기가 끝나고 나서 치료자는 Jillian이 레즈비언인 것 같다고 말하였다. 처음에 Jillian은 그런 생각을 거부하였다. 그녀는 게이 친구도 없고 자신이 그럴 것이라 생각해 본 적도 없으나 자신이 가져왔던 관계와 자신이 지금 사랑에 빠져 있는 것을 고찰해보기 시작하였다. 그녀의 치료자는 그녀가 동성애자임을 인정하도록 도와주었다. Jillian은 아직도 Erin에게 고백을 하지 못하였고 석사 학위가 끝나고 자신들의 길을 걸어갔지만 전화와 이메일로 계속 연락을 하였다.

Jillian은 또한 다른 사람들에게 자신의 동성애를 말하는 것을 힘들어 하였다. 그녀는 다른 사람들의 반응이 두려웠지만 27세가 되면서 계속 자신의 성적 관심을 숨기는 것이 힘들어지게 되었다. 그녀는 남자와 데이트를 하지 않는 것에 대한 핑계를 계속 찾는 것이 피곤하였고 언제 결혼을 할 것이냐는 질문에도 지쳤고 거짓말로 사는 것처럼 느껴지는 것이 피곤했다. 그녀는 결국 항상 친하였던 남동생 Adam에게 자신이 레즈비언인 것을 말하기로 결심하였다. 처음의 반응은 놀람이었지만 빠르게 그는 평정심을 되찾고 그녀를 안아주며 제일 중요한 것은 그녀가 행복한 것이라고 말하였다. 그는 이제 자신의 친구들과 그녀를 그만 엮어줘야겠다며 농담도 하였다. 그녀는 그의 지지에 안도감을 느끼며 약간의 눈물을 글썽거렸다. 이러한 성공에 힘입어 그녀는 그녀의 부모님에게 말하기로 결심하였다. 자신의 남동생에게 말했던 것만큼의 성공은 아니었지만 더 나쁘게 되는 것보다는 나았다. 그녀의 부모님은 한동안 부인을 하였었다. 그들은 그녀에게 치료자를 만나보라고 하면서 성적취향을 바꿀 수 있을 것이라고 하였다. 그들은 Jillian이 결코 결혼을 하지 않거나 아이를 가지지 않는 것에 대해서 안달이 났다. 어떤 친구들의 반응은 지지적이었다; 어떤 친구들은 동성애에 관하여 부정적으로 받아들이고 Jillian과 결국 연락을 끊었다. 불행하게도 Erin은 그런 소식에 연락을 끊은 사람 중의 한 명이었다. 우정을 잃음에 Jillian은 잠시 동안 슬퍼하였지만 그녀를 돌보아주는 사람들을 만날 때마다 그녀는 다시 안도를 하곤 하였다. 그녀는 더 이상 자신이 무엇을 숨기고 있다고 생각하지 않았다.

Jillian은 행복하였고 자신이 말한 것에 대해서 만족하였다. 비록 이것은 시간이 걸렸지만 그녀의 성적취향과 개방성에 대해서 편안하였다. 결국에 Jillian은 게이와 레즈비언 단체에 연락을 하였고 다른 여자들을 만나고 데이트를 하였다. 하지만 이곳에서 열심히 활동을 하고 있는 아프리카계 미국인 Anana를 만나면서 긴 관계를 유지하게 되었다. 그녀는 행복하였지만 아이를 가지지 못하는 것에 대해서는 자신의 성적취향이 자신을 괴롭혔다.

Jillian은 이제 31세로 그녀의 신체적인 시간이 얼마 남지 않았다고 느꼈다. 그녀는 그때 씁쓸함을 느꼈는데, 자신의 이성애자 친구들은 긴 관계를 맺으며 결혼을 하여 아이를 낳았기 때문이다. 하지만 Jillian과 Anana의 인생은 좀 더 복잡하였다. 그들이 결혼을 하기를 원하여도 이것은 법에 위반이 되었으며 둘이 엄마가 되고 싶더라도 신체적으로 그들은 도움 없이 아이를 낳을 수가 없었다. 많은 대화를 하고 나서 Jillian과 Anana는 성적취향에 있어서 불법인 것에도 불구하고 아이를 갖기로 하였다. 둘 다 아이의 어머니인 것처럼 느끼기 위해 그들은 수정 절차로 Anana의 난자들을 사용하기로 결정했다. 하지만 수정된 난자는 Jillian에게 착상시킬 것이고, 그리고 나서 임신한 아이를 낳을 것이다. 그들은 운이 좋았다; 모든 체외 수정이 첫 번째에 성공하는 것은 아니지만 그들은 성공했다. 그것은 그들이 올바른 일을 마친 것의 표시처럼 보였다. 그들은 둘 중의 한명이 죽게 되면 어떻게 될지 초조하기도 하였다: 만약 그렇게 된다면 양육권을 남은 사람에게 주는 것인지 아니면 법정까지 가야 하는지? 만약 한 파트너가 죽으면 경제적으로 남은 이에게는 어떻게 되는 것인지? 아이를 위해 어떻게 대비할 수 있을지? 그들이 일하는 곳에서는 얼마나 오랫동안 살았던지간에 레즈비언이 결혼을 하면 인정해주지 않았다. 그들은 이런 일을 대비하여서 법적인 조취를 취하기로 하였지만 이런 것은 이성애자들이 결코 마주치지 않는 일이었고 고민하지 않는 일이었다. 그때 놀랍게도 게이와 레즈비언이 샌프란시스코에서 결혼을 하기 시작하였다. 그들은 이것이 또 다른 행운의 표시로 받아들였고 결혼하기로 하였다. Jillian은 임신 6개월이었지만 그녀와 Anana는 둘 다 긴 줄을 기다렸다. 결혼 세레모니 동안 사랑을 표현하는 데 그들이 좋아하는 꽃인 장미를 들었다. 그들의 합법적인 결혼을 위해서는 여전히 법적인 절차가 남아 있지만, 그들에게 이것은 계약서일 뿐이다.

적용 질문

May의 실존적-분석이론을 사용하여 다음의 질문에 대답을 함으로써 Jillian의 행동을 분석하라.

1. May의 인간 딜레마 개념은 무엇인가? 사례연구에서 예를 찾아라.

2. 동성애가 육체적 근거를 가지는 것을 가정하라.* 실존의 세 가지 양식과 소외의 개념을 사용하여 그녀의 성적지향성에 대한 Jillian의 경험을 설명하라.

---

* 저자 주: 동성애를 설명하는 데에는 많은 이론이 있다. 일부는 신체적인 원인으로 설명되고 일부는 환경적으로 설명된다. 현재에는 환경적인 원인보다는 신체적 원인(예: 유전, 뇌 차이)에 더 지지적인 것으로 나타난다. 대중 매체에서 우리가 들어봄직한 수많은 연구들이 있어 왔지만 아직까지는 여전히 정의를 내릴 만한 명확한 설명은 없다. May의 개념의 일부를 학습하는 것에서는 그 원인을 신체적인 것이라고 가정한다.

3. May의 책임성과 신뢰성 개념을 사용하여 입장을 분명히 밝힌 것, 아이를 가지는 것, 결혼을 하는 것에 대한 Jillian의 결정을 설명하라.

4. May의 사랑의 네 가지 유형을 정의하라. 어떤 종류의 사랑이 Jillian의 Erin과의 관계, 남동생과의 관계, Anana와의 관계, 아기와의 관계를 가장 잘 예시하는가?

이론 비교 질문

1. May의 인간딜레마 개념과 Fromm의 같은 명칭의 개념은 어떻게 다른가?

2. May의 소외의 개념을 Rogers의 가치의 조건 개념 및 불일치 개념과 비교하고 대조하라.

사례연구 22

Rollo May

Camille는 31세의 싱글여성으로 극심한 수줍음과 경미한 사회공포증으로 치료자를 만나고 있다. 그녀는 결혼을 하고 아이를 가지고 싶지만 그녀의 수줍음을 이겨내지 않고는 불가능할 것 같았다. 비록 그녀의 가족들은 그녀의 미래를 위해 치료를 허락하지 않았지만, 그녀의 30세 생일과 신체적인 시간이 치료를 즉시 하게 하였다. 그때에는 Camille는 가족의 거절과 극심한 수줍음, 외로움으로 용기를 잃었으나 다른 사람을 만날 때마다 가지는 불안을 경감시키기 위한 치료를 희망하였다. 많은 사람들과 마찬가지로 Camille는 다른 사람을 만날 때 처음으로 무슨 말을 해야 하는지 몰랐지만 그녀에게 이 상호작용은 단지 약간 부끄러워하는 다른 사람들보다 더 큰 스트레스였다. 그녀가 처음으로 대화를 직면할 때조차 Camille의 손은 땀으로 젖었고, 그녀의 입은 바싹 말랐고, 그리고 그녀는 다른 사람들에게 초라하게 판단되고 있는 것처럼 느꼈다. 그녀는 자신이 나쁜 첫인상을 남길까봐 두려워하였다. 테이크아웃 음식의 주문을 포함해서, 전화하는 것조차도 그녀에게는 짜증나는 불안인데, 왜냐하면 그녀는 또다시 판단되고 있는 것처럼 느끼기 때문이다.

Camille는 친구가 없고 일은 하지만 최소한의 동료들과만 만난다. 동료들은 그녀와 대화하기가 힘들다고 한다. 그들이 대화를 시도하면 그녀는 듣고만 있고 대답을 하지 않으며 그녀가 친근하지 않아서 혹은 싫어해서가 아니라 그녀는 그저 할 말이 없어서라고 한다. 불행하게도 그녀의 과묵은 다른 이들과 어울리고 싶었지만 그녀가 혼자 남겨져 있기를 원하며 혼자 점심을 먹고 싶어 하는 것으로 해석되었다. 자신의 모든 삶을 잘 아는 사람들이 모이는 가끔 있는 휴일에서조차도 Camille는 조용하다.

이 침묵은 대부분 그녀가 아이들은 (바르게)보여야 하고 (좋지 않은 평가를)듣지 말아야 한다는 전제 위에서 양육되면서 유년시절 동안에 시작되었을 것 같다. 부모님들은 권위주의적이었는데, 어머니는 무척이나 비판적이었다. Camille가 질문을 하면 그녀의 어머니는 Camille가 멍청하다고 느끼도록 하였고 답을 알고 있어야 한다고 하였다. 그녀 스스로가 옷을 고를 때면 그녀의 어머니는 나쁜 결정이라며 비판하였다. 만약 Camille가 엄마의 이런 농담에 반응하지 않으면 Camille는 유머가 없는 사람이 되었다. 몇 명 있는 그녀의 친구들은 그녀의 엄격한 부모 때문에 그녀 집에 가면 불편하다고 하며 집에 더 이상 찾아오지 않았다. 그녀는 어머니의 판단적인 모습을 배웠고 그것이 맞는 방법이라고 인식하였으며 다른 아이들로부터 고립되었다. 결국 Camille는 그녀의 감정에 있어서 확신이 서지 않았고 사회적 기술이 없고 열등감을 가지고 성장했다.

치료를 하는 동안 그녀의 침묵은 그녀가 어렸을 때부터 받았던 비판과 판단에서부터 스스로를 지키는 방법이라고 깨닫게 되었다. 그녀는 또한 그녀가 노출되었던 그리고 그녀가 결코 인식하지 못했던 양육 방식을 인식하게 되었다. Camille는 자신이 다른 아이들은 엄격하거나 완고하지 않고 좀 더 인내심 있고 이해력 있는, 그리고 비판적이지 않은 부모에 의해 다르게 양육되었다는 것을 집단회기 사이에 발견하기 전까지 그녀의 어릴 때의 경험이 여러 사람과 같은 것이었다고 생각했다. 그때까지 Camille는 자신의 부모 특히 어머니를 우상시 하였고 책임감 있는 어른이 되기 위해서는 엄격한 교육이 아이들에게 필요하다고 생각하였었다. 하지만 이런 것은 그녀의 어머니가 가족을 위하여 열심히 일하고 희생하는 모습을 보고 더 긍정적으로 자리를 잡게 된 것이었다. 어머니는 가족들에게 그녀 자신이 받았을지도 모르는 칭찬에 대해서는 말하는 경향이 있었지만, 누군가가 자신을 부정적으로 느낄지도 모른다는 것에 대해서는 교묘하게 말하는 것을 견디지 못하였다. 우정을 잃거나 가족 관계가 나빠졌을 때 그것은 언제나 상대방의 잘못이었고 Camille의 어머니는 피해자였다. 이것 외에도 Camille는 자신의 또래와 많이 어울리지 못하여서 다른 부모들의 모습을 보지 못한 것도 있었다. 따라서 그녀는 자라는 동안 그녀가 가졌던 대화가 정상적이고 전형적인 것이라고 생각했다.

치료회기 동안 Camille는 그녀의 부모님과 그녀의 유년시절 경험을 검토뿐만 아니라 대인관계의 대화 동안에 그녀가 느꼈던 약간의 불안 감소에서 향상을 나타냈다. 더욱이 치료 동안의 대화는 Camille가 그녀의 사회적 기술을 발달시키는 데 도움을 줬다. Camille는 아직도 새로운 사람을 만나는 것이 부끄럽고 떨리지만 데이트 서비스에 가입을 하기로 하였다. 그녀는 그녀의 부모가 그런 것들은 못난 사람들이 하는 것이라고 하면서 거절할 것임을 안다. 하지만 그녀의 동료들은 주로 여자들이며 바에서 남자를 만나는 것을 좋아하지 않기 때문에 Camille는 그런 서비스가 앞으로 데이트를 하게 할 수 있는 방법이라고도 생각하였다. 그녀의 치료자의 지지로 그녀는 데이트 서비스에 가입을 하였고 데이트를 시작하였다. 그녀는 아직도 데이트하기 전에 떨리긴 하지만 불안은 예전처럼 극적이지 않았다. 그녀의 치료자 또한 그녀에게 봉사를 하며 동성의 친구들을 만나도록 권유하였다. 다시 한 번 그녀의 부모는 돈을 받지 않고 일하는 것은 말이 되지 않는다며 거절하였다. 하지만 Camille는 이 기회를 잡았다. 비록 아직도 Camille는 사회적 기술과 사회적 불안을 낮출 필요가 있지만 그녀는 점점 사회공포증이 없어지고 있으며 좋아지고 있다.

적용 질문

May의 실존적-분석이론을 사용하여 다음 질문들에 대답함으로써 Camille의 행동을 분석하라.

1. 존재의 세 가지 양식과 소외의 개념을 사용하여 Camille의 관계의 결여를 설명하라.

2. May의 책임성과 신뢰성 개념을 사용하여 치료를 하고 데이트 서비스에 가입하는 것에 대한 Camille의 결정을 설명하라.

3. May에 따르면, 치료의 초기과제는 무엇인가? 이 사례에서 예시한 예를 찾아라.

4. May에 따르면, 신경증적 불안은 무엇인가? 이 사례에서 예를 찾아라.

이론 비교 질문

1. Rogers의 불일치 개념과 May의 신뢰성 개념을 비교하고 대조하라.

2. Camille의 사회공포증을 행동주의에서 어떻게 설명할 수 있는가?

3. Fromm의 인간 딜레마 개념과 May의 인간 딜레마 개념을 비교하고 대조하라.

4. 애착이론은 사회공포증을 어떻게 보고 있는가?

유용한 힌트

당신은 사례 21 또는 22를 위한 적용 질문들의 일부를 대답하는 데 문제가 있는가? 다음이 도움이 될 것이다.

May에 의하면 인간 딜레마는 우리가 스스로를 주관적으로도 객관적으로도 볼 수 있는 관념이다. 우리는 우리들에게 일어나는 것을 볼 수 있고, 동시에 그 사건들을 경험할 수 있다. 사건들은 세 가지 상이한 실존 양식으로 나눌 수 있다: 환경세계, 공동세계, 자기세계. 환경세계는 실존의 신체적 양상이다. 공동세계는 인간관계들의 영역이다. 자기세계는 개인의 의식이다. 소외는 이 세 가지 실존 양식들로부터 분리된 느낌인데, 즉 그것은 당신의 신체적 본성으로부터의 분리, 다른 사람들로부터의 분리, 또는 자신으로부터의 분리를 말한다.

May가 우리 인생의 이들 상이한 양상들을 논의했던 것은 인본주의자들과 실존주의자들이 단지 개인의 특정 양상들에 반대되는 것으로 전인에 관심을 가졌기 때문에 이해가 된다.

인본주의자와 실존주의자 또한 성장에 대한 잠재력을 강조한다. 실제로, May는 우리가 누구이며 무엇이 되어야 하는지에 대한 **책임**을 져야 한다고 주장하였다. 다시 말하면, 우리는 우리의 삶이 어떻게 되어야 하는가를 통제해야 한다는 것이다. 따라서 우리는 다른 사람들의 기대나 사회의 기대들에 순응하는 것을 선택하거나 우리 자신들에게 가치 있는 방법으로 살아가는 것을 선택한다. **신뢰성**은 개인 자신의 가치 체계에 따라서 자신의 삶을 살아가는 것이다.

＊

George Kelly(1905-1967)

개인적 구성개념 이론

왜 이 이론을 배우는가?

공헌

George Kelly는 개인적 구성개념 이론으로 잘 알려져 있는데, 사람들의 행동은 세상에 대한 자신들의 해석과 이해 즉, 자신들의 구성개념들에 의해 결정된다고 제안하였다. 구성개념은 도식으로 알려진 더 최신의 그리고 더 유명한 가설적인 구조와 매우 유사하지만, 구성개념은 우리가 사물이나 사람들간의 유사점과 차이점을 어떻게 보는지를 반영해주는 반면에, 도식은 반드시 그렇지는 않다. Kelly는 사람들이 과학자로서 행동한다고 생각하였는데, 과학자는 이론들을 검증하고, 필요하면 이론들을 개정한다. 그러므로 구성개념들은 개정이 되며, 건강한 사람들은 세상에 대한 자신의 관점을 바꿀 수 있다고 주장하였다. 이것은 Kelly 자신의 과학적이고 경험적인 지향을 반영하고 있다. 자신의 이론을 공식화 하는 데 있어서 Kelly의 주요한 목적은 임상장면에서 관찰자의 편파의 양을 감소시키고 세상에 대한 개인의 지각을 평가하고 이

해하게 해주는 측정기법을 개발하는것이었다. 그 측정 기법은 역할구성개념목록(Role Construct Repertory, REP)검사로서 광범위하게 사용된다.

비록 Kelly의 이론은 미국보다는 영국에서 더 광범위하게 받아들여지고, 연구되지만 그의 업적은 문화를 막론하고 다양한 분야에서 중요한 적용가능성을 가져왔는데, 여기에는 심리치료, 교육, 경영, 그리고 인공지능을 포함한다. 예를 들어, 사업 장면에서, 산업 심리학자들과 인사 관리자들은 피고용인들과 지원자들을 면접하기 위해서 REP 검사를 사용한다. REP Grid 검사는 많은 성격 특징들을 평가하기 위해 사용될 수 있는데 여기에는 의존성, 유연성 및 의사결정이 포함된다. Kelly의 이론과 저술들은 또한 성격을 이해하는 데, 그리고 치료과정에 보다 경험적인 접근을 취하도록 심리학자들을 설득하는 데 영향을 끼쳐왔다.

사례연구 23

George Kelly

Maria는 마케팅 컨설턴트이고 Carlos는 컴퓨터 프로그래머인데 최근에 세 번째 아이를 낳는 축복을 받았다. 그들은 라틴계 사람들이며 20대 후반이다. 원치 않았던 임신에서 Maria는 제왕절개를 하고 약 3.74kg 무게의 건강한 딸을 낳았다. 하지만 다른 두 아이들은 어쩔 수 없는 제왕절개를 하게 되었다. 두 번 다 아이들이 오랜 시간동안 나오지 않아서 불행하게도 응급실에서 제왕절개를 하게 되었었다. Maria는 이번에는 제왕절개를 해야 할지 아니면 그냥 아이를 낳아야 할지 오랜 시간, 그리고 열심히 생각하였다. 이런 결론을 내리기까지 Maria는 많은 연구와 읽기를 하였다. 좋은 점과 나쁜 점이 둘 다 있었다. 긍정적인 면에서는 그녀가 힘들이지 않아도 되고 언제 아이가 나올지 몰라 하는 것보다 아이가 언제 나올지 정확히 알 수 있다는 것이다. 부정적인 면은 그녀에게 제왕절개가 그렇게 필요한 것이 아니라는 것을 알고 있었는데, 이것은 큰 수술이며 위험성이 높고 회복기간이 더 어렵기 때문이다. 의사와 상담을 하고 드디어 그녀는 제왕절개를 하기로 하였다. 지금 모든 것이 차례대로 잘 진행되었고 다시 자신이 결정한 것에 대해서 되돌아보면 잘 한 것이라고 생각이 되었다.

부모가 되는 것과 배우자가 되는 것은 Carlos와 Maria 둘 모두에게 두 가지 매우 중요한 정체성의 원천이다. Maria와 Carlos는 결혼 전부터 가정을 꾸리는 것에 대해서 동의하였고 결혼 전에도 그들은 결혼을 하고 아이를 가지는 것이 인생의 우선이라는 것을 알고 있었다. 더 나아가서 Maria와 Carlos는 조금의 다른 점이 있었지만 아이를 양육하는 방법에 대한 생각은 비슷했다. 예를 들면, 둘 다 부모가 되어 아이를 보살피고 같이 노는 것이 자신들의 신체적 욕구를 채우는 것만큼 중요하다고 생각하였지만, Carlos는 Maria가 직장을 그만두고 집에 있으면서 아이를 돌보아야 한다고 생각하였다. Maria는 일주일에 20시간 동안 아이를 맡기고 자신은 파트타임으로 일하는 것이 좋다고 생각하였다. 그들은 또한 여러 가지 작은 일에서도 의견이 달랐는데 아이가 크리스마스 선물을 크리스마스이브에 풀어보아야하는지 아니면 크리스마스 당일에 열어봐야 하는지와 조부모가 아이를 얼마 동안 보살펴주어야 하는지에 관한 것이었다. 그들은 부모가 되는 것이 많은 일을 해야 하는 것이며 그들은 자주 피곤해 할 것이라는 것을 이해하였다. 그렇지만 Carlos와 Maria 둘 다 이해하지 못한 것이 있다면 얼마나 많은 양의 일과 얼마나 그들이 피곤해 할 것이냐는 것이었다. 그들은 또한 자신들이 즐거워하는 일을 포기하지 않으려고 하였다. 그들이 첫 아이를 가졌을 때에 좋은 음식점에 가고 박물관에 계속 가려고 하였다. 그들은 아이가 있을 경우 그런 일이 얼마나 힘든 일인지 깨달았다. 그래서 Carlos와 Maria는 양육에 대한 그들의 생각을 바꾸었는데, 이것은 아이들을 위해서 더 일을 하는 것이 아니라 그들이 아이 때문에 덜 하는 것이라고 하였다. Maria는 또한 엄마가 되는 것은 창조적이라는 것을 발견하였다. 그녀는 자신이 원하는 것을 아이에게 하는 여러 가지 방법들을 생각해내곤 하였다. 그들에게 그냥 말하는 것은 충분하지 않았다. 가끔씩 그들은 그녀가 원하는 것의 반대의 것들을 하면서 자신들의 독립성을 보여주려고 하였다. 처음에 Maria는 자신의 성질을 죽임으로써 이러한 완고함을 다루어 나갔다. 그녀가 인내하려고 하고 이해하려고 하였지만 가끔씩은 엄마라는 것에 매여 아이들을 혼내기도 하였다. 시간이 지나고 그녀는 아이들에게 게임을 하게 하면 그녀의 말을 잘 듣는 다는 것을 알아냈다. 이 방법을 사용하여 그녀는 성질을 훨씬 덜 내게 되었다. 그녀는 또한 아이를 벌주고 소리를 지르는 부분 또한 좋은 부모가 되는 부분 중에 하나인 것을 깨달았다. 아이들은 그들의 선을 넘어서면 안 된다는 것을 배울 필요가 있다.

　Carlos와 Maria가 가지고 있는 양육이라는 것에 대해서는 가정이 더 커지면서 계속 바뀔 것이라는 것은 당연하지만 그들은 좋은 부모란 많은 변화가 있다는 것을 이해하였다.

적용 질문

Kelly의 개인적 구성개념 이론을 사용하여, 다음 질문에 대한 답을 함으로써 Maria와 Carlos의 행동을 분석하라.

1. Kelly의 이론이 어떻게 Maria가 한 사람의 과학자라는 것을 시사할 수 있는지 설명하라.

2. Maria와 Carlos의 중요한 개인적 구성개념 중 한 가지는 무엇인가? 이 구성개념을 설명하라.

3. Kelly가 이분법 추론으로 의미하는 것은 무엇인가? 이 사례연구에서 이분법 추론
   의 예를 찾아라.

4. Kelly가 개체성 추론으로 의미하는 것은 무엇인가? 이 사례연구에서 개체성 추론
   의 예를 찾아라.

5. Kelly가 분화 추론으로 의미하는 것은 무엇인가? 이 사례연구에서 분화 추론의 예를 찾아라.

6. Kelly가 공통성 추론으로 의미하는 것은 무엇인가? 이 사례연구에서 공통성 추론의 예를 찾아라.

7. Kelly가 투과적 구성개념으로 의미하는 것은 무엇인가? 경험 추론이 의미하는 것
   은 무엇인가? 조정 추론이 의미하는 것은 무엇인가? Carlos와 Maria의 구성개념은
   투과적인가? 경험과 조정 추론의 예를 제시하라.

이론 비교 질문

1. Kelly의 구성개념을 도식과 비교하라.

2. Bandura의 상호 결정론 개념을 사용하여 Maria의 양육 방식(예, 그녀의 요구가 거절된 후 게임 안에서 요구들을 만드는 것에 의한 그녀의 아이들과의 협력)에서 변화를 설명하라. Bandura의 상호결정론 개념과 Kelly의 이론적 개념이 어떻게 비교되는가?

3. Skinner의 급진적 행동주의는 그녀의 아이들과의 협력을 조장하기 위한 양육 방식에서의 Maria의 변화를 어떻게 설명할 수 있는가? Skinner의 이론의 초점과 Kelly의 이론 초점은 어떻게 다른가?

✳

사례연구 24

George Kelly

Philip은 성직자 중 한 명으로 로마 가톨릭 교회의 신부로서 25년을 보내고 있다. 그가 어렸을 때부터 그의 종교는 그에게 중요하였다. 그는 아일랜드계 가톨릭 가족에서 자랐으며 교회에 참석하고 매일 음식을 먹기 전에 감사기도를 하였다. 일요일에는 교회를 갔었고 Philip은 복사였다. 그가 신부가 되는 것은 당연한 것처럼 보였다. 그는 교회의 일원이었고 강한 믿음을 가지고 있었으며 그의 숙부도 신부였고 수녀인 사촌도 있었다. 그의 가족은 그 직업을 아주 높게 평가하였고 그가 꿈꿀 수 있는 가장 최고의 직업이었다.

그가 신부 서품을 받은 지 25주년이 다가옴에 따라, 그는 성직자들의 구성원과 성직자들의 구성원이 아닌 사람들간의 차이를 곰곰이 생각했다. 그는 성직자들은 사람들의 영을 이끌어주어야 한다는 아주 중요한 책임을 가지고 있다고 믿는다. 이런 책임은 그를 누르기도 한다. 그는 가끔 이런 책임을 가지지 않은 교구민들을 부러워하였지만 그는 자신이 신의 부름을 받아 종교의 리더로서 행할 수 있는 것이 행운이라고 기억한다. 이런 것을 똑같이 느끼고 이해하는 성직자들과 이야기를 하면 도움이 된다. 그는 또한 자신이 로마 가톨릭 교회의 신부가 됨으로써 포기해야 했던 것들을 생각한다. 신부들은 결혼이 허용되지 않고 금욕을 맹세한다. 이것은 여자의 사랑과 자신의 자식이 절대 없을 것이라는 것에 대하여 그에게는 어려운 일이었다. 이와 유사하게, 특히 그가 더 어렸을 때에는 성관계를 가질 수 없다는 것이 어려운 일이었다. 주교에 대한 복종의 맹세를 유지하는 것보다 순결의 맹세를 지키는 것이 더 어려웠다. 이제 나이가 들고 더 이상 그것은 문제가 되지 않는다. 그는 자신에게 있는 우정과 친구들의 자녀들에게서 즐거움을 얻고 신의 의지대로 행한다는 깨달음으로 스스로 편안해 했다.

그렇지만, 다른 종교지도자들은 성직자가 되는 것이 가정과 성관계를 포기하라는 것이 아니라고 믿는다. 이런 성직자들은 Philip이 했던 금욕을 맹세하지 않아도 된다. Philip 역시 이런 것을 알고 있지만 자신이 지금 하고 있는 것이 신을 위한 최선의 방법이라고 믿는다. Philip은 또한 로마 가톨릭 종교 안에서의 성직자들의 다른 모습도 알고 있다. 최근 몇 년간, 수많은 신부들과 수녀들은 교회 내에서 그들이 지켜야만 한다고 믿고 있는 변화들에 대한 의견들을 내놓았다. 하나의 큰 예로 가톨릭에서 여자도 신부가 될 수 있게 해야 한다는 것이다. 성직자는 항상 남자만이 허용되었는데 그것은 예수의 12제자들이 모두 남자였고 사람들 사이에 존재하는 남자인 그리스도를 나타내기 때문이라 하였다. 오늘날, 이런 개혁가들은 여성이 또한 신부가 되도록 허락되어야 한다고 믿는데 왜냐하면 예수의 제자들 중 몇몇은 여성이었다는 생각을 지지하는 이론적 주장과 증거 및 여성들의 운동 때문이었다. 예를 들어, 한 페미니스트종교 연구에서 여성이 교회의 최초 선교자들이며 제자였다고 말하고 있다. 개혁자들은 이런 개혁이 교회를 초창기 교회의 모습을 따르하며 근대화시키고 로마 가톨릭 교회로 사람들이 돌아오게 할 수 있다고 믿는다. Philip은 그들에게 동의하지 않았다. 그는 개혁가가 아니며 이런 사람들의 논리를 이해할 수 없다. 이런 교회 지도자들이 어떻게 그들이 가르침을 받은 것과 그들이 수행하기로 맹세한 것들을 반대하는 것인가?

Philip은 또한 그의 종교 직업에서 그가 만나는 다른 어려움들을 생각했다. 가장 크게는 자신이 신부라고 하면 다른 사람들이 보이는 반응에 대해서 자신이 맞추어 나가야 하는 것이다. 어떤 사람들은 그의 신부복을 보고 만나는 것을 피하는 경우도 있고 자신들이 말하는 것에 대해서 조심하기도 한다. 그들은 그가 기분나빠할 수 있는 것에 대해서 말하지 않고 맹세하지도 않았다. 그들은 그들 자신이 아니었다. 그는 그가 나타났을 때 사람들의 행동에서 변화를 인식했다. 이것은 종교적인 곳 밖에서 관계를 맺는 것을 어렵게 하였고 그를 불편하게 하였다.

가끔씩 그는 사람들의 집에 저녁 초대를 받곤 한다. 그는 어린 아이들이 "수영할 때에도 신부복을 입나요?"와 같은 질문에 대답해 주며 대화하는 것을 즐긴다. 그는 아이들과 대화하고 그들의 눈높이에 맞추어서 질문에 대답해 주는 것이 부모를 대하는 것보다 더 쉽다고 생각한다. Philip은 "성스러운 사람"이 되는 것으로부터 벗어날 수 있게 하는 것이 좋았고 때때로 가족 같이 느끼게 했다.

적용 질문

Kelly의 개인적 구성개념 이론을 사용하여, 다음 질문에 대한 답을 함으로써 Philip의 행동을 분석하라.

1. Philip의 성직자 구성개념에 대한 조직은 무엇인가?

2. Philip의 성직자 구성개념의 양극은 무엇인가? 이것에 적용되는 추론은 무엇인가?

3. Philip의 성직자 구성개념은 다른 사람들의 성직자 구성개념과 어떻게 같은가? 이
   것에 적용되는 추론은 무엇인가?

4. Philip의 성직자 구성개념은 다른 사람들의 성직자 구성개념과 어떻게 다른가? 이
   것에 적용되는 추론은 무엇인가?

5. Philip의 성직자 구성개념은 투과적으로 보이는가? 왜? 혹은 왜 그렇지 않은가?

6. 사회성 추론은 무엇인가? 그것의 예를 사례연구에서 찾아라.

이론 비교 질문

1. Kelly의 개체성 추론은 Adler의 주관적 지각개념과 어떻게 비교되는가?

2. 개혁가들의 관점이 제시됐을 때조차 Philip의 전통적인 종교 신념들을 유지하는 것을 설명하기 위해 Bandura의 자기 조절의 개념을 사용하라. Bandura의 자기 조절 개념은 Kelly의 조정 추론과 어떻게 비교되는가?

유용한 힌트

당신은 사례 23 또는 24를 위한 적용 질문들의 일부를 대답하는 데 문제가 있는가? 다음이 도움이 될 것이다.

　당신은 Kelly의 이론을 약간 혼란스러울 수도 있지만, 그것은 아마 단지 당신이 그가 사용했던 용어에 친숙하지 않기 때문이다. 개인적 구성개념을 도식과 유사한 무언가로 생각해보라. 정보를 구성하고 처리하게 하는 인지적 구조는 가설적이다. 이런 구성개념들은 수많은 규칙-Kelly의 추론에 따른다. 추론의 표현은 복잡한 것이어서 그들 중 몇 가지를 간략화시키겠다. 개체성 추론은 기본적으로 만약 두 사람이 같은 구성개념을 가지고 있다면, 구성개념은 다양할 것이라는 그들의 생각을 의미한다. 거꾸로, 공통성

추론은 다른 사람들이 같은 구성개념을 갖고 있을 때 그 구성개념은 때때로 본질적으로 유사하다는 것을 시사한다. 따라서 개인의 구성개념간에 어떤 중첩되는 부분이 있을 수 있지만 그것들은 아마 동일하지 않을 것이다. 분화 추론은 우리가 불일치하는 것과 같은 방식으로 행동을 보일 때조차, 그들은 아마 **상부 구성개념** 아래에서는 일치할 것이라고 제안한다(구성개념 위계의 꼭대기에 가까운 구성개념). 경험 추론은 우리가 우리의 구성개념들과 맞지 않는 경험에 직면했기 때문에 우리가 우리의 구성개념을 바꾸는 것이라고 제안한다. 조정 추론은 좀 더 투과적인 구성개념이 좀 더 변할 것 같은 것을 의미한다. (투과적 구성개념은 **변할 수 있는 것**이다.)

Burrhus Frederic Skinner(1904-1990)

급진적 행동주의

왜 이 이론을 배우는가?

공헌

Skinner는 더 일찍이, 심리학 영역에 Freud가 영향을 끼친 방식과 유사하게 이 분야에 굉장한 영향을 끼쳤다. Skinner의 연구는, 심리학이 과학으로 발전하는 데 도움이 되었다. 심리학이 행동에 미치는 내적이고 측정할 수 없는 영향에 초점을 두었던 때에, Skinner는 내적 원인에 대한 생각을 거부하고, 대신에 행동에 미치는 오직 측정 가능한 영향만을 연구하기 시작했다. 그는 수의적인 행동을 과학적인 용어들로 이해하길 원했다. 그는 행동이 어떻게 학습되고 그런 다음 어떻게 유지되는지 이해하기를 원했다.

Skinner는 급진적 행동주의의 아버지로서 알려져 있다. 그는 조작적 조건형성 개념을 발전시켰다(불수의적인 행동에 초점을 둔 Pavolv의 고전적 조건형성에 반하는 것으로서). 따라서, 그는 강화, 강화계획, 그리고 행동조형과 같은 유용한 개념들을 발전시켰다. 조작적 조건형성 접근은 특히 교육에서 중요한 전략들로서 발전되었다. 예를 들어, 가르침은 연이은 단계들의 내용을 소개하는 것으로 구성되어야만 한

다는 아이디어는 Skinner의 조형 개념(혹은 연속적 접근)으로부터 발전되었다. 학생의 행동은 교사의 적절한 보상과 처벌의 사용을 통해서 향상되고 통제될 수 있다는 아이디어 또한 Skinner의 이론으로부터 발전되었다. 그 조작적 조건형성 접근은 또한 다양한 치료적 실무의 발전에 산파역할을 하였다. 행동수정의 구성요소로는, 원치 않는 행동은 소거시키고 바람직한 행동은 격려하는 치료기법이다. 그리고 또 다른 행동 치료기법으로 소년원, 정신병원 및 교도소와 같은 장면에서 행동을 조형하고 광범위하게 사용되는 토큰 경제가 있다. 사실, 비슷한 치료적 기법들은, 일반 대중에게까지도 광범위하게 사용된다. 부모들은 이러한 행동주의 기법을 그들의 자녀들에게 좋은 행동은 격려하고, 나쁜 행동은 말리기 위해서 사용한다. 개 조련사들은 이러한 기법들을 우리의 애완동물이 잘 행동하도록 하기 위해서 사용한다. 요약하면, Skinner의 이론은 심리학 분야를 변형시켰고 교육, 양육, 그리고 치료의 영역에서의 매우 상당한 실무적용을 권장하였다.

사례연구 25

Burrhus Frederic Skinner

Yolanda는 항상 우수한 학생이었다. 초등학교에서는, 그녀는 항상 A와 B학점을 얻었고, 선생님들은 부모-교사 회의에서 항상 그녀의 높은 학점을 말했다. 그녀의 부모들이 회의 후에 집에 갔을 때, 그들이 들은 긍정적인 의견을 종종 되풀이 할 것이다. 그녀가 상급 코스로 갔을 때인 고등학교에서조차 학업적으로 우수했다. 그녀가 8학년일 때, 대학교 3학년이 배우는 대수학과 4학년이 배우는 미적분학인 대수학을 공부했다. 또한 그녀는 고등학교 시절 마지막의 일부분을 물리학과 고급 생물학을 공부했다. 그녀는 각 학기마다 우등생 명부에 매번 평균 90%가 넘는 높은 점수를 얻었다. 또, 선생님들은 그녀에 대해 긍정적으로 말했다. 긍정적인 의견과 뛰어난 평점들은 그녀 자신에 대하여 좋게 느끼게 만들었고 그녀의 자존감을 올렸다. 고등학교 졸업식에서, 그녀는 졸업생 대표였다.

당연히, Yolanda는 대학진학 지망생이었다. 그녀는 심리학을 전공하고 역시 우수한 학업적 소질을 보였다. 처음에, Yolanda는 열심히 공부하고 우수한 학점을 얻었다. 그러나 그녀는 큰 주립대학에 다니고 있었고, 그녀의 뛰어난 학업적 성과를 얻는 데 익숙하던 개인적 관심은 초등학교 또는 고등학교에서 있었던 것처럼 즉시 나타나지 않았다. 300명의 다른 학생들과 출석했던 대강의실에서 대부분의 강의가 있었고, 그녀의 교수는 그녀가 누군지, 그녀가 학급에서 최고의 학생들 중의 한 사람이었다는 것은 말할 것도 없이 몰랐기 때문에, 그녀는 이제 성적이 좋아서 트로피나 상장을 받는 사람이 아니었다. 두 번째 학기가 되자 Yolanda의 성적이 떨어지기 시작하였고 그녀의 두 번째 성적은 2.01이 되었는데 이것은 첫 학기 때 3.5보다 많이 떨어진 것이었다. 세 번째의 학기에서 그녀는 학사경고를 받았다. 그녀는 대학을 그만두고 잠시 "진짜 세상"에 나가기로 결심하였다.

Yolanda는 그 다음 해에 웨이트리스로 일하며 그녀의 인생을 찬찬히 들여다보았다. 그녀는 자신의 일을 별로 즐기지 않았다. 그녀는 원했던 만큼의 돈을 모으지 못했고, 무례하고 배려심 없는 고객들에게 질렸다. 그녀는 무엇인가를 더 할 수 있다고 느꼈고 고등학교 친구들에게 자신은 더 이상 대학을 다니지 않는다고 말할 때 당황스러움을 느꼈다. 그녀는 그들이 그녀를 내려 보는 것처럼 느꼈다. 또한 그녀는 자신이 부모를 실망시킨 것처럼 느꼈다. 그들은 부분적으로 그녀에게 도움이 되어서 좋은 결과를 얻기 위해 Yolanda를 격려했다. 그러나 차별 때문에, 아프리카계 미국인이 다른 인종만큼 이룩할 수 있는 세상을 위한 시위가 일어난 1950년대와 1960년대 동안에 맞섰다. 그녀는 그때 다시 대학 시험을 보기로 결심했다.

그녀는 집 근처의 작은 대학에 지원했고, 그녀는 그곳에서 수많은 사람들 중의 한 사람이라기보다는 교수들과 대화하는 사람으로 여겨지는 것에 즐거워하였다. 그녀는 다시 심리학을 전공했고, 교수들을 알아갔으며 열심히 공부했다. 그녀는 그녀의 학교로 돌아간 첫 번째 학기에 평점 3.6을 이루며 교과 과정을 아주 잘 수행했다. 그녀는 곧 심리학과 내에서 떠오르는 별로서 알려졌다. 그녀의 교수들은 그녀와 대화를 하고 그녀의 이야기와 질문들을 경청했으며 그녀가 대학원 진학을 하도록 이끌어주었다. 그녀의 지도교수는 심리학에 관한 대학원에서의 연구들을 위한 경쟁이 치열하기 때문에, 대학원에 다니는 것에 흥미가 있다면 약간의 연구를 실시해보도록 제안했다. 그런 프로그램에 들어가기 위해서는 뛰어난 무엇인가가 있어야 했다. 그녀는 3학년 2학기에 연구를 시작하였고 4학년 1학기에 마쳤다. 그녀의 연구 지도교수의 지도 아래, 그녀는 Eastern Psychological Association(동부 심리학회)에 논문을 제출했고, 포스터로 발표되었다.

Yolanda의 3.8점이라는 아주 좋은 점수와 좋은 GRE점수, 그리고 그녀의 연구는 그녀가 아주 유명한 대학원에 임상심리학 전공으로 들어갈 수 있도록 도왔다. 거기에서, 그녀는 많은 교수들과 가까이 일을 하고, 마침내 Ph. D.(박사학위)를 획득했다. 그녀는 지금 더 작은 학부 대학의 심리학 교수로서 일한다.

적용 질문

Skinner의 급진적 행동주의 이론을 사용하여, 다음의 질문에 대답하는 것으로 Yolanda의 행동을 분석하라.

1. Skinner 이론에 의하면, 행동의 동기는 무엇인가? 그것은 내재적으로 동기화되는가? 아니면 외재적으로 동기화되는가?

2. Yolanda의 학교에서 초기의 성공은 급진적 행동주의에 의해 어떻게 설명될 수 있는가?

3. 급진적 행동주의는 Yolanda가 대학을 중퇴한 것을 어떻게 설명할 수 있는가?

4. Skinner의 이론은 Yolanda가 대학에 되돌아가기로 한 결정을 어떻게 설명할 수 있는가?

5. Skinner의 이론은 대학에 다시 돌아와서 대학원에서의 Yolanda의 성공을 어떻게 설명할 수 있는가?

이론 비교 질문

1. Skinner 이론 외에 또 다른 이론을 사용하여, Yolanda의 학업적 성공을 설명하라.

2. Adler의 이론은 Yolanda의 성공을 어떻게 설명할 수 있는가? Adler의 이론의 초점
   은 Skinner의 이론의 초점과 어떻게 다른가?

3. 그녀의 경력을 통하여 Yolanda의 발전을 설명하기 위해 Bandura의 자기조절 개념
   을 사용하라.

✴

사례연구 26

Burrhus Frederic Skinner

Colleen은 토요일 밤인 지금 기숙사에서 홀로 손톱을 손질하고 음악을 들으며 그녀에게 무슨 일이 일어나고 있는지 생각한다. 그녀는 18세의 대학교 신입생으로 Mississipi에서 왔으며, Northeast에서 대학교를 다니고 있고 대학생활에 적응하는데 어려움을 겪고 있다. 그녀에게 "북부사람"들은 그녀가 유명하기도 하며 존경을 받고 살았던 남부와는 완전히 다른 행동방식을 가지고 있는 듯하다. 그녀는 혼란스럽고 우울했다.

Colleen은 강한 남부계열의 피를 가진 집안에서 자라왔다. 그녀의 엄마와 아빠 모두 Mississipi에서 태어났으며 그녀의 조상들은 남북전쟁 때까지 거슬러 올라갈 수 있다. 사실, 가족들은 그들의 조상들이 남북전쟁에 참전했던 것을 자랑거리로 삼을 수 있었다. 이런 계통의 전통은 Colleen에게 스며들어있으며 그녀 또한 자신이 남부인이라는 것을 자랑스러워하고 특별한 선조를 가지고 있음을 자랑스러워했다. 어릴 때 Colleen은 사촌들에 대해서 부모님뿐 아니라 조부모님을 통해서도 들어왔다. 그녀는 그들이 자신들의 계통에 대해서 자랑스러워하는 것을 느낄 수 있었고 다른 사람들이 그들의 이야기에 관심을 보일 때면 항상 좋아하였다. Colleen이 관심을 보일 때면 그들은 만족하며 안아주거나 뽀뽀를 해주었다. 가끔씩은 그녀가 얼마나 착한 아이인지도 말해주곤 하였다. 10대에 Colleen은 Daughters of the Confederacy(역주: 남북전쟁 당시 남군 연합에 가맹한 주 조직)라는 그녀가 사교적인 생활을 하며 다른 사람에게 영향을 미치는 훌륭한 단체에 뽑히게 되었다. 이 조직으로 뽑히기 위해서는, 남북전쟁의 자신의 조상들에까지 거슬러 올라갈 수 있어야만 했다.

Colleen은 항상 사교적인 이벤트에 관심을 보였다. 고등학교 때에 그녀는 이런 단체를 도와주기도 하였고 "올바른 사람들"이 "올바른 모임이나 이벤트"에 있는 것이 중요하다고 생각하였다. 치어리더를 하면서 그녀는 학년을 모집하며 모닥불을 지피는 것 같은 것을 조직화하였다(역주: 미국 고등학교나 중학교에서 자신의 학교 스포츠에 참가하면 큰 모닥불 같은 것을 지피면서 모여 좋은 시간을 갖는 것이 있다). 이런 이벤트들 때문에 Colleen은 고등학교 때 언제나 유명했었다. 그녀는 또한 모든 사람들에 대해서 잘 알았고 그랬기 때문에 다른 아이들은 그녀에게서 새로운 루머에 관하여 듣기를 좋아하였다. Colleen의 엄마는 그녀의 언니 Kaye보다 이런 사교적 이벤트를 조직화하는 능력을 가진 것과 유명하다는 것에 대해서 자랑스러워하였다. 그녀의 엄마는 자신이 가끔 그런 사교적인 이벤트를 주최하며 호스티스가 되곤 하였다. 반면에 Kaye는 자신의 엄마와 동생과는 전혀 반대의 모습이었다. Kaye는 사교적 이벤트를 준비하는 것, Daughters of the Confederacy의 멤버가 되는 것과 자신의 계통에 대해서 관심이 없었으며 이런 것에 전혀 동요되지 않았다. Kaye는 자신의 남부 억양을 바꾸려고 노력하였으며 Colleen은 자신의 억양을 더 강조하여 부모님들보다 더 강한 억양을 가졌다. Colleen은 옷과 화장에 관심이 많았지만 Kaye는 관심이 없었고 조금 더 남자 같은 면이 있었는데 신체적으로도 그러하였다. Colleen은 작고 치어리더 활동 외에는 신체적인 활동을 피하였지만, Kaye는 달리기 팀에서 활동하면서 좀 더 운동적이었다. 하지만 두 명의 자매는 둘 다 똑똑하였다: 그러나 Kaye는 자신이 알고 잘하는 것을 학교 사람들에게 알리는 것에 대해 문제가 없었던 반면에, Colleen은 아는 것도 모르는 척을 하며 모르게 하는 것을 더 선호하였다. 그녀는 수업시간에 대꾸도 적었으며 선생님들에게 완벽한 학생으로 알려지기 원했다. 반면에 Kaye는 선생님들에게 대꾸도 하며 그들에게 도전하기도 하였다. 엄마는 Colleen을 더 좋아하였는데 그녀가 자신을 많이 닮았기 때문이었다. Kaye는 자신의 엄마가 자신의 행동을 인정하지 않는 것을 알았지만 상관하지 않았다.

　　현재 그녀를 제외하고 대학의 모든 이들은 Colleen이 엄마보다는 언니를 더 닮은 것으로 여기고 있다. 어떤 학생들은 Colleen의 남부 억양에 주목했고 그것이 그녀를 바보처럼 보이게 한다고 해서 바꾸길 권유했다. 또 다른 학생들은 그녀가 비밀을 폭로한다고 믿었기 때문에 그녀의 수다스러움을 좋아하지 않았다. 그녀가 옷을 입는 것 또한 다른 학생들과 맞지 않았다. 그녀는 항상 드레스나 유명한 이름의 청바지를 입고 화장을 하고 있지만 그녀의 룸메이트들은 검은색 청바지를 입고 티셔츠를 입으며 화장을 하지 않았다. 어떤 여자애들은 코에 피어싱도 하였고 몸에 문신을 하기도 했다. Colleen의 성적 역시 비참했다. 많은 교수들이 학급 참여를 요구했고, 성적의 일부는 그것에 의해 결정되었으나, 자랑하는 것처럼 여겨진다 생각하여 Colleen은 수업시간에 말하는 것이 달갑지 않았다. 지성을 가치 있어 하는 그녀의 동료학생들은 Colleen이 아는 것을 숨기고 있어서 바보가 되는 것인지 궁금해 하기 시작하고 있다.

Colleen은 자신이 남부를 떠나지 말았어야 한다고 생각한다. 그녀는 자신의 남자친구를 따라 북쪽으로 왔지만 그는 대학생활을 시작한지 4주 만에 수업을 같이 듣는 다른 여자애에게 가버렸다! 이제 그녀는 여자 친구들도 없고 수업을 듣는 남자애들도 그녀에게 관심을 가지지 않는다. 고향에서는 남자들이 그녀에게 수도 없이 데이트 신청을 하였지만 이제는 그녀가 관심 있어 하는 남자들조차도 그녀에게 관심이 없다. 그녀는 이제 이곳에서 학기를 마쳐야 하는 것인지 아니면 남부로 돌아가 편입을 해야 하는 것인지 생각한다.

적용 질문

Skinner의 급진적 행동주의 이론을 사용하여, 다음의 질문에 대답하는 것으로 Colleen의 행동을 분석하라.

1. Skinner의 이론에 따르면, 왜 Colleen은 그녀의 가족 문화와 사회적 사건에 많은 관심을 보였는가?

2. Skinner의 이론에 따르면, 무엇이 그녀의 유산과 사회적 사건들에 Colleen의 관심들을 강화했는가? 구체적인 예들을 들어보라. 그것들은 일차적 강화물인가 아니면 이차적 강화물인가? 설명하라.

3. Colleen의 행동 중 어떤 것이 대학에서 더 이상 보상이 되지 않았는가? 급진적 행동주의에서 어떤 용어가 이것을 기술하기 위해 사용될 수 있는가?

4. 급진적 행동주의에 따르면, 왜 Colleen은 우울을 경험하게 되는가?

5. Skinner의 이론에 따르면, 왜 Colleen은 대학을 옮기려고 하는가?

이론 비교 질문

1. Bandura의 강화개념은 Skinner의 강화개념과 어떻게 비교되는가?

2. Kelly의 개인적 구성개념 이론을 Colleen의 대학 경험에 적용하라. 무엇이 그녀의 상부 구성개념으로 나타나는가? 그녀의 구성개념은 투과성이 있는가?

3. Colleen의 대학 경험을 설명하기 위해 Erikson의 정체성 개념 vs. 역할혼돈 그리고 친밀감 vs. 고립감 개념을 사용하라. Erikson 이론의 초점은 Skinner 이론의 초점과 어떻게 비교되는가?

4. Colleen의 대학 경험을 설명하기 위해 May의 소외와 인간 딜레마 개념을 사용하라.

유용한 힌트

당신은 사례 25 또는 26을 위한 적용 질문들의 일부를 대답하는 데 문제가 있는가? 다음이 도움이 될 것이다.

Skinner는 성격의 존재나 영향에 대해서 논하지 않았으나 만약 급진적 행동주의에서 성격에 대한 정의를 내렸다면, 그것은 우리의 조건형성 내력의 전체가 될 것이다. 행동의 발생이나 회피의 원인을 결정하는 것은 보상과 처벌에 초점을 두어야 한다. 행동은 보상을 중지시키는 것(소거)으로 없어질 수 있고,

개인에게는 보상되지 않았을지라도 일반화되기 때문에 비슷한 행동이 발생할 수 있다는 것을 기억하라. 보상이 융통성 없이 굳어있지 않아야 한다는 것을 마음에 새겨두어라. 그것들은 아마 무형이며, 어떤 보상은 다른 사람에게는 아닐지라도 누군가를 강화(또는 처벌)시킬지도 모른다. 따라서 행동은 적절한 보상으로 사람을 강화시킬 수도 있고, 다른 보상으로 바라던 강화를 얻지 못할 수도 있다.

Albert Bandura(1925-)

사회 인지 이론

왜 이 이론을 배우는가?

공헌

Skinner는 행동은 그것을 수행함으로써만 학습될 수 있는데, 왜냐하면 오직 행동 수행 후에야 강화가 일어날 수 있기 때문이라고 주장한 반면에, Bandura는 수행 없이도 행동은 학습될 수 있고, 그래서 학습과 수행은 구분된다는 것을 증명하였다. Bandura는 인지요인이 학습에 포함되어 있으며, 이는 반드시 행동의 결과는 아니라는 것을 증명하는 산파 역할을 하였다. 사실, 그는 1960년대 동안 심리학에서의 인지 혁명의 창시자 중에 한 명이었다; 자기-조절에 대한 그의 모형은 인지 요인이 행동에 미치는 중요성을 입증하였다.

Bandura의 이론은 사회학습이론으로서 불리고, 이 이론의 어떤 측면들은 관찰학습 혹은 모델링 혹은 대리학습으로 불린다. 관찰학습에 관한 그의 연구는 그의 연구 중에서 가장 잘 알려져 있는데, 미디어 폭력이 아동의 공격 행동에 미치는 효과에 대한 연구 발달에 특히 영향을 끼쳤다. 이것은 또한 모델링 치료의 개발과 같은 실무적용에서 볼 수 있는데, 이것은 뱀과 같은 것의 공포증을 다루는 데 특히 효과적인 것으로 보여졌다. 마찬가지로, 관찰학습의 개념은 교육 체계뿐만 아니라 양육 방식에도 영향을 미쳤다. 그렇기 때문에, 교사들과 부모들은 이제는 아동들에게서 그들이 바라는 행동의 모델로 보여야 한다는 것을 이해하고 있다. "내가 하는 대로 행동하지 말고 내가 말하는 대로 행동해라"라는 명령은 더 이상 부모들에게나 교사들로부터 나올 수 있는 적절한 지시가 아니다.

Skinner처럼 Bandura의 이론은 학습이론으로서 보일 수 있다. 그렇지만 Bandura의 이론은 또한 성격의 분야에 지대한 공헌을 했다. 특히, Bandura의 3원 상호결정론 모형은 성격이론가들에게 성격요인만을 고려하기 보다는 성격 요인들과 행동에 영향을 끼치는 환경 사이의 상호작용을 고려하도록 권장하였다. 상호결정론 모형은 개인 요인, 행동 및 환경이 모두 서로 영향을 미친다는 것을 제안하였다. 성격은 Bandura 모형에서의 많은 개인 요인들 중 하나로서 보일 수 있다. 결과적으로, Bandura의 자기-효능감 개념은 개인 요인으로서 보일 수 있다. 자기-효능감도 특히, 교육과 양육의 개념과 관련이 있다. 부모들과 교사들 모두는 아이들이 학습을 할 수 있도록 하기 위해서 아이들의 효능감을 발달시켜 줄 수 있어야만 한다. 따라서, 신뢰를 구축하고 아이들이 충족할 수 있는 현실적인 기대들을 세우는 것은 운영이 잘 되는 교실과 가족 상황들에서 참으로 중요하다. 요약하면, Bandura의 이론은 심리학자들의 치료적인 실무, 교사들의 교육적인 실무, 그리고 부모들의 자녀 양육 실무에 영향을 끼쳤다.

사례연구 27

Albert Bandura

Drew는 그의 절친한 친구 Ruth의 추도회를 위하여 New York주 Albany로 돌아왔다. 그는 Albany에서 학교를 다니면서 3년 동안 Ruth와 함께 살았다. 그가 이사했을 때 그는 23세였고, Ruth는 73세였다. Ruth가 가끔 하숙생에게 그녀의 방 두 개를 임대했기 때문에 Ruth와 같은 교회에 다니는 그의 사촌이 그 둘을 소개시켜 주었다. Ruth의 가까운 친구로서 Drew는 그녀 영전에 송덕문을 보냈다. 이것을 쓰기 위해 자리에 앉은 그는 Ruth의 기가 막힌 인생을 되돌아보게 되었다.

Ruth는 6명의 자식 중 3번째로서 5살 때에 시력을 잃었다. 항생제가 발견되기 전이라 그녀는 뇌막염으로 병원에서 고열로 일주일을 보내야 했다. 의사는 그녀가 살아날 줄 몰랐다. 그녀는 살아났지만 불행하게도 시력을 잃었다. 그러나 그녀는 "정상적인" 아이 — 앞을 볼 수 있는 — 로서의 삶을 살자고 결심했다. 이 결심은 때 때로 너무 지나쳤고, Drew는 Ruth가 그녀의 어린 시절에 대해 들려줬던 이야기를 상기하면서 여전히 미소 짓는다. 그녀는 친구들과 롤러 스케이트도 탔으며 자전거 타는 법도 배웠다! 가끔씩 Ruth는 울타리 위를 걸었다. — 도움이 없이도! 그녀의 이 웃이 그녀가 울타리의 끝에 다다라서 떨어지기 전에 그녀를 멈추게 하곤 하였다. Ruth는 그녀의 남매들처럼 학교에 가고 싶었으나 당시에는 시력이 없는 아이들이 다른 아이들과 같이 학교에 다닌 적이 없었다. Ruth는 자신의 남매들이 숙제를 소리내며 하게 만들면서 자신도 배워나갔다.

Ruth는 그녀 스스로에게 동정을 딱 한번 표현하였다. 그녀는 볼 수 있는 능력을 가진 사람들이 쉽게 할 수 있는 것을 못한다는 것에 좌절했었다. 그녀가 좌절감을 표출할 때면 그녀의 엄마는 울기 시작하였다. Ruth의 비통으로 인하여 엄마가 얼마 나 슬퍼하는 것인지를 보고 그녀는 다시는 자신의 시력을 잃은 것에 대한 슬픔을 표현하지 않았다.

Ruth가 10살이나 11살 때에 그녀는 Batavia 맹인학교에 가기 위해 제임스타운에서 바타비아로 가는 열차를 탔다. 그 곳에서 그녀는 생존 기술, 점자를 읽는 법, 점자 쓰는 법, 그리고 보이는 사람들의 세상에서 시각장애인이 살아갈 수 있는 방법을 배웠다. 예를 들면, 그녀는 소금병 밑에는 종이 한 장을 두어 후추통과 헷갈리지 않는 법을 배웠고 클립을 끼워 넣음으로써 각기 다른 돈을 구분하는 것을 배웠다.

어른이 되면서 Ruth는 매우 독립적이 되어갔다. 그녀는 맹인견을 사용 할 수도 있었지만 그것은 돌봄을 받아야 하기 때문에 자신의 독립적인 생활을 막는다고 생각하였다. 그녀에겐 지팡이가 있었지만 이것 역시 원치 않았는데 그것이 그녀의 상황을 너무 잘 보여주기 때문이라 생각하였다. 그리고 그녀는 그녀의 모습을 그대로 보이기 싫어했다. 사실, 그녀는 보이는 사람들이 하는 것과 같은 방식으로 행동하기로 결심했다. 가끔씩 그녀는 너무 잘하여서 볼 수 있는 사람들과 구분이 되지 않았다. 한번은 그녀가 치과에 갔는데 치과의사가 그녀 보고 잡고 있으라는 도구를 하나 주었다; 물론 Ruth는 그것을 볼 수 없었고 그래서 잡지 않았다. 그는 왜 그녀더러 이것을 잡지 않았냐고 물었는데 그녀가 볼 수 없다는 사실을 알고 깜짝 놀랐었다. 그는 그녀가 시각 장애인이라고 생각하지 못했다. Ruth는 자신의 이야기에 매우 자랑스러워하였다. 무엇보다도 그녀는 다른 사람, 특히 볼 수 있는 사람으로부터 눈에 띄기를 원치 않았다.

Ruth는 시각장애인들이 사회에서 차별받으며 가끔씩은 짐처럼 여겨진다고 느꼈다. 그들은 또한 시각문제뿐만 아니라 다른 장애도 가지고 있는 것처럼 여겨졌다. 예를 들면, 그녀가 듣는 것에는 아무 문제가 없는 데도 불구하고 어떤 사람들은 목소리를 크게 하여 말을 하곤 하였다. 그녀가 어떤 사람과 음식점에 있을 때에는 음식을 주문받는 사람이 Ruth의 친구에게 Ruth가 무엇을 먹기 원하는지를 물어보기도 하였는데 Ruth는 정신적으로 멀쩡하였는데도 그랬다. 그래서 Ruth는 보이는 사람이 하는 것처럼 행동에 최선을 다했다.

어른이 된 Ruth는 그녀의 남편이 되었던 Kevin을 만날 때까지 시각 장애아이들을 집에서 가르치는 선생님이었다. 그들은 시각 장애인을 위한 사교적인 활동에서 만나게 되었다; Kevin 역시 시각장애인이긴 했지만, Ruth처럼 아주 안 보이는 것은 아니었다. 결혼 후 Ruth는 Buffalo의 어떤 공장에서 신문과 캔디를 파는 남편의 매점을 도왔다. 이것은 엄밀히 시각 장애인을 위해 조정된 주정부 직업이고, 그들은 여러 종류의 잡동사니를 팔았다. 후에 그들은 Albany로 이사를 와서 주에서 주최하는 비슷한 일을 하였다. 이것은 아주 흥미로운 일이었는데 Kevin과 Ruth가 이 기회로 많은 정치인들을 만날 수 있어서였다. Kevin과 Ruth는 모든 위원들, 모든 주지사들을 알게 되었고, 마찬가지로 그 정치가들도 이들 부부를 알았다. Ruth가 가장 좋아하는 정치인은 Nelson Rockefeller였다. 그녀는 그가 아주 에너지 넘치는 사람이라 생각하였다.

Kevin과 Ruth는 수십 년이 지난 후에 은퇴했고, 꽤 전형적으로 Kevin은 Ruth가 죽기 전에 먼저 세상을 떠났다. 그녀는 홀로 몇 년을 살다가 그녀의 친구들의 권유로 Drew를 하숙생으로 받아들이기로 하였다. 처음에 Ruth는 Drew를 하숙생으로 받아들이기 싫어했다. 그녀가 하숙생을 받았던 해 이래, 새로운 사람과 잘 적응 할 수 있을지도 의심스러웠다. 반대로, Ruth와 함께 살기 위해 몇 가지 문제점들을 맞춰가는 건 Drew였다. 그녀의 집은 항상 깨끗하였고 그녀는 모든 것을 완벽한 장소에 놓았다. 그녀는 그래야만 했다. 그녀는 볼 수 없었기 때문에 모든 것들을 그녀가 찾을 수 있는 어떤 공간에 두었고 그녀가 넘어지지 않기 위해서는 집을 깨끗이 해야 했다. Drew는 정리정돈적이지 않으며 지저분하였다. 결국 그는 Ruth의 생활 양식에 적응하였고 그들은 좋은 친구가 되었다. Drew는 Ruth 자신이 죽기 직전까지 매우 예민하게 살았던 이유 중 하나는 그녀가 자신의 시야를 의지할 수 없다는 것을 계속 그녀의 마음에 두고 있었기 때문이라 생각한다. 결국 Drew는 결혼하여 떠났지만 Ruth와 계속 연락하며 전화를 하였다. 많은 면에서 Ruth는 대모였고 그는 그녀를 확실히 보고 싶어 할 것이라는 것을 알고 있었다.

적용 질문

Bandura의 사회인지이론을 사용하여 다음 질문에 답함으로써 Ruth의 성격을 설명하라.

1. Bandura의 상호 결정론에서 의미하는 것은 무엇인가? 사례에서 예를 찾고 요인들 간의 상호관계성을 기술하라.

2. Bandura의 자기-조절에서 의미하는 것은 무엇인가? 사례에서 예를 찾고 그것을 기술하라. 반드시 예를 포함한 자기-조절의 각각의 단계를 언급하라; 즉, 자기-탐지, 자기-평가, 자기-반응의 단계가 진행되는 동안 무슨 일이 일어났는가?

3. 자기-조절과 관련된 외부요인 몇 가지는 무엇인가? 그것을 당신의 자기-조절 예를 사용하여 설명하라.

이론 비교 질문

1. Ruth의 인생에서 뜻밖의 사건이 가졌던 주요한 효과는 무엇인가? Bandura의 이론은 그러한 사건에 대해 무엇이라고 말하고 있는가? 그의 이론의 이러한 관점은 다른 성격 이론과는 어떻게 다른가?

2. Adler의 이론을 사용하여 Ruth의 인생을 설명하라. 특히, 성공과 생활 양식을 위한 그녀의 노력을 중심으로 논의하라. Bandura의 이론과 Adler의 이론을 비교하라.

3. Erikson의 이론을 Ruth의 인생에 적용해보라. 성공적으로 해결된 단계는 어느 단계인가? 그리고 해결되지 않은 단계는 어느 단계인가? 설명하라. Erikson의 이론을 Bandura의 이론과 비교하라.

사례연구 28

Albert Bandura

E vonne는 한 잔의 차와 함께 테이블에 앉아있다. 그녀는 이제 막 아이들을 잠자리에 들게 하였고 지금 이 시간이 오늘 하루 중에서 그녀 혼자만의 첫 시간을 가지는 것이다. 그녀는 자신이 가정에 있기로 한 것에 대한 결정이 잘한 것인가에 대해서 생각하고 있다. 엄마로서 그리고 주부로서의 그녀의 날들은 병원에서 회계일을 할 때보다 확실히 더욱 피폐해진다. 그녀는 계속 집안을 청소하고 아이들의 요구에 맞춰주었다. 어떻게 이렇게 작은 사람들이 이렇게 어지럽힐 수 있는지 놀라울 뿐이다. 그들은 자신이 손에 들고 있는 모든 것은 다 떨어뜨리고 다니는 것만 같다. 예를 들어, 그녀의 아들 Joe는 학교에서 돌아와 그의 코트를 그의 가방과 함께 벗어 던져두고, 부엌바닥에서 문 앞으로 통과하여 들어온다. 그는 자신의 모자와 벙어리장갑을 들어오는 길에 있는 부엌의 컵받침대에 걸어 들어오면서 놓는다. 가끔씩 그는 자신이 학교에서 만든 것을 엄마에게 보여줄 생각에 신나하며 자신의 가방을 바닥에 던져놓고 찾곤 한다. 찾으면서 그는 가방 속에 있는 모든 것들을 바닥에 내동댕이쳐 놓고 자신의 여동생과 놀기 위해 뛰어나간다. Evonne는 비록 Joe에게 계속 자신의 물건들을 있던 자리에 두어야 한다고 하지만 그는 매일 다음날이 되면 잊어버리는 것만 같다. 놀랍지도 않게 Joe는 자신이 필요한 것들을 찾지 못하는데 자신이 내동댕이쳐 놓은 것들을 제자리에 두지 않아서이다. 이런 모습은 그의 아버지인 Blake와 많이 닮아있는데, 그도 항상 물건을 잃어버리고 찾으러 다니며 특히 자신의 지갑을 찾으러 다니는데 왜냐하면 주로 물건들을 제자리에 두지 않아서이다. 지금 Evonne가 그것에 대해 생각하고 보니, 비록 Evonne가 그것에 대해 Joe에게 잔소리를 하더라도 Blake 역시 그가 있는 곳은 어디라도 무언가를 떨어뜨리는 것처럼 보이는데, 그녀는 적어도 아이들 앞에서는 Blake에게는 그의 이런 모습에 거의 불평하지 않는다.

Evonne는 Joe와 Blake가 가진 이런 공통점만 본 것이 아니라 다른 공통점도 보게 되었다. 최근 들어 Joe는 자신이 잘못한 것에 대해서 벌 받는 것을 애교를 부리며 피해가려고 한다. 이것은 Evonne에게 Blake가 그녀를 화나게 만드는 그의 행동과 유사하다는 인상을 주었다: 그는 분위기를 전환시키고 논쟁을 피하기 위해 그녀에 대해서 칭찬을 하거나 자신들이 이야기 하던 부분에 대해 농담을 하곤 하였다, 가끔씩은 이런 방법이 통하였는데, 그녀는 남편에게 웃거나 안아주거나 뽀뽀를 하였다; 하지만 가끔씩은 통하지 않았다. Joe는 이제 똑같은 행동을 하고 있다. 예를 들어, 그가 그녀에게 말하지 않아야 할 것을 말하고 나면 Joe는 웃거나 아주 큰 미소를 짓거나 눈을 깜빡거리며 그녀를 쳐다보았다. 그녀는 가끔씩 이런 모습에 웃지 않을 수가 없었다.

어떤 때에는 Joe는 그녀의 엄마에게 농담을 하며 웃게 하였다. 그는 엄마의 미소를 보는 것을 좋아하였다. 대부분의 경우, 그의 유머는 좋지 않지만 이따금 그가 좋은 것을 말하는 동안 Evonne는 킬킬 웃는다. 근래에 Joe는 자신의 농담이 재밌었는지 아니었는지 묻기도 한다. 그의 엄마가 그런 농담은 최고의 것은 아니었다고 말할 때에는 실망하고 재미있었다고 하면 신나한다.

Joe는 다른 것들도 자신의 아빠와 똑같은 행동을 한다. 예를 들면, Joe는 가끔 저녁에 놀면서 비디오를 보고 팝콘을 먹고 싶을 때에 "특별한 밤!"이라고 외친다. Blake도 일이 없고 가족과 즐거운 시간을 보내고 싶을 때에 똑같은 구절 혹은 비슷한 말을 외친다. Joe는 가끔씩은 "libation"을 원하는데 이것은 소다와 같은 음료로서 Evonne는 Joe가 이런 것을 다 큰 어른인 Blake에게 배웠으며 Blake가 맥주를 마실 때에는 Joe는 무알코올 맥주를 마신다.

Joe는 자신의 아버지가 가지고 있는 자신감도 역시 가지고 있는 것으로 보인다. 예를 들면, Joe가 8살 때에 벌써 꼬마 컴퓨터박사였다. 그가 어렸을 때에 그의 아빠가 집의 컴퓨터를 만지고 자신의 친구들이 유치원에서 컴퓨터를 만지는 것을 보았다. 그는 컴퓨터 모니터 앞에 앉아서 다양한 게임을 즐기는 것에 대해서 두려움이 없었다. 그는 가끔씩 좌절하기도 하였지만 Blake가 용기를 주곤 하였다. Joe는 결국 마우스를 쓰는 법을 배우게 되었고 컴퓨터로 하는 일에 있어서 숙달되기 시작했다. 이런 것은 Evonne를 놀라게 하였는데 그녀는 컴퓨터를 쓸 줄은 알지만 처음에 컴퓨터를 쓸 때에 겁을 많이 먹었고 Joe가 이런 것을 절대 이해하지 못할 줄 알았기 때문이다. Joe는 이런 문제가 없었다. 그렇다, Joe와 Blake는 공통점이 있었다. "그 아버지에 그 아들"이라는 문구가 Evonne의 마음속에 와 닿았다.

적용 질문

Bandura의 사회인지이론을 사용하여, 다음 질문에 답함으로써 Joe와 Blake의 성격의 유사점들을 설명하라.

1. Bandura의 사회인지 이론은 Joe와 Blake의 행동의 유사점을 어떻게 설명할 수 있 는가?

2. 이 사례로부터 관찰학습의 몇 가지 예를 나열하여라.

3. Bandura의 이론에 따르면, 우리가 모델로부터 배울 것인지 아닌지를 결정하는 요
   소는 무엇인가? 사례로부터 모델링을 통한 행동 학습의 한 가지 예를 선택하고
   이 요인들의 영향을 설명하라.

4. Joe가 관여했던 자기-조절의 예를 찾아서 그것을 설명하라.

5. Bandura의 이론을 컴퓨터를 사용하는 Joe의 자신감과 그것을 사용하는 그의 능력을 어떻게 설명할 수 있는가?

이론 비교 질문

1. Skinner의 급진적 행동주의 이론을 사용하여 Joe의 컴퓨터 유능성을 설명하라. Skinner의 설명은 Bandura의 설명과 어떻게 비교되는가?

2. Evonne가 Blake와 Joe가 더 깔끔하도록 고무시킨 행동기법은 무엇인가? 설명하라.

3. Kelly의 개인적 구성개념 이론으로 Blake와 Joe의 행동을 설명하라. 특히, 사회성
   추론을 사용하여 Joe가 처벌을 피하기 위해 그의 어머니를(그녀에게 귀여운 얼굴
   을 보여줌으로써) 조종한 것을 설명하라; 공통성 추론을 사용해서 Joe와 Blake의
   너저분함을 설명하라. Kelly의 경험 추론과 Bandura의 모델링 개념을 비교하라.

유용한 힌트

당신은 사례 27 또는 28을 위한 적용 질문들의 일부를 대답하는 데 문제가 있는가? 다음이 도움이 될 것이다.

Bandura의 자기-효능감 개념이 꽤 구체적이라는 것을 기억하라. 그것은 자신감의 일반적 형태가 아니다. 오히려, 자기-효능감은 우리가 어떤 행동을 실행할 수 있거나 없거나 하는 믿음이다. 자기-효능감이 높을 때, 행동을 수행할 수 있다고 믿고 이 믿음은 그것을 더욱 성공적으로 수행할 수 있는 것처럼 만든다. 자기-효능감이 낮을 때, 성공적으로 행동을 수

행할 수 있다는 자신감을거의 갖지 못하고 실제로도 거의 그렇게 하지 못한다. 자기-효능감은 어떠한 주어진 상황 안에서 서로 각각 모두 그 자체로 영향을 미치는 행동(B), 환경(E)(이를테면 보상과 처벌), 개인(P)요인(이를테면 사고)으로서 Bandura의 상호 결정론 모형에서 P(개인)요인으로 생각될 수 있다. 자기-효능감은 만약 어떠한 행동을 수행할 때 일어날 일에 대한 믿음이 아니라, 결과 혹은 보상과 처벌(E 요인)이다; 그것은 단지 우리가 그것을 수행할 수 있을지 없을지에 대한 믿음이다.

Julian Rotter(1916-　　)

사회적 학습 이론

왜 이 이론을 배우는가?

공헌

Julian Rotter의 성격심리학에 대한 가장 주목할 만한 공헌에는 사회적 학습이론과 통제소재 개념이 포함된다. 그의 사회적 학습이론에서, Rotter는 행동에서의 심리학적 요인들에 더하여 인지와 환경적 요인들의 영향을 강조하였다. 그는 우리의 기대들은 우리의 행동들을 결정하는 데 중요하다고 제안했다. 예를 들어, 우리가 어떤 행동에 관여할 때 긍정적인 경험이 일어날 것 같다고 생각한다면, 그 행동이 부정적인 결과를 가져올 것이라고 믿을 때보다 우리가 그 특정한 행동에 관여할 기회가 증가된다. Rotter는 인간들은 다른 심리학적 요인들뿐만 아니라 어떤 환경에 의해서도 영향을 받는 인지적 존재라는 것을 인식하였다. 사실, 인지적 요인들에 대한 Rotter의 강조는 인지 행동 치료들의 발전에 산파 역할을 한 것으로 보여 질 수 있다. Rotter의 통계 소재는 또한 성격심리학 분야에서 매우 중요하다.

Rotter는 어떤 사람들은 마치 다른 사람들보다 그들의 상황을 더 잘 통제할 수 있는 것처럼 느낀다고 주장하였다. 마치 그들이 통제하는 것처럼 느끼는 이러한 사람들은 내적 통제 소재를 가진다고 말해진다. 마치 자신들의 환경을 통제하지 못하는 것처럼 느끼는 사람들은 외적 통제 소재를 가진다고 말해진다. 이러한 개념은 치료분야와 건강심리학에서 중요한 적용가능성을 가진다. 예를 들어, 연구는 외적 통제 소재를 가진 사람들은 절망에 빠지기 더욱 쉽다고 입증했다. 그리고 외적 건강 통제 소재를 가진 사람들은 아마도 질병을 예방할 수 있는 건강한 습관을 가질 가능성이 더 적다. Rotter의 내적 그리고 외적 통제 소재를 측정하기 위한 I-E 척도는 성격심리학 분야에서 광범위하게 사용되고 있고, 이 개념은 수많은 연구를 생성시켰다.

✳

사례연구 29

Julian Rotter

지금은 3월 하순인데, Barb는 작년 마지막 날의 새해 결심을 회상하고 있다. 다른 많은 사람들과 마찬가지로 그녀도 "건강한 사람"이 되고 싶었다. 다른 말로 하자면 그녀는 잘 먹고 운동을 더 하고 살을 좀 빼려는 것을 원하였다. 그녀가 빼고 싶은 양의 무게는 18kg이지만 11kg만 빠져도 행복할 것이라고 생각했다. 사실 이것은 그녀가 임신으로 인하여 살이 찌고 나서부터 지난 몇 년 동안 그녀의 목표였다. Barb는 예상했던 것보다 두 번의 임신 기간 동안 더 많은 양의 몸무게가 늘었고 아이를 낳고 나서는 힘이 빠져서 이런 것에 에너지를 쏟지 못하였다. 하지만 이제 그녀의 아이들은 다 컸고 조금의 관심만을 필요로 한다. 또한 Barb는 또 다른 이유가 있는데, 추수감사절이 지나고 얼마 후 그녀보다 5살 많은 Lisa 언니가 뇌졸중으로 쓰러졌기 때문이다. Lisa는 살아남았지만 약간의 마비를 가지게 되었으며 물리치료를 필요로 하였다. 그녀는 오른쪽 팔을 쓸 수 있는 능력이 돌아오긴 하였지만 말은 아직도 더듬거렸다. 뇌졸중은 그녀가 가지고 있는 고혈압 때문이었는데 그녀는 이런 부분을 생각지도 못하고 있었다. Barb와 같이 Lisa는 과체중이었고 운동을 하지 않았으며 이런 상황은 그녀의 혈압을 높이는 위험을 더 증가시키게 되었고 다가올 뇌졸중과 심장병을 예고하였다.

그녀 언니의 건강이 이렇게 되고나서 무서워진 Barb는 건강검진을 받고 의사와 체중 감량 프로그램에 대해 논의하기로 결정하였다. 그녀는 자신이 고혈압을 가지고 있지 않다는 것을 알았지만 경계선이라는 것을 알았다. 그녀의 의사는 운동과 체중감량이 그녀의 혈압을 낮출 수 있다고 하였고 Barb는 그것이 사실이라는 것을 알았다. 그때부터 Barb는 꾸준히 걸었고 정크 푸드를 끊었다. 처음에는 몸무게가 천천히 줄어들었지만, 처음 1.5kg이 빠진 것도 계획을 계속하기에는 충분히 동기화될 수 있었다. 그녀는 5.4kg을 감량할 수 있었고 그녀의 친구들은 그녀가 보기 좋아졌다며 칭찬을 하기 시작하였다. Barb는 친구들의 이러한 관심을 즐거워했다. 그녀가 결혼하고 애를 가지기 전에는 꽤 날씬한 편이었지만 요즘시대에 말하는 것처럼 마르지는 않았었고, 정상범위에 들 정도였으며, 그녀가 그렇게 생긴 것에 대해서 만족했었다. 그녀는 그녀의 모습에 조금씩 만족하기 시작하였고 예전처럼 섹시하고 매력적이라고 느꼈다. 어렸을 때부터 그녀의 엄마는 여자가 매력적이면 좋은 반응들을 받는다고 배워왔다. 그렇기 때문에 그녀의 엄마는 항상 좋은 옷을 입으려고 하였고 화장을 하였고 머리를 고치고 음식조절을 하면서 자신이 뚱뚱해지지 않게 노력하였다. 하지만 가끔씩 Barb와 Lisa가 어떤 것에 대해 화가 나 있거나 뾰루퉁 할 때에는 집에서 만든 쿠키를 제공하며 달래주기도 하였다. Barb가 아이를 가지는 과정에서 살이 찌기 시작하면서 그녀의 엄마는 "스스로를 잡아라"고 하며 남편이 다른 여자들을 보지 않도록 조심하라고 하였다. Barb는 그가 바람이 날 것이라는 두려움을 가지지 않았고 그들은 좋은 관계를 유지하고 있었다. 하지만 그녀는 사랑/증오의 관계가 음식과 함께 할 경우 나타나는 나쁜 식습관과 체중이 증가하는 결과를 가져온다는 것을 배웠다.

　　Barb는 자신의 식습관과 다이어트 플랜을 시작한지 일 년이 지나고 영양사를 찾아갔다. 이야기를 하면서 Barb는 자신이 음식하는 것을 무척 좋아하고 좋은 음식 먹는 것을 좋아하지만 그런 식으로 하면 너무 많은 칼로리를 섭취하게 됨을 알았다. Barb는 또한 영양사와 자신이 언제 나쁜 식습관을 가지게 되는지도 말하였다. 그녀는 자신이 스트레스를 받을 때에 음식으로 푼다는 것을 알았다. 예를 들어, 그녀가 아이들과 직장일 때문에 스트레스를 많이 받을 때에 Barb는 디저트나 커피를 마시면서 쉬는 시간을 기다렸고 "이런 편안한 시간"이 너무 자주 있다는 것을 깨달았다. 영양사는 Barb가 좋아하는 레시피 대신에 스트레스를 감소시키는 다른 방법들을 추천하였다(예, 걷거나 운동하는 것; 목욕을 하는 것; 친구와 외출하기). 파티나 피크닉 그리고 다른 행사에서 과식하는 것 또한 문제였다. 하지만 영양사는 그런 실수는 용납될 수 있다고 하였지만 너무 자주 일어나지 않게 하라고만 하였다. 사람들은 실제로 다이어트를 잠깐 쉴 수 있고 그래도 계속 체중을 감량시킬 수 있다. 그렇지만 Barb가 파티에서 고칼로리 음식들을 **먹어야** 한다고 느끼는 것은 회식에 참여해야 할 기회가 너무 많거나, 평소 고칼로리 음식을 자주 섭취하지 않기 때문은 아니었다. 그보다는 아마 그녀가 평소 고칼로리 음식을 자주 섭취하고 있었지만 이를 지각하지·못하고 있다는 데에 문제가 있는 것이다. 매달마다 행사는 항상 있는 것 같아 보였다: 추수감사절, 크리스마스, 새해, 발렌타인데이 등등. 하지만 그녀의 일상 식생활에서는 그렇지 않았다. 마지막으로 Barb는 또한 TV를 보면서 음식을 먹는 성향이 있다는 것을 알았고 영양사는 운동기구를 사서 운동기구를 사용해 걸을 때에만 TV를 보라고 말하였다.

　　Barb는 그녀가 그 전의 휴일에 느꼈던 것보다 더 나은 기분을 요즘 느끼고 있다. 그녀는 더 매력적으로 느끼고 더 많은 에너지가 있는 것처럼 느낀다. 가끔씩 그녀는 자신의 예전의 식생활로 돌아갈 때가 있지만 자주 그러지는 않는다. 그녀는 정크푸드를 먹고 난 후에 느끼는 죄책감과 혐오감을 알고 있기에 그녀의 생활양식이 변하기 전의 그런 느낌으로 다시 돌아가길 원하지 않는다. 그녀는 여름이 되기 전에 2.3kg을 더 빼기를 원한다. 그래서 수영복을 다시 입고 기분이 좋아지기를 원한다.

적용 질문

Rotter의 사회학습이론을 사용하여 아래 질문에 답함으로써 Barb의 행동을 분석하라.

1. Rotter에 따르면, 최소한의 목표 수준은 무엇인가? 그 예를 이 사례연구에서 찾아 보라.

2. Barb는 어떤 유형의 통제 소재를 가지고 있는 것으로 보이는가? 당신의 답변에
   대한 증거를 제시하라.

3. 건강한 저 칼로리 음식과 고칼로리 음식(예, 정크푸드) 사이의 Barb의 선택을 설
   명하기 위해 Rotter의 강화가치 개념을 사용하라.

4. Barb가 체중을 감량하고 다시 자신이 매력적임을 느낄 욕구를 설명하기 위해 Rotter의 심리적 욕구와 운동 자유도 개념을 사용하라.

5. Barb의 정크푸드 먹지 않기를 설명하기 위해 Rotter의 기대 개념을 사용하라.

6. Barb가 TV를 보면서, 스트레스를 받거나 파티에서의 식습관을 설명하기 위해 Rotter의 행동 잠재성 개념과 상황적 요인들에 관한 그의 관점들을 사용하라.

이론 비교 질문

1. Rotter의 운동 자유도 개념을 Adler의 열등감 이론과 비교하라.

2. Rotter의 통제 소재 개념은 Bandura의 자기-효능 개념과 어떻게 유사한가? 그리고
   어떻게 다른가?

사례연구 30

Julian Rotter

Randall은 16세로 자신의 예전 여자친구 Jenny에게 쓰려고 폭탄을 만들다가 소년원에 가게 되었다. 그와 그의 친구는 Jenny와 그녀의 친구들이 자주 가는 곳에 폭탄을 두어 그녀가 자신과 헤어지자고 한 것에 대한 복수를 하려고 하였다. 하지만 다행스럽게도 폭탄을 만들기는 하였지만 이것을 숨기거나 폭발시킬 기회가 없었다. 운명의 장난같이 그와 엄마는 지난 4개월 동안 집세를 내지 못했기 때문에 살던 집에서 쫓겨나게 된 것이다. 그들이 집에 돌아 왔을 때에 집 문 앞에 그들이 밀린 돈을 다 낼 때까지 들어오지 못한다고 적혀있었다. 폭탄은 이것을 만든 곳인 Randall의 방에 있었다. 그는 자신이 얼마나 운이 없는지에 대해서 믿고 싶지 않았다. 첫 번째로 그와 엄마는 집에서 쫓겨났고, 그런 다음으로 집주인이 그 폭탄을 발견하여 관련 사람들을 부른 것이다. 이런 일들은 항상 그에게만 일어나는 것 같았다. 그는 최고로 운이 나빴다. 학교에서조차 선생님들은 그의 반대편에 있는 것만 같았다. 그들은 시험 문제에 속임수를 넣어서 그가 문제를 풀지 못하게 하였고 자신이 끝낼 수 없을 만큼의 말도 안 되는 양의 숙제를 내주었다. 그들은 언제까지 내야 하는지 상기시켜주지 않았기 때문에 그는 늦게 숙제를 내어 점수가 항상 깎였다. 그는 자신이 얼마만큼 일을 하든지 간에 점수는 올라가지 않았고 고등학교를 졸업하는 것조차 불가능하다고 생각하였다. 선생님은 믿을 만하지 못하다. 그들은 언제나 학생을 속일 방법만 생각한다.

Randall은 다른 학생들도 믿을 수 없다고 생각하였다. 그는 진작 그들이 믿을 만한 존재가 되지 못하다는 것을 깨달았다. 그는 오직 자신만을 믿어야 하며 그것은 다른 사람들이 자신을 계속 실망시키기 때문이었다. 그의 아버지는 수년 전에 그와 엄마를 떠났고 엄마는 결코 조금도 관심을 받아본 적이 없는 알코올 중독자였다. 그녀가 술에 취하면 그에게 폭력적인 언어를 사용하였다. 이런 일이 있을 때면 Randall

은 집을 나가서 걷거나 친구 집에서 놀다 오곤 하였다. 흥미롭게도 비록 그는 엄마의 폭력언어를 잘 참아냈지만 학교에서나 사회적으로는 다른 사람들이 보이는 언어폭력에 대담하지 못했다. 만약 어떤 사람이 곤욕적인 말을 하면 Randall은 바로 그 사람의 얼굴에 다가가 언어적으로 보복을 하며 신체적으로 다치게 할 것이라는 협박을 문제가 해결될 때까지 혹은 싸움이 시작될 때까지 하였다. Randall은 만일 한 번 더 싸움을 벌이면 학교에서 쫓겨날 처지라는 것을 알고 있었지만 누군가로부터 욕설을 받지 않고 상대를 협박함으로써 그가 얻게 될 관심과 존경이 그에게는 더 중요하였다. 그는 비록 고등학교를 마치고 싶었지만 그것은 일어나기 힘든 일이라 생각하는데 그것은 많은 선생님들이 자신을 싫어하고 점수가 나쁘기 때문이라 생각하였다. 이제 그가 수감됨으로써 그럴 가능성은 더 없어졌다. 하지만 존경을 얻는 것이 고등학교 졸업장이라는 종이 한 장보다 더 중요하다. 사실 Randall이 추측하기를 아무 일도 하지 않고 검정고시를 보는 것이 졸업장을 따는 것보다 더 좋다고 생각한다.

적용 질문

Rotter의 사회학습이론을 사용하여 아래 질문에 답을 함으로써 Randall의 행동을 분석하라.

1. Rotter에 따르면, 통제 소재란 무엇인가? Randall은 어떤 형식의 통제 소재를 가지고 있는 것으로 보이는가? 당신의 대답에 대한 증거를 제시하라.

2. Rotter는 대인신뢰를 어떻게 묘사하였는가? Randall은 대인신뢰에 있어 점수가 높은가 아니면 낮은가? 당신의 대답에 대한 증거를 제시하라.

3. Rotter에 따르면 행동 잠재성은 무엇인가? 본 사례연구에서 그 예를 찾아보라. Rotter는 행동을 결정하는 데 있어 상황의 중요성에 대해 무엇이라고 말했는가?

4. Rotter에 따르면, 기대와 강화 가치는 무엇인가? Randall이 언어적으로 모욕한 반 친구와 설전을 벌이거나 싸우는 것을 결정하는 데 있어 기대와 강화 가치가 어떻게 영향을 미쳤는가?

5. Rotter에 따르면, 운동 자유도란 무엇인가? Randall이 언어적으로 모욕한 반 친구와 설전을 벌이거나 싸우기로 한 결정을 설명하기 위해 Rotter의 심리적 욕구와 운동 자유도 개념을 사용하라.

이론 비교 질문

1. Randall의 행동을 설명하기 위해 Horney의 이론을 사용하라.

2. Randall의 공격적 행동을 설명하기 위해 Skinner의 급진적 행동주의 이론을 사용
   하라. Rotter의 강화에 관한 생각들을 Skinner의 강화에 관한 생각들과 비교하고 대
   조하라.

유용한 힌트

당신은 사례 29 또는 30을 위한 적용 질문들의 일부를 대답하는 데 문제가 있는가? 다음이 도움이 될 것이다.

Rotter는 아마 내적 통제 소재와 외적 통제 소재에 관한 작업으로 잘 알려져 있지만 그의 이론은 단지 그 개념보다 더 많은 것으로 구성되어 있다. 간단히 말해, 그의 이론은 행동이란 단지 하나의 변인에 의해서가 아니라 여러 개의 요인들에 의해 결정되는 것이라고 말할 수 있다. 이러한 요인에는 행동 잠재성, 기대, 강화 가치 및 상황이 있다. 행동 잠재성이란 어떤 상황에서 일어날 수 있는 행동의 가능성이다. 기대는 어떤 사람이 어떤 상황에서 어떤 방법으로 행동한다면 일어날 수 있는 행동이나 상황에 대한 믿음을 가리킨다. 강화 가치는 특정 개인에게 어떤 강화가 어떻게 보상되어야 하는 지를 가리킨다. 마지막으로 사람들은 상이한 상황에서는 상이하게 행동한다. 따라서 Rotter가 주장하는 것은 우리가 상황을 조사하고, 만일 우리가 그 상황에서 어떤 방식으로 행동하게 될 때 어떤 일이 발생할지를 평가하고, 그리고 잠재적으로 가장 보상이 큰 행동의 순서를 선택하는 것으로 행동하게 된다는 것이다.

비록 Rotter의 이 이론이 아주 간단하지만 학생들은 때때로 그의 운동 자유도 개념을 이해하는 데 어려움을 느낀다. 운동 자유도는 또한 기대이지만 그것은 위에서 논의된 기대 개념보다 더 특별하다. 그것은 행동이 추구된 보상(성공)으로 이끌 것인지 아닌지에 대한 기대를 가리킨다. 그러므로 우리는 우리의 행동이 성공적으로 될 것인지(높은 운동 자유도) 아니면 그렇지 않을지(낮은 운동 자유도)를 믿는 것에 의지하는 높은 운동 자유도나 낮은 운동 자유도를 가질 수 있다. 이러한 기대들이 항상 정확하지는 않다는 것에 유의하라.

Gordon Allport(1897–1967)
특성 이론

왜 이 이론을 배우는가?

공헌

Gordon Allport는 성격심리학의 개척자로 여겨지며 때로는 성격심리학 분야의 창시자로 언급되는데, 또한 사회심리학분야에서도 잘 알려져 있고, 특히 태도와 편견에 대한 저술로 이 분야에 강한 영향을 미쳤다. 그는 성격의 특성이론으로 가장 잘 알려졌는데, 성격 특성으로 여겨질 수 있는 사전에 실린 모든 용어를 검증을 통해 발달시켰다. 수천 가지의 가능성이 있는 특성들에 대한 목록을 발달시킨 후, 그는 이 목록들을 중요도와 빈도에 따라 분류하였다. 따라서 Allport는 위계를 발달시켰고, 세 가지 상이한 유형의 특성들이 있다고 제안하였다: 주 특성, 이것은 한 개인의 삶을 지배하지만 드물게 발견된다; 중심 특성, 이것은 일반적이고 대부분 우리의 행동에영향을 준다; 그리고 이차적 특성, 이것은 상황에 따라 규명된다.

행동에 대한 Allport의 관점은 절충적이었다. 그는 행동이 내적, 외적 모두에 동기화되며, 그렇기 때문에 정신역동적 관점과 행동적 관점 모두의 측면이 행동을 이해하는 데 관련된다고 제안하였다. 그는 행동에 미치는 이들 내적 영향과 외적 영향을 각각 인자형과 표현형이라고 하였다. 유사하게, Allport는 각 개인의 독특성을 강조한 것으로도 유명하다. 이것은, 인간의 고유 자아, 창조성, 성장–추구 동기라는 개념에 따라서 인본주의적 선호를 보인다.

사례연구 31

Gordon Allport

Monica는 4명의 자녀를 둔 38세의 가정주부이다. 그녀는 지난 15년 동안 그렇게 해왔던 것 마냥 집에만 머무는 것이 조금씩 지겹기 시작하였다. 아이들을 갖기 전에, 그녀는 신용협동조합에서 일을 하였고, 이 직업을 좋아했었다. 특히 대량고 속처리에 대한 정확성을 좋아했다. 이것은 그녀가 가정주부 업무로 들어가는 데서 보이는 특징이다. 그녀는 아이들이 네 명이나 있음에도 집에 얼룩 하나 없도록 했다. 두 개의 욕실을 매일매일 청소하고, 진공청소기를 돌리고, 집 먼지를 털고, 장난 감을 치우는 등등의 일을 했다. 잡동사니와 지저분함이 그녀를 괴롭혔고, 청소에 대해서는 거의 신경질적이 되었다. 그녀는 완벽주의자였고 그녀 스스로도 자신의 그런 모습을 알고 있었다. 그녀의 모든 친구들은 동의했지만, 그녀는 이러한 자신의 별난 점을 웃어넘길 수 있었고 스스로는 아주 심각하게 생각하지 않았다.

네 명의 자녀를 두고도 집을 이렇게 유지하는 것이 다른 사람들에게는 엄청난 것처럼 보일지라도, Monica는 이러한 집안일들을 꿋꿋하게 해 나갔고 많은 친구들과 특히 전화통화를 통해 가까운 관계를 유지하는 시간(청소하는 틈틈이)을 가졌다. 그녀는 계속적으로 전화를 하였다. 특히나 그녀가 상호작용하던 직장동료들이 없어진 이후로 친구들은 그녀의 사회적 지지망의 매우 중요한 부분이 되었으며, 남편의 직장에서의 잦은 출장이 이유이기도 하였다. 종종, 그녀의 친구들은 남편보다 더 중요한 것처럼 보였고, 남편보다 더 나은 관계를 가진 것처럼 보이기도 했다. 친구들은 그녀를 극도로 충실하고, 지지적이고, 수다스럽다고 묘사하였다. 그들은 또한 그녀가 좋은 마음을 가진 것을 알고 있다: 아이 돌보미가 아파 오지 못하고, 애기 엄마가 직장을 가야 할 때 항상 기꺼이 그 애기 엄마를 도우려 하였다. 아니면 한 친구가 곧 있을 파티를 준비하는 데 있어 어찌할 바를 모를 때, 그녀는 기꺼이 요리를 하거나 빵을 굽는 일을 도맡아 했다. 당신은 Monica가 이렇게 따뜻하고 돌보는 사람이라는 것을 들여다보기 전까지 알지 못했을 것이다. 그녀는 실제로 약간은 위협적이고 화가 난 것처럼 보이지만, 이것은 단지 실수를 했을 때 찡그리면 양 미간 사이에 깊은 주름이 나타나기 시작하는 그녀의 나이 때문이다. 그녀는 이러한 모순을 깨닫고 약간 그녀의 찡그리는 주름에 대해 스스로 의식을 하게 되었다.

그녀는 또한 대학에 가지 않은 것에 대해 자신이 없어 했다. 많은 친구들이 대학을 졸업하였고; 일부는 석사학위를 받았지만, Monica는 그러질 못했다. 그녀는 스스로가 지적이지 않다고는 생각하지 않았지만, 스스로를 교육받지 않은 것으로 보았고 더 나은 교육을 받은 사람들을 따랐다. 그녀의 친구들은 그녀를 매우 지적으로 보았고, 그녀가 그녀 스스로를 더 낮다고 느낄 수 있도록 그녀에게 전문대 학위만이라도 따도록 격려하였다. Monica는 이러한 가능성을 고려하였다. 이것은 그녀가 항상 하기를 원했던 그 무엇이었다. 특히 그녀는 Legal Business Studies(법률 경영학)에서 전문대 학위를 갖는 것을 생각하고 있었고 그녀의 자녀들 모두가 중학교 이상에 들어가고 나면 법률사무소 사무장이 되려고 하였다. 아이들은 그녀의 도움이 필요 없을 만큼 나이를 먹었지만, 여전히 2년이나 남았고, 그녀 자신이 오랫동안 학교를 떠났기 때문에 이러한 전망에 대하여 초조하였다.

Monica는 좋은 엄마이다. 그녀는 아이들의 신체적 욕구나 정서적 욕구를 보살핀다. 그녀의 한 아이인, Jenna는 심각한 학습 장애를 가졌는데, 그 아이를 위하여 끊임없는 헌신을 하고 있다. 그녀는 Jenna의 욕구가 이루어질 것이라고 확신하지만, 또한 현실적이다. 그녀는 Jenna가 어떠한 직업을 선택하든지 간에 아마도 다른 세 아이들과는 다를 것이라는 것을 알고 있다. Monica는 비록 이것이 그녀에게 고통스러울지라도 그러한 면에서는 실용적이다.

Monica는 또한 그녀의 아이들이 즐겁게 생활할 것이라고 확신한다. 그녀의 가족은 항상 놀이동산(Six Flags Amusement Park)의 시즌권을 구입해서 여름 동안에 그리고 가을까지도 자주 놀러 다닌다. 처음에 그녀는 아이들이 같이 타기를 원했기 때문에 몇 가지 재미있는 롤러코스터를 탔지만, 이제는 그녀가 롤러코스터의 더 광팬이 되었고 그녀의 아이들이 그녀와 함께하지 않으려 할 때에도 롤러코스터를 즐겼다. 이러한 즐거움은 또한 스스로 웃을 수 있는 능력을 발견하게 만들어주었다. 그녀는 초기에 언급했던 정돈과 청결에 대한 욕구에서 그리고 그녀가 사용하기 원했던 단어(악명 높은 설단 현상)와 그녀가 아이들을 돌보면서 때때로 느꼈던 좌절감도 회상할 수 없었던 성향에서 유머를 찾을 수 있게 되었다. 그녀는 때때로 성질을 못 이겼고, 특히 그녀가 피곤할 때 더욱 그랬지만, 그녀는 자신의 피로가 그녀의 아이들에게 반작용하는 방식의 한 요인이 될 수 있다는 것을 항상 자각한다. 그녀는 이러한 것에 대해 아이들을 가진 친구들에게 후에 농담을 할 수 있었고, 때로는 자신의 아이들에게조차도 그렇게 할 수 있었다.

적용 질문

Allport의 특성 이론 접근을 사용하여 다음 질문들에 대답함으로써 Monica의 성격을 설명하라.

1. Allport는 한 개인은 심리적으로 건강하다(성숙하다)라는 것을 증명하는 7가지 준거를 제안하였다. 이것들이 무엇인가? 이 사례에서 그것들의 예를 찾아라.

2. 주 특성, 중심 특성 및 이차적 특성들간의 차이는 무엇인가? Monica의 중심 특성
   은 무엇인가?

3. 기능적 자율성은 무엇인가? 이 사례에서 많이 사용하는 기능적 자율성의 예를 찾
   아라.

4. Allport에 따르면, 고유자아는 무엇인가? Monica의 고유자아는 무엇인가?

5. 자기다움을 추구한다는 것은 무엇인가? 이 사례에서 예를 찾아라.

이론 비교 질문

1. 다른 이론가들이 말하는 정신건강과 Allport의 준거를 비교하여라.

2. Allport의 자기다움을 추구한다는 것과 Jung의 자기-실현의 개념이 어떻게 비교될
   수 있을까? Maslow의 자기실현 개념과는 어떻게 비교되는가? 그리고 Rogers의 자
   기실현 개념과는 어떻게 비교되는가?

3. Allport의 고유자아 개념과 Rogers의 자기 개념을 비교하라.

🎇

사례연구 32

Gordon Allport

G race는 55세의 백인 미망인으로 한 명의 다 큰 딸이 있다. 그녀의 남편은 5년 전에 심장 발작으로 갑자기 사망하였다. 그때 이후로 그녀는 낙태를 반대하는 운동가가 되었다. 그녀는 이전에 한 번도 그러한 유형의 활동에 관여해 본 적이 없었지만, 그녀의 남편 사망 후에 고통을 이길 그리고 삶을 더 의미 있게 만들 무언가가 필요했다. 그녀는 천주교신자로 자랐기에 종교에서 위안을 얻는 것은 자연스러웠다. 누군가나 무언가가 그녀를 돌보고 있다고 생각하는 것이 매우 편안했고 안심이 됨을 발견했다. 그녀의 남편이 그녀를 돌봐왔고; 이제는 하느님이 그렇다. Grace는 만일 그녀가 교회와 관련된 활동을 통해 하느님을 섬긴다면, 후에 하늘에서 보상을 받을 것이라고 생각했다. 그녀는 교구에서 아이들에게 교리를 가르치는 일을 했고, 빙고 게임을 진행하고 휴일 전에 교회를 장식하는 봉사를 하였다. 교회에 관련된 일을 하는 동안 받는 관심이 매우 즐거웠다. 그녀는 다른 교구 사람들이 그녀에게 여름 잔디 기념행사(카니발 축제와 같은 교회 소풍)와 같은 기금 마련 이벤트를 할 때 어떻게 해야 하는지에 대해 자문을 구할 때 중요해짐을 느꼈다.

수많은 교회와 관련된 이벤트에서 봉사를 한 후에, 남편의 죽음 후 많은 얘기를 나눴던 교구 신부님이 그녀에게 낙태 반대시위를 준비하도록 요청했고 이것을 미국 가족계획 연맹 지역구에서 열게 되었다. 그녀가 낙태를 용납하지 않았을 때에도, 그녀는 그것에 대해서 그때까지만 해도 깊이 생각하지는 않았다. 반대시위를 준비하면서, 그녀는 낙태에 관해서 교회에서 나온 수많은 문헌들을 읽었고, 낙태가 합법이라는 것에 끔찍함을 느꼈다. 그녀는 급속도로 낙태 반대운동에 매우 적극적이게 되었고, 이러한 관점을 지지하는 다양한 시위에 빈번하게 참석하고 준비하게 되었다. 그녀는 이것이 아기들을 구할 수 있는 그녀의 임무로 보게 되었다. 그녀는 결혼을 하지 않고 임신을 한 것을 발견한 여성들에 대해 동정을 가지지 않았다. 그녀는 누구도 하느님이 주신 아기를 원하지 않는 이유를 이해할 수 없었다. 그녀의 교구 신부님은 그녀를 강하고, 독실하며, 열정적이며, 주도적이라고 묘사하였다.

또 다른 사람들은 그녀를 다른 방향에서 묘사하였다. 그녀의 사위는 Grace가 독선적이고 고집스러우며, 광신도라고 설명했다. 그녀와 사위인, Nick은 서로 잘 지내지 못했다. 그녀의 딸인 Hannah는 Nick과 일년 전에 결혼했고, 6개월 뒤 Grace의 남편(Hannah의 아버지)이 사망하였다. Grace는 결혼을 반대했었고 그녀의 반대에 대해 꽤 강경하였다. 우선적으로 그녀는 Nick이 Hannah에게 적합하지 못하다고 불평하였다. 그는 충분한 돈을 벌지 않았고, 집을 잘 돌보지 않았으며, 자존심이 너무 세다는 등의 이유였다. 그녀는 그에게 꽤 비판적이었다. Grace에 따르면 Nick이 유일하게 괜찮은 점은 눈에 넣어도 아프지 않을 손녀를 위해 정자를 기증한 것이다. Nick은 그녀가 비판적으로 말하는 유일한 사람이다. 그녀가 딸을 사랑하기는 하지만, 딸에게 또한 비판적이며, 특히 양육하는 면에서 그러했다. 사실, 그녀는 그녀가 상호작용하는 대부분의 사람들에게서 단점을 발견했고 그들의 얼굴에 대해 비판적인 논평을 하거나 비난하는 발언을 한다. 그녀의 기독교 배경에도 불구하고, 실제로 꽤 비판적이고 용서를 잘 하지 않았다. 다른 사람들이 Grace의 이러한 경향을 알아차렸지만, 스스로는 그것을 들여다보지 않았고 대신에 스스로는 친절하다고 생각하였다. 누군가가 이러한 모순점을 지적하면, 그녀는 즉각적으로 그 사람을 언어적으로 공격하였다. 그 후에, 그녀는 그들을 용서하지 않았고, 무기한적으로 그 사람을 향한 좋지 않은 감정을 비밀스럽게 품었다.

Grace는 남편이 사망한 후, 그녀의 외로움을 덜기 위해 남을 돕는 수많은 다른 활동들을 했고 딸은 결혼을 하였다. 예를 들어, 잠시나마 그녀는 교회에서 알게 된 수많은 다른 여성들과 일주일에 한 번씩 모여서 스크랩북을 만들었다. 그들은 함께 이야기를 나누고, 간식을 먹으며 그들의 스크랩북을 함께 만들었다. 실제로 그녀는 스크랩북 만드는 것에 흥미가 없었기 때문에 처음에는 집단에 참여하는 것을 주저했지만, 그녀의 외로움을 달래기 위해 다른 사람들과 가까워지는 데 좋을 것이라고 생각했기 때문에 어쨌든 그렇게 했다. 스크랩북 만드는 것을 언젠가부터 좋아하게 되었고, 집단이 해체되고 난 뒤에조차도 이 취미를 계속하였다. 그것이 남편과 아이들과 함께 그녀의 인생에 있어서 기록될 중요한 것이라고 생각한다. 사실, 그녀의 사위는 그녀가 스크랩북을 만드는 데 너무 멀리 가버렸다고 생각했다. 스크랩북을 만드는 것은 열정을 가지게 해주었는데, 그녀는 가족이 관련된 수백장의 사진을 붙이고 그 사진을 설명해 주는 짧은 글귀를 넣은 가족 스크랩북 장을 만들기로 결심하였다. 이러한 열정은 Grace가 상실을 대처하도록 해주었고 남편을 잃은 고통을 덜게 해주었다.

적용 질문

Allport의 특성 이론 접근을 사용하여, 다음 질문에 대한 답을 함으로써 Grace의 성격을 설명하라.

1. Allport는 한 개인은 심리적으로 건강하다는 것을 증명하는 7가지 준거를 제안했다. 이것들이 무엇인가? 이 사례 안에서 그것들의 예를 찾아라.

2. 중심 특성은 무엇인가? 어떤 것이 Grace를 설명하는 것처럼 보이는가?

3. 기능적 자율성은 무엇인가? 이 사례에서 자기다움 기능적 자율성의 예를 찾아라.

4. Allport는 종교적 성향에 대해 무엇이라고 말을 했나? 종교적 성향은 적응과 어떻게 관련이 되는가? Grace는 내향적인 종교적 성향을 가졌는가 아니면 외향적 종교적 성향을 가졌는가? 설명하여라. 이것은 그녀의 적응에 관하여 무엇을 함축하고 있는가?

이론 비교 질문

1. Bandura는 기능적 자율성을 어떻게 설명하였는가?

2. Jung은 Grace의 종교적 성향에 대해 뭐라고 말할까?

유용한 힌트

당신은 사례 31 또는 32를 위한 적용 질문들의 일부를 대답하는 데 문제가 있는가? 다음이 도움이 될 것이다.

　Allport는 주 특성, 중심 특성 및 이차적 특성들을 구별지었다. 중심 성향은 한 개인의 주요 성격 특징이다. 이차적 특성은 성격에서 더 구체적이고 덜 중요하다. 주 특성은 매우 만연되어 있어서, 광범위한 개인의 활동을 방해 한다. 아주 적은 수의 사람이 주 특성을 가진다. Allport는 우리 모두 5개에서 10개의 중심 성향을 가졌다고 생각했다. 이것들은 친구들이 우리에게 가졌다고 설명하는 형용사들이다.

　Allport가 특성을 분류하는 체계로 매우 잘 알려져 있지만, 그의 이론에는 또 다른 측면들이 있다; 이것은 단지 분류하는 체계만이 아니다. 그는 또한 고유자아(Allport의 자기에 대한 용어)에 대해 논의하였고, 이와 관련하여, 기능적 자율성까지 논의하였다. 기능적 자율성은 행동이 원래 가지고 있는 동기가 제거된 후조차도 계속될 때 일어난다. 기능적 자율성은 두 가지 수준을 가진다: 만연되어 있는 것과 자기다움. 만연되어 있는 기능적 자율성은 더 기초적이고 더 말초적인 고유자아이다. 이 범주로 들어가는 행동들은 종종 습관이 된다. 자기다움 기능적 자율성은 고유자아에 더 중심이 되는 행동을 설명한다. 이

것과 유사한 용어는 자기다움을 추구한다는 것이다. 그렇지만, 자기다움을 추구한다는 것은 자기다움 기능적 자율성이 설명하는 것과 같은 행동에 대한 동기를 설명하지는 않는다. 그렇기보다는 우리가 장기간의 목표를 향해 움직임으로써 성장을 향해 움직이도록 허용하는 자기의 측면이다.

　Allport는 또한 심리적 성숙에 대한 준거를 논의하였다. 그는 잘-적응하는 사람들은 다음과 같다고 생각했다:

- 의식(무의식과 반대되는) 과정(즉, 자신의 행동을 깨닫고 자신이 행하는 방식에서 행동한 이유)에 의해 동기화되었다.
- 확장된 자기감(즉, 그들은 자기-중심적이지 않다)을 가진다.
- 다른 사람들과 따뜻한 관계를 유지한다.
- 그들이 누구인지, 그들의 실수조차도 스스로 받아들인다.
- 세상에 대한 현실적 지각을 가진다.
- 통찰과 유머를 가진다.
- 삶에 대한 통합적 철학(즉, 삶에 분명한 목적)을 가진다.

Raymond Cattell(1905-1998)

16 요인 이론

왜 이 이론을 배우는가?

공헌

Cattell은 때때로 성격 특성 측정의 아버지로 묘사된다. 그의 목적은 성격의 기본적인 단위를 발견하고 설명하며 이러한 기본적인 단위를 측정하는 데에 신뢰성 있고 타당한 방법을 개발하기 위해 체계적이고, 과학적인 과정을 사용하는 것이었다. 따라서 그의 연구 관심은 성격의 구조였지만, 또한 이들 기본 단위에 대한 예언값에도 관심이 있었는데, 이를 특성이라 불렀다. 그는 16 요인 이론으로 잘 알려져 있으며 성격 평가와 성격 측정을 이해하는 데 극적인 기여를 한 것으로도 유명하다. 그는 상이한 유형의 특성들간을 구별지었는데, 표면 특성은 관찰 가능한 유사한 행동들의 군집이고, 근원 특성은 개인 성격의 기본단위이며 표면 특성을 통해 보여질 수 있다. 그는 마찬가지로 어떤 사람이 어떻게 행동하는지를 기술하는 기질적 특성, 어떤 사람이 왜 그렇게 행동하는지를 설명하는 동기 특성, 그리고 어떤 사람이 어떤 행동을 어떻게 수행할 수 있는지를 설명해 주는 능력 특성에 관하여 논의하였다. 특성 유형간을 구별하는 것에 더해서, Cattell은 또한 상이한 유형의 지능간을 구분하였는데, 유동지능은 이전 경험과는 독립적인 지능이며, 결정지능은 과거 학습 경험에 근거한 지능이다. 그의 연구와 그의 발견은 다른 과학자들의 이전 연구들에 크게 의존하였다는 사실에도 불구하고, 그의 연구는 5 요인 이론에 대한 더 최근 연구의 발달이 일어날 수 있도록 도움을 주었다.

사례연구 33

Raymond Cattell

Walter는 보수적인 남부의 침례교회의 55세 목사이다. 신도의 수는 적다; 100명도 채 되지 않는 교회에 출석하고, 대다수의 사람들은 50세 이상이다. 젊은 사람들은 참석하지 않고, 머지않아 현실적으로 맥이 끊길 것이라는 것을 두려워하기 때문에, 그는 교회가 성장하지 않는 것을 걱정하고 있다.

Walter는 항상 종교적이었고 종교적인 집안에서 성장하였다. 그가 10대였을 때, 그는 "부름"을 받았고, 신이 그에게 목사가 되라고 말했다고 설명한다. 신의 뜻을 충족시키기 위해서, Walter는 신학교에 입학했으나 첫 학기에 낙제를 하였다. 그렇지만, 그는 당황하지 않았고, 신이 그의 뜻을 이루기 위해서 올바른 길로 그를 안내할 것이라고 믿었다. Walter는 성경 학교에 입학하고 그 뒤 졸업했다. 성경학교를 졸업한 후에는, 그가 지금 이끄는 작은 교회에 면접을 보게 되어 마침내 "부름"을 받게 된 것이었다.

그가 선택한 지금의 직업은 그에게 맞는 직업인데 이유는 Walter는 신체를 더 많이 사용하는 일을 하기에는 힘든 장애를 가지고 있기 때문이다. Walter는 한쪽 다리가 다른 한쪽보다 더 짧게 태어나서 걸을 때 아주 많이 절룩거린다. Walter는 자신의 교회가 그를 위해 하나님이 제공해 주는 수많은 곳 중에 하나라고 생각한다. 또한 목사인 그의 수입을 보충하려고, 배달서비스를 하기 위해 작은 짐들을 분류한다. 그는 신이 자신의 욕구를 돌보아 주실 거라는 믿음을 가지기 때문에, 정말로 돈에 대해서는 많이 걱정하지 않는다. 때때로, 그는 보다 많은 물질적인 재산을 원하지만, Walter는 또한 그러한 이 세상의 물질에 관심을 가져서는 안 된다는 것을 잘 알고 있다. 그는 세속적인 욕망과 성령의 욕구 사이에서 고심한다.

그의 신자들은 Walter를 신뢰하고 존경한다. Walter는 그가 행하는 것을 잘 했고 목사로서의 역량에도 자신이 있었다. 그는 영감을 주는 설교를 전달하는 울리는 목소리를 지닌 동기를 부여해주는 설교자이다. 그는 장애 때문에 천천히 그리고 섬세하게 움직이며, 이러한 성격 특징들은 그의 다른 성격부분에도 스며든 듯하다. 그는 조심스러운 사람이고 ― 그는 움직임에서 조심했어야 했다. ― 결정하기 전에 오랫동안 그리고 열심히 생각하여 결정한다. 그의 움직임처럼, 그의 결정은 꼼꼼하게 이루어진다. 그는 스스로 권위를 달고 다닌다.

Walter는 자신의 영적 욕구뿐 아니라 그의 가족과 신자들의 욕구까지도 다 채워주려고 노력한다. 그는 그의 신자들이 아닌 다른 사람들에 대한 그의 책임이 무엇인지에 대해 곰곰이 생각한다. 비록 다른 사람들이 교회에 다닐지라도 잘못된 교회에 다니고 올바른 믿음을 갖지 않기 때문에 구원의 시간(the Time of Redemption)에 천국에 들어갈 수 없다고 그는 믿고 있다. 그는 이것을 그들에게 말해야 할 것인가? 아니면 자신을 따르는 이들에게만 충실해야 하는 것일까? 그는 곧 종말이 도래할 것이라고 믿는다. 그에게 있어서 사회적 변화의 발생은 곧 닥쳐올 종말의 징후이다. 이러한 변화는 그에게 충격을 주고 있다. 그것들이 부도덕의 징후이며, 또한 신은 이러한 변화로서 매우 노여워한다고 그는 믿고 있다.

Walter는 그가 목사로 있는 교회에서 그의 부인인 Lillian을 만났다. 그녀가 그와의 결혼에 동의해서 그는 기뻤다. 그의 장애 때문에 아무도 그와 결혼하지 않으리라고 그는 생각했었다. Lillian은 신앙심도 깊고 게다가 보수적이어서, Walter와 Lillian은 훌륭한 짝을 이루었다. Lillian은 특히 성직자의 아내가 되어 신을 섬기게 되어 기뻐했으며 그리고 성경이 올바로 행동해야 할 것을 가르쳐주기 때문에 남편에게 순종해야 하는 것에 대해서 거리낌이 없었다. 그녀는 확실하게 Walter에게 순종적이었다. Walter는 의심의 여지없이 가족의 가장이었다. Lillian과 자녀들은 모두 그가 말하는 것은 무엇이라도 복종하였다. 그의 모든 변덕은 받아들여졌다. 즉, 최근까지도 그랬다. 그의 자녀들이 자라고 그 자녀들의 아이들이 생기면서, 일요일 만찬을 어디에서 해야 할지 또는 누구의 집에서 크리스마스를 축하해야 하는가와 같은 문제로 다툼이 생겼다. 이러한 행사들은 언제나 Walter의 집에서 행하여졌지만, 이제 그의 자녀들은 자신들의 집에서 행하길 원한다. 가족의 가장으로서 Walter는 그의 집에서 행하여져야 한다는 것에 추호의 논의도 있어서는 안 된다고 믿는다. Walter에게는 이것 또한 신의 도래를 가리키는 사회의 도덕적 부패의 한 예이다.

적용 질문

Cattell의 특성 이론 접근을 사용하여, 다음의 질문에 대한 답을 함으로써 Walter의 성격을 기술하라.

1. 만일 신학교와 성경학교에 Walter의 출석을 태도로서 고려한다면(Cattell의 정의에 따라), 그러한 행동의 동기가 되는 감정은 무엇인가? 설명하라.

2. Cattell의 이론에 따르면, Walter의 전문 직업 선택의 동기가 되는 에르그는 무엇인가? 설명하라.

3. Cattell의 특성 접근에 따르면, Walter의 결혼과 가족 형성의 동기가 되는 에르그는 무엇인가? 설명하라.

4. Walter가 높은 점수를 받게 될지도 모르는 Cattell의 16가지 근원 특성들의 몇 가지를 나열하라. Walter는 어느 것에서 가장 낮은 점수로 받게 될 것인가? 설명하라.

5. Cattell의 특성 접근에 따라, Walter의 기질 특성을 기술하라.

6. Cattell의 이론에 따라, Walter의 능력 특성을 기술하라.

이론 비교 질문

1. Fromm의 성격 지향은 Cattell에 의해 논의된 특성들과 어떻게 비교되는가?

2. Walter의 행동에 Adler의 이론을 적용하라. Adler의 생활 양식은 Cattell에 의해 논의된 특성들과 어떻게 비교할 수 있는가?

✳

사례연구 34

Raymond Cattell

Brian은 31세의 제대 군인이었다. 그는 수년 전 이라크 전쟁에서 심각한 상해를 입었기 때문에 집으로 귀향하였다. 그가 보초를 서고 있던 검문소 근처에서 자동차 폭발이 있었다. 그 폭발은 그의 왼쪽 다리를 산산조각 내버렸고, 그의 어깨를 탈골시켰고 무의식에 빠지게 했다. 의술은 그의 다리를 살려내지 못했다; 무릎 아래를 절단해야만 했다. 그러나 그는 "행운아" 중의 한 사람이었다. 두 명의 친구와 동료 병사들은 그 폭발로 사망하였다. 집으로 돌아온 후, Brian은 다리 상실로 인해 황폐화되었는데, 다리를 잃은 것뿐만 아니라 친구마저도 잃어버렸다. 그는 전쟁에서 용감하게 싸운 많은 친구들을 잃었다.

처음에 Brain은 전투에 참가할 계획이 아니었다. 그는 대학 등록금을 내기 위해 부가적인 수입이 필요했기 때문에 보충병에 지원했다. 그는 가족 중에 처음으로 대학에 간 사람이었다. 조부모는 Mexico에서 미국으로 수년 전에 이민해왔고 이주 노동자로 농장에서 일을 하였다. 그의 부모는 더 잘 정착했고 Brain은 태어난 후 줄곧 같은 집에 살았다. 그의 부모는 결코 대학에 다녀 본 적이 없었지만, 그들의 꿈은 자식들이 더 나은 삶은 사는 것이었고, 더 나은 삶을 위한 유일한 방법이 대학에 가는 것이라고 생각했다. 그의 부모는 저임금을 받고 일을 했기 때문에 Brian이 대학을 다니는 동안 재정적으로 지원을 하지 못했다. 그의 어머니는 식당 요리사였다; 그의 아버지는 조경 일을 하였다. 그럼에도 불구하고, 그들은 Brain의 대학에 대한 열망에 정서적으로 매우 지지적이었다.

Brain은 군대에 지원했을 때, 미국 바깥에서 근무하게 될 것 같지 않은 것은 물론이고, 전시 근무에 소집될 것이라고도 생각하지는 않았다; 9.11 전에 그리고 이라크 전쟁이 시작하기 전에 보충병으로 지원하게 되었다. 그러나 그는 소집되었으며, 의무적으로 그의 학교를 휴학하게 되었고 나라에 봉사하게 되었다. 그는 이러한 부분에 대해 혼합된 감정을 가졌다. Brain은 미국인이라는 것을 분명 자랑스러워했고 그의 나라를 테러리스트들로부터 보호하려 했지만, 또한 이러한 입장에서 복무를 해야 된다는 것에 놀라고 조금은 화가 났었다. 그는 믿음이나 무언의 계약이 파괴된 것 같이 느꼈다. 보충병으로서 그는 전쟁이 일어날 경우에 소집되지 않을 것이라고 생각하였는데, 왜냐하면 오랫동안 그것은 사실이었기 때문이다. 그리고 그는 전쟁에서 장애를 입고 귀향했을 때 더 화가 났다. 그는 군대에 화가 났다. 그는 온전치 못함, 무기력감 및 부적당감으로 화가 났다. 그는 걷는 데도 도움이 필요했고 간단한 과제를 완성하는 데도 도움이 필요하다는 것에 화가 났다. 더 이상 친구들과 축구를 할 수 없음에 화가 났다. 그리고 그는 더 이상 여자들이 다리가 없는 그의 모습에 관심조차 갖지 않는다는 생각을 했기 때문에 화가 났다.

이러한 화는 Brian이 알코올로 위안을 찾도록 만들었다. 초기에, Brian은 잠을 잘 자기 위해 저녁에 술을 마시기 시작했다. 전쟁에서 돌아온 후부터, 그는 불면증으로 죽을 지경이 되었다. 그러나 잠자기 전에 마시는 몇 잔의 맥주는 저녁시간 내내 맥주로 이어져서 와인 만찬으로까지 변해갔다. Brian은 저녁에 느껴지는 무감각함을 좋아한다는 것을 알아차렸다. 맥주와 와인은 전쟁에서의 나쁜 기억을 약화시켰고 수많은 친구들이 전쟁 동안 살아남지 못했지만 자신만이 살아있는 것에 대한 죄책감을 약화시켰다. 이것이 결국에는 심지어 이른 시간부터 음주를 시작하도록 하였다. 부모님은 그의 음주에 대해 걱정하게 되었다. 그들은 Brian이 알코올 중독이라 확신하였지만, 그들이 이 주제에 대해 꺼내면, 그는 말을 막아버렸다. 그리고 그들은 아들에 대해 너무 나쁜 감정을 가지고 있기 때문에 도움을 구하는 것에 대해 아들에게 압력을 가하는 것을 꺼려하였다.

그의 어린 시절 친구들 또한 Brian이 전쟁에서 돌아오고 난 후부터 변했다는 것을 알아차렸다. Brian과 가까이 지내던 고등학교시절 여자 친구들은 그가 전쟁이 있기 전에는 매우 따뜻하고 자상했다고 설명하였다. 이제 그는 멀어지고 거리를 두는 것처럼 보인다. 그의 남자 친구들도 변화를 알아차렸다: 그는 조마조마해 보이고 성깔을 부렸고, 조용하고, 경계를 많이 하며 조심하는 것처럼 보인다 ― Brian은 그들과 함께 자랄 때에는 힘이 넘쳤고, 안정적이었고 매우 단단했지만, 그때와는 완전 큰 변화를 보이고 있다. Brian은 아동이었을 때 무리에서 리더였다. 가까이 살고 있었던 많은 다른 아이들과 평화로웠고, 친구들과 함께 학교가 끝난 후 같이 놀고, 야구도 하고, 축구도 하고 술래잡기도 하였다. 긴 여름 동안, 그는 항상 새로운 아이디어를 가지고 무엇을 할지에 대해 생각했다. 그리고 그의 수많은 아이디어들은 야망이 있었고 대담하였다. 그와 그의 친구들은 스케이트보드 경사로를 만들고 그곳에서 묘기를 연습하였다; 그들은 카니발 쇼인 양 함께 하였고 스케이트보드 길뿐만 아니라 자전거 묘기까지도 수행하였다. 그러나 이제, Brian은 흥미로운 것은 아무것도 하려 하지 않는다. 친구들이 새로운 클럽을 시험하려 밖에 나가자고 할 때조차도, Brian은 불가피하게 떨어져 나가게 되었다. 그들이 Brian의 집에 방문할 때에도, 그와 이야기하기는 어려웠다. 그는 초인종 소리에 놀라고 너무 많은 친구들이 한꺼번에 오는 것에 매우 초조해 했다. 이것은 마치 그들이 떠나기까지 기다릴 수 없는 것처럼 보였다. 그리고 부모는 그의 불안이 일단 친구들이 가버리고 나면 줄어든다는 것을 알아차렸다. 그들은 Brian의 불안감을 감소시키기 위하여 잠시나마 그로부터 멀리 떨어져 있어보면 어떻게 될지 궁금했지만, 이미 다른 사람들과 너무 많이 떨어져서 고립이 되어 버린 그를 더 고립시키는 것이 좋은 생각인지 아닌지에 대해 확신을 할 수 없었다.

적용 질문

Cattell의 특성 이론 접근을 사용하여, 다음의 질문에 대한 답을 함으로써 Brian의 성격을 기술하라.

1. 종속사슬(subsidiation chain)은 무엇인가? 만일 이라크에서 Brian의 복무를 태도로 고려한다면(Cattell의 정의에 따라서), 이 사례와 관련된 종속사슬을 설명하라. 그러한 행동의 동기가 되는 감정은 무엇인가? Brian의 전문 직업 선택의 동기가 되는 에르그는 무엇인가? 설명하라.

2. Brian의 알코올 중독을 태도로 고려한다면(Cattell의 정의에 따르면), 이와 관련된 종속사슬을 설명하라. 그러한 행동의 동기가 되는 감정과 에르그는 무엇인가? 설명하라.

3. Cattell에 따르면 근원 특성과 표면 특성간의 차이는 무엇인가? 이라크에서의 복무 전과 후에 나타난 Brian의 근원 특성과 표면 특성은 무엇인가? 당신의 답을 지 지하는 사례에서 증거를 활용하라.

4. Brian의 성격을 이라크 참전 전과 후에 상이하게 묘사하는 것에 대해서 Cattell은 어떻게 정당화할 수 있을까? Cattell은 성격 특성이 시간이 경과되어도 안정적이라 고 생각하였는가?

이론 비교 질문

1. Cattell의 이상 행동에 대한 개념화는 Horney의 개념화와 어떻게 비교될 수 있는가?

2. 생물학과 환경의 영향에 대한 Cattell의 아이디어를 McCrae와 Costa의 아이디어와 비교하라.

유용한 힌트

당신은 사례 33 또는 34를 위한 적용 질문들의 일부를 대답하는 데 문제가 있는가? 다음이 도움이 될 것이다.

Cattell은 성격의 구조에 대한 연구에서 특성들은 많은 범주로 분류될 수 있다고 논의하였다. 개중에는 역동적 특성들이 있다. 이것들은 타고난 동기적인 특성들인데, 이것은 어떤 사람이 왜 그런 식으로 행동하는지를 설명한다. 이러한 역동적 특성들은 차례로 하위범주로 더 나눠질 수 있다: 에르그, 감정 및 태도. 에르그는 타고난 것이고, 학습되지 않은 동기화된 특성이다; 감정은 상당히 일반적이고, 학습된 동기화된 특성이다; 그리고 태도는 꽤 구체적으로 동기화된 특성이다.

(Cattell의 태도에 대한 용어 대 오늘날의 용어 사용에서의 차이를 주목하라.) 에르그, 감정 및 태도간의 관계는 종속사슬에서 발견된다. 종속사슬을 정의하는 가장 좋은 방법은 "왜?"라는 질문을 계속적으로 하는 것이다. 당신이 구체적인 행동(태도)을 검증하려 한다면, 한 사람이 그러한 행동을 하게 되는 이유를 묻고, 그 대답은 거의 확실하게 감정이 될 것이다. 그런 다음 그 감정이 일어나는 이유를 묻게 되고, 그 대답은 거의 확실하게 에르그가 될 것이다. 수많은 서로 얽혀 있는 종속사슬이 함께 하여 역동적 격자로서 나타내어진다. 특성 유형(역동)과 서로 얽혀 있는 구조(격자)에 대한 용어에서 참조점을 찾아라.

Robert McCrae(1949-)와
Paul Costa(1942-)

5요인 이론

왜 이 이론을 배우는가?

공헌

McCrae와 Costa의 5요인 이론은 성격의 기본 구조와 기본적 특성을 이해하는 흥미를 새롭게 하는 데 산파 역할을 해왔다. 그 5요인에 관한 연구에서의 발견은 어떤 성격 특징들은 함께 군집을 이루어서 다섯 가지 기본적 특성을 형성한다는 것을 밝혀주었다. 이것은 때때로 하나의 이론이 아니라 단순히 연구 결과로 보인다. 그러므로 일부는 그 이론을 하나의 이론이라기보다는 모형보다는 조금 더 나은 것이라고 비판한다. 이 비판자들은 성격을 이해하기보다는 단순히 성격을 기술하는 하나의 방식이라고 주장한다. 예를 들어, 이 이론은 성격이 어떻게 발달하는지 또는 행동을 형성하는 데 상황이 어떻게 성격과 상호작용하는지를 설명하지 않고 있다. 그렇지만, McCrae와 Costa는 생물학적 요인과 다른 유전적 요인들이 또한 성격에 어떻게 영향을 미치는지에 대한 설명을 포함시키기 위해 5요인 모형을 확장시켰다(예, 특성에 대한 생물학적인 토대를 제공함으로써). 그들은 마찬가지로 사회적 요인과 상황적 요인이 행동과 성격에 미치는 영향에 대한 논의를 포함시키기 위해 그들의 이론을 확장시켰다. 이러한 이유 때문에, 다른 성격 심리학자들은 5요인을 적어도 부분적으로는 경험적 발견들에 의해 지지되는 매우 포괄적인 이론으로 보았다. 5요인 모형이 연구에 의해 상당히 지지되어 온 반면에 McCrae와 Costa의 5요인 이론은 훨씬 더 새롭고 덜 연구된 공식이다. 여느 이론과 마찬가지로 어느 경우든 간에, 5요인 이론이 제공하는 가장 가치 있고 실제적인 통찰을 5요인 이론으로부터 취하는 것이 중요하다. 5요인에 있어서, 이것은 특성 이론들에서의 더 새로워진 관심을 의미한다. 이것은 또한 과학으로서, 더 새로운 5요인 이론으로서의 성격 심리학에 대한 강조는 확실히 과학적 발견을 위한 충분한 기회를 제공한다는 것을 의미한다. 이 이론이 경험적으로 지지받으려면 직업의 선택과 임상적 진단 영역에서 거대한 적용 가치를 잠재적으로 지녀야 할 것이다.

사례연구 35

Robert McCrae와
Paul Costa

Eric은 중서부에 있는 중간 크기의 대학교에서 기상학과 조교수를 시작하게 되었다. 가끔 그는 자신이 어떻게 이만큼 오게 되었는지 생각한다. 대학원 시절, 그는 항상 만약 그가 성공하게 된다면 그것은 자신의 석사 학위 논문이나 박사 학위 논문 또는 자신이 쓴 논문들 때문이어야 한다고 생각했다. 그는 신체적으로 매력이 없고, 자기 자신이 아프게도 그런 사실을 알고 있다. 이와 유사하게, 그는 그의 사회적 기술이 최고가 아님을 알고 있다. 그렇기 때문에 사람들과 관련되어 만나는 직업을 그는 가지지 못할 것이라고 생각하였다. 그는 자신이 면접에서 다 떨어질 것이고 사람들과 만나지 않게 되는 글을 쓰고 연구하는 능력 때문에 직장을 얻게 될 것이라고 생각하였다.

Eric은 대학원에서도 잘 어울리지 못하는 학생이었다. 그는 기상학과에서 홀로 있는 유대인 학생이었고 그 자신도 그것을 잘 알고 있었다. 사실 그는 가끔 다른 사람들이 유대인의 휴일 같은 Yom Kippur를 생각나게 해 줄 수 있는 사람이었다. 그는 자신이 유대인 혈통이라는 것을 무척 자랑스럽게 여겼다. 이것은 그가 확실히 가지고 있는 특성 중 하나였고, 다른 사람들의 유대인 문화에 대한 관심이 증가하는 것에 즐거워하였다. 하지만 그의 편집증적인 행동 때문에 이런 즐거움은 상쇄되었다. 그는 자신이 유대인이기 때문에 학대당한다고 자주 느꼈다. 어쨌든 상상이든 사실이든, 유대사상과 반대적이었다. 우리가 인생을 살면서 한 번씩은 겪는 이런 공격들은 사실 그가 유대인이라기보다는 그의 성격 때문이었다. 예를 들어 그는 대학원생으로 그의 사회적 기술이 결여되어서 교수의 조교로 일을 해달라는 부탁을 받지 못하였다. 학과의 교수들은 그가 필요한 것들을 다 채워서 일을 하지 못할 것이라고 믿었다. 하지만 Eric은 자신의 민족성 때문에 차별을 받는 것이라고 생각하였다.

Eric은 대단히 정밀한 연구자였다. 그의 논문은 5일 동안 지속되었던 하나의 폭풍에 관한 것이었다. 그는 이것을 2년 동안 공부를 하였고, 다른 1년은 이것에 대해 쓰며 시간을 보냈었다. 비록 이것은 아주 특수한 것이었지만 아주 좋은 논문이었고 전국적인 논문집에 실리게 되었다.

이렇듯 그는 기상학과 학생들이 일주일에 한 번씩 하고 노는 일기예보 맞추기 게임에서도 아주 정확하게 결정을 내리곤 하였다. 이것은 대학원생 중에서 5일 동안 기상을 가장 정확하게 맞춘 사람이 이기는 게임이었다. Eric은 자신의 예상을 위해서 많은 시간을 소비했고 이런 작은 활동에도 Eric은 편집증적인 모습을 보였다. 그는 다른 사람들이 자신이 기본으로 잡은 것을 토대로 더 발달시켜 더 좋은 것을 만들어 게임에 이길 것이라는 걱정을 하였다. 그렇기 때문에 Eric은 자신의 일기예보에 관해서 굉장히 비밀스러웠고 가장 빨리 결과를 내었더라도 거의 마지막으로 자신의 예보를 내어놓았다.

Eric의 이러한 조심스러운 성향은 일을 하지 않는 모습인 혼자 생활할 때에도 보였는데 그의 판타지 야구리그에서였다. 그는 이런 게임을 하게 될 때면 지금은 인터넷으로 게임을 하지만 그때에는 편지로 하였기 때문에 편지로 게임을 하였다. 이런 리그에서 그 시즌의 야구선수들은 자신들만의 팀을 구성하여 그들의 특성을 살리며 게임을 하고 그 게임이 어떤 줄을 타게 되는지 결정하게 된다. 리그의 선수들은 서로에게 필요한 정보를 보내고 나서 정보를 받고 게임을 하고 나서 그 결과를 다음 사람에게 전달한다. 이런 활동은 인터넷이든 편지로든 Eric에게 잘 맞았는데 사람들과 만나기 싫어하기 때문이었다. 그는 밖에 잘 나가지 않았으며 그는 비록 이성을 좋아하지만 여자를 피하기 위해서 최선을 다했다. 그는 어떤 여자도 자기에게 관심이 없을 것이라 생각하였는데 그것은 자신이 신체적으로 매력적이지 못해서라고 생각하였다. 사실 기상학과 일학년 때에 어떤 여자가 대학원생들을 알고 싶어서 노력하고 있을 때에 그는 "나는 Eric인데 넌 나에 대해서 알고 싶지 않을 거야" 라고 하였다. 그는 대학원에 있을 때에 적은 수의 친구들을 사귀었다. 그들은 모두 그와 잘 맞지 않았지만 이런 관계를 발전시키는 데 오랜 시간이 걸렸다. 그리고 다른 대학원생들은 그가 좋아하지 않거나 믿지 않는 사람들이었다. 그는 자신 스스로도 다른 대학원생들에게 하듯 자기경시와 박해신념을 가지고 관대하지 않게 대했다. 그러나 다른 사람들조차 이러한 행동들은 Eric을 몇몇 다른 대학원생들로부터 멀어지게 했다. 예를 들어 그의 방은 과의 메일룸 옆에 있어서 많은 사람들이 왔다 갔다 하였다. 그의 방을 같이 쓰는 사람은 친근하게 대하려고 반가워하고 편지를 가지러

온 사람들과 대화를 하였다. 이것은 Eric을 짜증나게 하였는데 "나 지금 일하고 있어!"라고 외치곤 하였다. 그는 또한 그 방을 쓰는 동료가 너무 라디오를 켜놓기 때문에 집중력이 흩트려진다고 불평을 하였다.

　　Eric의 몇몇 친구들은 그가 다른 활동을 하게 하려고 하였지만 매번 실패하였다. 그는 박물관도 가기 싫어하였고 운동도 하지 않았으며 연극도 싫어하였다.

　　Eric은 간단하고 복잡하지 않은 인생을 더 편안해 하였다. 그가 하는 많은 일들에는 그만의 방식이 정해져 있었다. 옷 입는 것과 아파트는 모두 실용적이며 못 입을 정도로 헤어질 경우에는 비슷한 옷으로 대체를 하였다. 그는 스타일에 대한 감각이 없으며 자신의 아파트와 옷 입는 것이 예술적으로 만족스러운 것에 대해서 상관하지 않았다. 사실 그가 가지고 있는 가장 화려한 것은 Boston Red Sox의 야구모자이다.

적용 질문

McCrae와 Costa의 5요인 이론을 사용하여, 다음 질문에 대한 답을 함으로써 Eric의 성격을 기술하라.

1. Eric의 성향은 어떻게 특징지어질 수 있는가? 그는 신경질적인가 아니면 정서적으로 안정적인가? 당신의 답을 지지할 수 있는 근거들을 사례에서 찾아라.

2. Eric은 내향적으로 범주화되는가 또는 외향적으로 범주화되는가? 설명하라.

3. 이 사례에 나오는 증거를 기반으로 볼 때, Eric이 개방적으로 특징지어질 수 있는
   가 아니면 관습적인 것으로 특징지어질 수 있는가? 설명하라.

4. 이 사례에 나오는 증거를 기반으로 볼 때, Eric은 수용성에서 높은 점수인가 아니면 낮은 점수인가? 설명하라.

5. 사례에 따르면, Eric은 성실한가 아니면 목적을 잃었는가? 설명하라.

이론 비교 질문

1. Horney의 어떤 신경증 경향이 Eric을 나타낼 수 있는가? 이런 경향들은 McCrae와
   Costa의 특성들과 어떻게 비교할 수 있는가?

2. Allport의 이론에 따르면, 무엇이 Eric의 중심 성향인가?

3. Allport, Cattell 및 McCrae와 Costa의 특성을 비교하라. 어떻게 다른가? 또 어떻게 같은가?

사례연구 36

Robert McCrae와
Paul Costa

Subira는 뉴욕에 살고 있는 20세 흑인 여성이다. 발버둥치는 배우로서 그녀는 맨하튼에 있는 최신 유행의 레스토랑에서 웨이트리스로 살아간다. 이 직업은 그녀가 평생 동안 가지려는 직업이 아니다; 그녀는 브로드웨이로 들어가기를 간절히 원하지만, 팁으로 많은 돈을 벌고 있고 — 비싼 뉴욕에서 필수품 — 웨이트리스 일을 기교를 연마할 기회로 보고 있다: 그녀가 웨이트리스 일을 할 때 매일 저녁 상이한 역할을 시험적으로 적용하고 있다. 이러한 방법으로 직업을 그만 둘 때까지 현 직장에서 돈을 버는 동안 연기를 연습할 수 있었다. 그녀가 웨이트리스로 연습하는 역할들은 매우 사교적이고, 정열적이고, 우렁찼다. 그녀의 친구들은 그녀를 매우 부끄러움이 많다고 설명했기 때문에 매우 흥미로웠다. 이러한 모순은 또한 오디션에서 눈에 띄었다. 오디션 동안 그녀는 매우 외향적이었다; 그녀는 에너지와 감정을 확신에 차서 투사할 수 있었다 — 심장이 찢어질 듯 한 감정 — 그러나, 그녀가 친구들 및 애인과 상호작용할 때는 훨씬 더 말수가 적었다.

Subira가 웨이트리스로 버는 돈이 의식주를 유지하는 데는 충분했지만, 대부분의 사람들이 원하는 것처럼 그녀도 더 많이, 더 많이 벌기를 원했다. 그녀는 성형수술을 하기 위한 돈을 조금씩 모았다. 일반적으로, 자신의 외모에 대해 자의식이 강했다. 그녀가 단지 6(28인치)을 입지만, 너무 뚱뚱하다고 걱정하였다. 코는 너무 크고 가슴은 너무 작다고 생각했다. 사실, 대부분의 사람들이 그녀가 아름답다고 생각했지만, 그녀는 더 완벽하게 보이기 위한 변화를 희망했다. 그녀는 또한 흑인으로 덜 보이기를 소망했다. 코를 고치기 위해 그리고 가슴을 크게 하기 위해 모은 모든 달러는 그녀가 여배우라면 **보여져야만 된다**고 생각하는 것과 더 가까워지는 달러이다. Subira는 오디션에 참가하고 있는 대부분의 사람들이 자신보다 더 날씬하고 또한, 백인이라는 것을 볼 때, 오디션 동안 그녀의 외모에 대해 특히 취약함을 느꼈다. 이러한 외모에 대한 불안은 그녀의 애인, Gordon에게 걱정을 야기했다. Gordon 또한 흑인이었지만, 백인 여성이 흑인여성보다 더 매력적이라는 Subira의 암묵적인 생각에 특히 분개하였다.

다른 사람들과 마찬가지로, Gordon 또한 Subira가 아름답다고 생각했다. 그는 특히 그녀의 옷 입는 방식을 좋아했다. 여러분들도 그녀를 보면 예술적 감각이 있고, 상상력이 풍부하고 틀에 박히지 않았다고 말할 수 있다. 그녀는 보헤미안스타일로 옷을 입고, 때로 아프리카계 미국 스타일을 포함해 다른 문화의 양식으로도 옷을 입었다. 다른 문화에 대한 그녀의 관심은 또한 상이한 유형의 음식을 먹어보는 것을 좋아하는 것에서도 분명하다. 그녀가 선호하는 음식 중 하나가 에티오피아 음식이다. Subira가 좋아하는 다른 활동들은 Greenwich Village에서 시간을 보내는 것, 길을 찾아다니며 그곳의 사람들을 관찰하는 것을 포함한다. 이러한 관찰들이 그녀가 연극을 하는 캐릭터들을 발전시킬 때 선택할 더 많은 아이디어를 준다. 사실, 그녀는 일반적으로 기교와 캐릭터를 발전시키기 위해 가능한 많은 새로운 경험들을 해본다. 그녀는 직접 새로운 곳과 문화를 보러 여행하는 것을 좋아했지만, 그것을 할 형편이 되지 않았다.

그녀의 연기 기술을 발달시키려는 이러한 부지런함은 또한 수많은 연기 수업, 세미나 및 워크숍에 참여하는 것으로 나타나는 것에서 주목된다. 그녀는 끈질기게 오디션에 참가하였고 매우 유명한 프로덕션은 아니었지만 이미 작은 역할들을 일부 맡았다. 그녀는 브로드웨이에서 "성공하기"로 결심했지만, 그녀의 경력은 때로는 친구들과 낭만적인 관계로 방해를 받았다. 왜냐하면 그녀는 연기 수업과 오디션에 참여하고 웨이트리스로 일을 하는 데 너무 바빠서, 종종 친구들을 만나거나 애인을 만날 때 늦게서야 달려오곤 했다. 때로는 오디션이 길었기 때문에 점심 데이트에 나가질 못했다. 사실, Subira는 시간약속을 잘 지키지 않았고 때로는, 예를 들어, 누군가 그날 일을 하지 못했을 경우 대처해야 할 때, 그녀가 대신 하기로 해놓고 일하는 것조차 잊어버리기도 하였다. 친구들과 동료들은 항상 그녀의 이러한 행동들을 용서하였다. 그녀는 항상 진짜 위기를 헤쳐 나가는데, 만일 약간 지체된다면, 충성스럽고 돌보아주는 것은 친구였다. 그녀는 항상 친구가 문제를 들고 오거나 만일 그들이 약간의 현금이 필요할 때면 언제나 동정적이었다. Subira는 자신이 할 수만 있다면 끝까지 도왔다. 친구들은 또한 비위를 맞추는 데 어렵지 않기 때문에 그녀를 좋아한다. 그들이 어디를 갈지 무엇을 할지에 대해 제안을 내놓을 때, 그들은 종종 "눈에

띄는" 어떠한 클럽에 가기로 압력을 행사하는 다른 배우들과는 달리 그녀는 즉각적
으로 동의를 한다.

적용 질문

McCrae와 Costa의 5요인 이론을 사용하여, 다음 질문에 대한 답을 함으로써 Subira의
성격을 기술하라.

1. McCrae와 Costa가 내향성과 외향성으로 의미하는 것은 무엇인가? Subira는 내향
   적인가 또는 외향적인가? 당신의 답을 지지할 수 있는 근거들을 사례에서 예를
   찾아라.

2. McCrae와 Costa가 신경증으로 의미하는 것은 무엇인가? Subira의 점수는 이 차원에서 높은가 낮은가? 당신의 답을 지지할 수 있는 근거들을 사례에서 예를 찾아라.

3. McCrae와 Costa가 경험에 대한 개방성으로 의미하는 것은 무엇인가? Subira의 점수는 이 차원에서 높은가 낮은가? 당신의 답을 지지할 수 있는 근거들을 사례에서 예를 찾아라.

4. McCrae와 Costa가 수용성으로 의미하는 것은 무엇인가? Subira의 점수는 이 차원
   에서 높은가 낮은가? 당신의 답을 지지할 수 있는 근거들을 사례에서 예를 찾아라.

5. McCrae와 Costa가 성실성으로 의미하는 것은 무엇인가? Subira의 점수는 이 차원에
   서 높은가 낮은가? 당신의 답을 지지할 수 있는 근거들을 사례에서 예를 찾아라.

6. McCrae와 Costa는 Subira의 행동에서 일부의 비일관성을 어떻게 설명하는가(예, 친구들을 만날 때 종종 늦지만 오디션은 그렇지 않은 점)?

이론 비교 질문

1. McCrae와 Costa의 자기-개념에 대한 사고와 Bandura와 Rogers의 자기 개념과 비교하라. 어떻게 같은가? 어떻게 다른가?

2. McCrae와 Costa의 5요인 이론을 Bandura의 상호 결정론 모형과 비교하라.

3. McCrae와 Costa의 내향성과 외향성 개념화를 Jung의 개념화와 비교하라.

유용한 힌트

당신은 사례 35 또는 36을 위한 적용 질문들의 일부를 대답하는 데 문제가 있는가? 다음이 도움이 될 것이다.

McCrae와 Costa는 성격이 5가지 기본적 특성으로 이루어져 있는데, 사람들은 낮은 범위에서 높은 범위까지 점수를 받는다고 제안하였다. 점수들의 조합은 한 사람을 독특하게 만든다. 이러한 특성은 신경증, 외향성/내향성, 경험에 대한 개방성, 수용성 및 성실성이다. 이러한 것들은 생물학적 기초를 가지고 있다. 그렇지만, McCrae와 Costa의 이론은 성격의 구조를 확인하는 데 분류 체계를 넘어서고 있다. 그들은 또한 성격발달 그리고 환경(예, 문화)이 행동 및 성격에 미치는 영향과 같은 성격의 다른 측면들을 설명하는 이론을 발달시켰다. McCrae와 Costa는 행동이 세 가지 주요 구성요소에 의해 결정된다고 제안한다: 기본적 경향성(생물학적이고 안정적인 것), 특징적 적응(유연성뿐만 아니라 환경적으로, 문화적으로 그리고 상황적으로 결정되는 것) 및 자기-개념(매우 중요한 특징적 적응인 것). 행동은 또한 세 가지 말초적 구성요소에 의해 예측된다: 생물학(뇌 영향, 유전, 호르몬), 객관적인 전기(한 사람의 평생을 통한 경험) 및 외부 영향(상황과 같은).

✳

진화심리학

왜 이 이론을 배우는가?

공헌

진화심리학이 논란이 많은 것은 의심할 여지가 없지만, 이러한 논란은 이 이론이 성격심리학을 포함한 심리학 분야에서 지대한 영향을 끼치고 있다는 증거이다. 당신이 이 이론을 지지하는 데 동의를 하든지 안 하든지 간에 행동에 관한 이러한 사고양식이 많은 심리학 분야에 영향을 끼쳤다는 것을 부정하지 못 할 것이다. 이것은 강간, 왜 남자들은 다수의 성적인 파트너들을 선호하는지, 그리고 왜 여자들은 일부일처제를 선호하는지와 같은 성적인 행동들에 대한 설명으로서 사용되어진다. 이것은 또한 공격성 그리고 돕는 행동들과 같은 비 성적인 행동들을 설명하는 데도 사용된다.

본질적으로, 진화심리학은 우리의 신체적 특징들을 진화시키고 변화시키게 해준 동일한 과정이 또한 우리의 사회적 과정, 즉 우리의 행동에도 원인이 있다고 주장한다. 따라서, 오늘날 존재하는 사회적 행동들은 그것들의 진화적인 이득이 있기 때문에 행해진다. 그것들에 대한 생물학적 토대가 유전적 영향을 통해서 전달되었기 때문에 진화되었다. 예를 들어, 신경연결 혹은 뇌 구조를 결정하는 유전자들은 행동을 통제할 수 있는데, 생식을 통하여 한 세대로부터 다음 세대로 전달되어 왔다. 이러한 사고의 유형은 행동의 생물학적 기반 그리고 천성/양육 논쟁에서 새로워진 흥미를 극적으로 창출하였다. 어떤 성격 특징들에 대한 유전자의 존재 유무에 관한 질문들은 이러한 이론적 사고 학파와 확실하게 관련성이 있다.

사례연구 37

진화심리학

Latisha는 응급실에 있는 테이블에 누워서 그녀가 어떻게 여기까지 오게 되었는지 생각하고 있다. 그녀의 남편인 Jeremy는 그녀를 반시간 정도를 구타하고서는 그녀를 마루에 둔 채 아파트를 나갔다. 매 맞는 것 자체는 그렇게 놀랍지는 않았다; 그녀는 Jeremy가 때리는 것에 익숙했다. 2년째 그러고 있는 것이었다. 그녀는 그가 "이성을 이제 잃을 것"이라는 경고 신호도 알아챈다. 그는 지난 일주일 동안 몹시도 비판적이었다. 그는 모든 것에 대해 불평을 하였고 잘못된 일들과 그가 좋아하지 않는 일들 혹은 그의 뜻대로 되지 않은 일들에 대해서 그녀를 탓하였다. 어제는 그녀가 저녁을 너무 늦게 만들었고 치킨을 먹고 싶지 않다며 불평을 하였다. 그는 그녀에게 그가 좋아하지 않는 음식을 만들었으며 그녀가 그것도 모르는 것이 멍청하다고까지 말하였다. 그 전날 Jeremy는 빨래에 대해서 불만족을 표현하였는데 자신의 셔츠가 다림질 후에도 주름이 져있으며 양말과 속옷이 제대로 된 서랍에 들어가 있지 않고 이런 것을 맞게 하지 못하는 것은 그녀가 게을러서라고 하였다. 그 전전날에 Latisha는 Jeremy에게 그녀가 새로 만든 신용카드 요금에 대해서 질문을 하였다. 그는 그렇게 큰 액수를 사용한 것에 대해 물은 것 이상으로, 그녀가 그 계산서를 본 것에 대해서 격분하였다. 그는 그녀에게 상관하지 말라고 말했고 참견하지 못하게 하였다. 심지어 Latisha가 그들의 재정에 관하여 Jeremy에게 물었음에도 불구하고, 그는 어떤 정보도 그녀에게 제공하지 않았다.

대신, 그는 그녀가 돈의 개념이 없다고 말했고, 그래서 그녀에게 그것을 설명하면서 시간 낭비할 이유가 없다고 말했다. 사실, Jeremy는 철저하게 자신의 돈을 통제하고 있었다. 심지어 Latish가 은행 창구에서 시간제로 일했을 때조차도, 급여를 관리하지 않았으며, 본적조차 없었다. 그녀는 자신의 급여를 Jeremy에게 건네주었던 것이다. 그는 약간의 집세와 식료품 구입비를 그녀에게 건네주었다. 이런 식의 재정

관리가 결혼 초부터 시작되었다. Jeremy는 재정관리를 위해 컴퓨터 프로그램을 구입했다. Latisha가 이를 달가워하지 않았고, 그녀가 컴퓨터 사용과 이해를 어려워함에도 불구하고 그것을 사용하도록 주장하였다. 그녀가 컴퓨터 사용을 좋아하지 않는다는 것을 알고 있음에도 불구하고, 이러한 소프트웨어 구입을 하는 Jeremy를 이해할 수가 없었다. 그녀는 이 프로그램을 이용할 수 없었고, Jeremy는 그녀가 지쳐있거나 수면을 취하길 원하는 늦은 밤 외에는 그녀에게 그 프로그램에 관한 어떤 것도 설명하려 들지 않았다. 그녀는 마침내 포기했고 재정을 그에게 넘겼다.

이번 공격의 전조는 그들이 참석한 파티에서 그녀가 다른 남자와 이야기했다는 것이었다. Jeremy는 항상 질투하였고, 심지어 그들이 데이트할 때도 그랬었다. 그러나 그들이 결혼한 이후 더욱더 심각해졌다. Jeremy는 결코 Latisha가 그의 친구를 만나기를 원하지 않았고 그녀가 남자친구를 갖지 못하도록 하였다. 그는 다른 남자들을 본 것에 대해 그녀를 계속 비난하였고, 때때로 그녀가 그들과 개인적인 관계를 맺으려 한다고 추정하였다. 이날 저녁 Latisha는 파티에서 옛날 대학 친구를 만났고, 그와 함께 예전 시간으로 되돌아 가고 있었다. Jeremy와 그 파티 장소를 떠났을 때, 그녀는 뭔가 잘못되었다는 것을 즉시 알 수 있었다. 그 자리를 떠나 집으로 돌아오는 차 안에서 그녀에게 매우 냉냉하게 대하였다. 집에 도착했을 때, 그녀가 대학친구와 시시덕거리고 그와 함께 다음에 만날 것을 약속한 것에 대해 비난하였다. 그리고 나서 그녀를 때렸다. 그녀가 그 친구와 어떠한 성적 관심도 없다고 부인했을 때, 그는 더욱 격분하여 그녀를 때리고 발로 차기를 계속하였다. 그리고 그녀를 바닥에 쓰러뜨린 채 집 밖으로 뛰쳐나갔다. Latisha는 자신이 다쳤고 의료적 치료가 필요하다는 것을 알았지만 병원으로 갈 수 없었다. 마침내 친구에게 전화를 했고, 그 친구는 그녀를 병원 응급실로 데려갔다.

응급실에 누워있을 때, 그곳에 그녀를 데려다 줄 친구가 있었다는 것이 행운이라고 생각하였다. 그녀는 거의 친구가 없었다. 결혼 전에는 많은 친구가 있었지만 Jeremy는 그녀가 있는 곳과 그녀와 함께 있는 사람을 항상 알릴 것을 주장하였다. 더욱이 그녀와 함께 있는 사람에 관하여 특별히 알고 싶어 하였다. 하나씩 하나씩 Jeremy는 그들에게 무례하게 대하거나, 그들에게 전화하거나 계속 만나는 것을 금함으로써 친구들로부터 멀어지게 만드는 것 같았다. 그녀는 심지어 가족과도 거의 접촉을 하지 않았는데, Jeremy가 원하지 않았기 때문이었다.

Latisha는 다시 폭행당하게 될 것에 대해 놀라지 않았다. 그녀를 놀라게 했던 것은 이번 폭행의 심각성과 생명에 대한 위협이었다. 의사는 그녀가 입술이 찢어지고,

눈이 멍들고, 신체 여러 군데가 멍이 들었을 뿐만 아니라, 갈비뼈 두 개가 부러진 것 같다고 말했다. Latisha는 Jeremy와 부딪쳐도 이러한 불량한 점을 발견하지 못하였었고, 전에는 이러한 부상을 당하지도 않았다. 처음 관계를 시작할 때, Jeremy는 결코 그녀를 때리지 않았지만 때때로 그녀를 밀거나 그녀를 움켜잡거나 흔들곤 하였다. 그렇지만 그들이 결혼한 후에, 그는 그녀의 뺨을 치기 시작하였다. 이제 그 신체적 폭행은 더욱 빈번하고, 아이를 갖는 것에 대한 논쟁이 있고 난 후에는 특히 그러하였다. Jeremy는 Latisha가 임신하기를 원했다. 즉 그는 아이들을 원했다. 반면에 Latisha는 자신이 Jeremy의 아이를 갖기 원하는지 확신이 없었다. 그녀는 비록 오늘 저녁까지 이것을 그에게 말하지 않았지만, Jeremy와 결혼을 유지해야 할지에 대한 확신이 없었다. Jeremy는 Latisha가 옛 대학 친구와 잠자기를 원하고 있다고 비난하였을 때, Latisha는 이성을 잃었고, 만일 그런 질투를 멈추지 않는다면, 그를 떠날 거라고 위협하였다. 이것은 신체적 학대를 부추겼다. 그는 만일 그녀가 그를 떠난다면 끝까지 추적하여 죽이겠다고 말하였다. Latisha는 임신을 해서 그가 원하는 아기를 Jeremy에게 주어야 하는지 의심스럽다. 실제로 Latisha도 언젠가 아이들을 갖기를 원한다. 이는 그녀가 결혼했던 이유 중 하나였다. 상점 관리자로 있는 Jeremy의 직업은, 한 커플이 아이를 갖기로 결정한다면 고려되어야 하는 안전적이고 확실한 수입원을 제공할 수 있을 것이라고 생각했다. 그녀는 아마 지금이 아이를 갖기에 좋은 때라고 생각한다. 즉, 아마 아기가 자신과 Jeremy와의 관계에 도움을 줄 수도 있을 것 같았다.

적용 질문

진화심리학 관점을 사용하여 다음 질문에 답을 함으로써 Latisha와 Jeremy의 행동을 조사하라.

1. 진화심리학에 따르면, 왜 Latisha는 아이들을 갖기를 원하는가? Jeremy는 왜 원하는가?

2. 진화심리학에 따라서, Latisha가 Jeremy를 배우자로 선택한 이유를 설명하라.

3. 진화심리학에 따르면, Jeremy가 가족 재정을 통제하고 Latisha에게 그에 대한 어떤 정보에 접근하지 못하게 하는 이유는 무엇인가?

4. Jeremy의 질투를 진화심리학은 어떻게 설명하는가?

5. 진화심리학은 Jeremy의 Latisha를 향한 모욕을 어떻게 설명하는가?

6. 자신의 부인을 때리는 Jeremy를 진화심리학은 어떻게 설명하는가?

이론 비교 질문

1. Horney의 신경증적 경향 중 어느 것이 Jeremy를 설명할 수 있는가? Horney의 이론의 초점은 진화심리학 이론과 어떻게 비교되는가?

2. 행동주의는 Latisha를 향한 Jeremy의 폭력 행동을 어떻게 설명할 수 있는가? 행동주의에 따르면 무엇이 행동에 동기를 주는가? 진화심리학에 따르면 무엇이 행동에 동기를 주는가? 행동 동기는 이 두 이론들에서 어떻게 비교되는가?

3. Fromm의 이론에 따르면, 어떤 욕구가 아기를 갖게 됨으로써 Jeremy와 Latisha를 합류하게 할 것인가? 이러한 욕구 충족 개념이 진화심리학자들이 아이를 원하는 이유로 시사하고 있는 것과 어떻게 다른가?

✴

사례연구 38

진화심리학

Dylan은 세 번째 결혼한 상태지만, 현재 이 결혼도 좌초될 지경이다. 그의 아내 Cassandra는 그가 다른 여자와 관계를 맺고 있다는 것을 이제 막 알게 되었다. 그녀는 가끔 이를 의심하기도 했었지만, 이러한 의심은 자신이 Dylan보다 먼저 집에 와서 자동응답기 메시지를 들었을 때 확고해졌다. 그 메시지 중 하나는 그의 여자 친구에게서 온 것으로, 그 주에 만나기로 한 약속을 확인하는 메시지였다. 보통 Dylan은 집에 먼저 들어와서 그 메시지를 듣곤 하였다. Cassandra에게 온 모든 메시지는 Dylan에 의해 직접 쓰여져 그녀에게 건네졌다. 그녀는 그의 이런 모습에 이해심 많은 사람이라고 생각했다. 그리고 그녀가 자신의 "다른 여자"에 관하여 알지 못하고 있다고 확신하였다. 오늘은 그러나 예상 밖의 일이 일어났다. 그녀는 오랜 시간을 끌었던, 한 프로젝트를 끝냈고, 그녀의 사장은 그녀에게 오후시간을 비번으로 해주었다. 이런 일은 거의 드문 일이었고, 그녀는 Dylan과 멋진 식사와 낭만적인 저녁을 기대하였다. 그 대신에 그날, Dylan은 집 밖으로 쫓겨나고, Cassandra와 끝장내는 끔찍한 싸움으로 바뀌었다.

Dylan에게는 이런 식의 불륜 사건으로 결혼생활에 종지부를 찍은 일은 처음이 아니다. 이전의 두 번의 결혼생활 역시 다 같은 이유로 끝을 냈다. 첫 번째 결혼생활 동안에, Dylan은 많은 여성과의 연애사건이 있었다. 그의 전 부인인 Whitney는 그 연애사건들에 관하여 알았지만 그들을 받아들였다. 왜냐하면 그녀는 Dylan같은 남자는 그를 만족시킬 한 명 이상의 여자가 필요하다고 생각했기 때문이다. 그는 고등학교 때나 대학 때 항상 성적으로 난잡하였다. 그러나 그녀는 그가 그녀를 사랑하는 동안은 다른 성적 파트너들이 있다는 것을 문제 삼지 않으려고 합리화하였다. Dylan과 Whitney는 두 명의 아이를 가졌다. 그러나 Dylan은 그녀와 사이가 너무 멀어졌다. 곧 그녀는 혼자 아이들을 돌보는 것에 지쳤고, 더 이상 사랑받지 못한다고 생각하였다. 그녀는 Dylan이 그녀에게 더 이상 관심이 없고, 그녀가 집과 아이들을 돌보는 것에 집중할 수 없었다. 그래서 그녀는 이혼을 청구했다.

Dylan은 다시 결혼하였고 두 번째 아내인 Nicole로부터 또 다른 아이를 얻었다. Nicole은 Dylan의 성에 관한 과거를 알지 못하였다. 그는 첫 번째 이혼이 융화하기 어려운 차이 때문이라고 설명했지만, 한 친구가 Nicole에게 Dylan의 불륜 사건에 관하여 말해주었고, 그녀는 이혼을 청구하였다.

이런 불륜사건과 결혼에 대한 주기적 발작 패턴 외에도, Dylan은 또 다른 주목할 만한 반복적인 행동 패턴이 있었다. 그의 부인들 모두가 서로 이상하게 유사점을 공유하고 있다는 점이다: 그들 모두 매력적이다; 즉, 중간키의 날씬하고 건강한 육체를 가지고 있으며, 반짝거리고 긴 금발머리를 가지고 있고, 살짝 그을린 얼굴색을 가지고 있다.

Dylan 또한 건강한 육체를 가진 매우 매력적인 사람이다. Dylan은 그가 다니는 헬스클럽에서 자신의 부인 지망생을 만난다는 사실도 이러한 유사점 중 하나다. 전형적으로 첫 번째 데이트는 보통 테니스 경기가 관련되어 있고, 그 경기 후의 저녁식사다. 또 다른 데이트는 종종 클럽에 춤을 추러 가는 것이었다. Dylan은 춤을 잘 추고, 여성의 환심을 사기에 부족하지 않다. 그는 매력적이고 꽤 부유하며, 소프트웨어 제조회사의 부사장으로서 안정된 직업을 가지고 있으며, 헬스클럽 회원 사이에서 잘 알려져 있다.

흥미롭게도, Dylan은 꽤 성적으로 난잡함에도 불구하고, 거의 피임도구를 사용하지 않는다. 그의 데이트 상대가 콘돔사용을 요구할 때조차, 그는 만족감 저하 때문에 거절하였다. 그 역시, 결코 데이트 상대에게 어떤 산아 제한적 형태를 취하도록 요구하지 않았다. 그는 데이트 상대나 부인이 임신하지 않을까에 관심이 있으며, 성적으로 전이되는 질병에 걸릴까에도 관심이 있다고 믿는다. Dylan은 전 부인들에게서 난 세 명의 아이들이 있음에도 불구하고, 산아제한에 관심이 없다. 그는 아이들과 함께 거의 시간을 보내지 않는 무관심한 아빠이다.

적용 질문

진화심리학 관점을 사용하여 다음 문제들에 답을 함으로써 Dylan의 행동을 조사하라.

1. 진화심리학은 Dylan의 난잡한 성행위를 어떻게 설명하는가?

2. 진화심리학은 Dylan이 금발에 건강하고, 살짝 그을린 등, 모두 비슷한 여성들에게 보이는 성적 관심을 어떻게 설명할 수 있는가?

3. 진화심리학에 따르면, 이 사례에 있는 모든 여성들은 Dylan과 왜 결혼하기를 원하였는가?

4. 전형적으로 테니스 시합에서 Dylan이 첫 번째 데이트 상대를 만나는 이유를 진화심리학은 어떻게 설명할 수 있는가?

5. 진화심리학에 따르면, Dylan은 그 자신의 아이들을 양육하는 데에 왜 관심이 없는가?

6. 진화심리학에 따르면, Dylan은 왜 산아제한을 하지 않는가?

7. 진화심리학적 설명이 가진 몇몇 문제점들이 여기에서 주목되는 것은 무엇인가?

이론 비교 질문

1. Freud의 이론으로 Dylan의 난잡한 성행위를 설명하라. Freud 이론의 초점은 진화
   심리학과 어떻게 다른가?

2. Erikson의 고립감대 친밀감 개념은 Dylan의 여성과의 관계성에 어떻게 적용될 수 있는가? 진화심리학과 Erikson의 이론에서 행동의 동기는 어떻게 비교되는가?

3. Adler의 사회적 관심 개념은 Dylan의 관계성에 어떻게 적용될 수 있는가?

유용한 힌트

당신은 사례 37 또는 38을 위한 적용 질문들의 일부를 대답하는 데 문제가 있는가? 다음이 도움이 될 것이다.

진화심리학은 아마도 당신이 들어왔던 이전 개념에 기초하고 있다: 즉, 진화와 적자생존에 대한 Darwin의 개념. 가장 강한 자, 가장 빠른 자 또는 가장 영리한자가 생존하며, 따라서 그들의 유전자를 남길 수 있다. 그것에 의하여 강하거나 빠르거나 영리한 자손을 만든다.

그렇지만 Darwin은 신체적 특성을 설명하기 위하여 적자생존의 개념을 사용한 반면, 진화심리학자들은 행동의 발달이나 유지를 설명하기 위하여 같은 개념을 사용한다. 두 가지 기본 가정들은 진화심리학에서 중요하다. 첫째, 우리 모두는 본능적으로 유전자를 남기기 위해 동기화되어 있다. 둘째, 현재 표출된 행동들은 진화의 이익이다. 즉, 그것들은 그 종이 생존하도록 돕는다. 따라서 어떤 행동이 존재하는 이유를 설명하려는 시도에서, 스스로에게 질문해 보라: 즉, 이러한 행동이 우리의 유전자를 보존하기 위해 어떻게 기여하는가? 그리고 어떻게 그 행동이 그 종이 생존하도록 기여하는가?

✴

제 2 부

추가적인 이론 비교

동일 행동에 대한
다중 설명

이론 비교 차트

이론들을 구분하는 것이 몹시 힘들지는 않은가? 어떤 이론가들은 동일한 용어들을 사용하지만, 이론가들에 따라서 용어들은 조금씩 다른 의미로 사용되고 있다. 어떤 이론가들은 유사한 개념들을 언급하는데 상이한 용어를 사용하고 있다; 때때로 어떤 이론가는 심지어 상이한 용어들을 동일한 것을 의미하는 데 사용하고 있다! 이론을 구별하는 데 도움이 되는 다음의 비교 차트를 활용해보자.

1. 이론 비교: 성격의 구조

이론가들은 다양한 방식으로 성격의 구조를 구상 하였다. 여기에 이들의 아이디어들이 요약되어 있다:

- Freud—성격은 성격의 세 가지 체계 사이의 상호 작용이다: 원초아, 자아 및 초자아. 우리의 성격은 각각의 다섯 가지 심리 성적 단계들의 갈등의 결과에 토대를 두고 있다.
- Jung—자아는 의식적인 마음의 중심이다. 이 용어의 사용에 대한 Jung과 Freud의 차이점을 주목해 보면, Freud는 자아가 원초아와 외부세계 사이에서 상호작용하며 현실원리를 작동시킨다고 주장하였다. Jung 또한 의식 이외에도, 재료가 군집으로 조직되는 개인적 무의식과 원형을 내포하고 있는 집단 무의식이 있다고 진술하였다. Jung은 또한 두 가지 태도(내향성 또는 외향성) 중 한 가지와 네 가지 기능[사고나 감정(합리적인 기능), 또는 감각이나 직관(비합리적인 기능)] 중에 한 가지와의 조합으로 이루어지는 8가지 성격의 유형을 논의하였다.
- Erikson—Erikson은 원초아, 자아 및 초자아를 논하였지만 자아의 기능을 강조하였다. 그렇지만 그의 이 용어 사용은 Freud의 사용과는 달랐다. 예를 들어, 자아는 현실 원리에서 작동하는 구조라기보다는 좀 더 자기의 문제였다. 우리의 성격은 8단계의 심리사회적 단계들의 각각의 위기의 결과에 토대를 두고 있다.
- Adler—성격은 통합적인 것이다. 모든 행동은 열등감에 기인되는데 성공을 향해 노력하도록 우리를 동기화시킨다. 우리가 성공을 정의하는 방식은 다양한데, 이에 따라 우리의 생활양식이 정해지고 이는 우리가 성공을 위해서 노력하는 방식을 결정해준다.
- Horney—기본적인 불안과 싸우기 위한 세 가지 신경증적 경향(혹은 기본적인 적응)이 있다. 이를 충족시키기 위한 10가지 신경증적인 욕구는 다음과 같다: 다른 사람들에게로 향하는 것(순종하는 성격), 다른 사람들에게 맞서는 것(공격적인 성격), 그리고 다른 사람들로부터 멀어지는 것(초연한 성격)
- Fromm—성격에서 가장 중요한 요소는 특질이다. 다섯 가지 특질 지향이 있다: 수용 지향, 축적 지향, 착취 지향 매매 지향, 그리고 생산 지향.
- Sullivan—성격은 에너지 체계이다. 에너지는 긴장(행동을 위한 잠재력)으로서 실존할 수 있고, 또는 에너지 변형(행동)으로서 나타날 수 있다. 역동성은 지속적인 에너지 단위이다.
- Maslow—우리는 생리적 욕구, 안전 욕구, 존중 욕구, 사랑 및 소속 욕구, 그리고 자아실현 욕구를 포함하는 Maslow의 위계에서의 욕구를 충족시키려고 끊임없이 시도한다. 우리가 행하는 방식은 사람과 사람 그리고 문화와 문화에 따라서 다양하다. 우리의 성격은 이들 욕구를 만족시키는 여부 및 방법에 토대를 두고 있다.
- Rogers—모든 행동은 실현하는 경향성 주변에서 운영된다. 우리는 우리의 유기체적 자기(진짜 우리)를 실현하기 위해 노력하거나 우리에게 있는 누군가 다른 사람의 개념을 실현시키기 위해 노력함으로써 가치 조건에 희생이 되고 만다.
- May—세 가지 실존 양식이 있다: 환경(물리적), 사회(개인적 관계)와 그리고 자기 세계(의식). 소외란 이것들 중 어떤 것과의 분리를 느끼는 것이다. 우리는 우리 자신 성장과 삶에 책임이 있다. 우리 자신의 주체에 따른 삶을 사는 것을 진실성이라고 부른다. 우리는 진실하기 위해서 우리의 개성을 재발견해야 한다.
- Kelly—우리의 구성 개념 체계는 위계적으로 배열되어 있다.
- Skinner—성격은 우리의 조건형성 내력의 총합이다.
- Bandura—행동은 상호결정론의 산물이다. 행동은

환경 요인과 개인 요인에 의해 영향을 받으며 또한 영향을 미친다.

■ Rotter—성격은 새로운 경험들로 인해 학습되고 수정될 수 있다. 성격은 과거 경험의 축적 때문에 안정적이다. 특정 상황에서의 행동은 강화의 기대 그리고 이들 강화가 충족될 수 있는 욕구 강도의 함수이다.

■ Allport—성격의 두 가지 기본적인 단위는 개인적 성향과 고유 자아이다. 세 가지 수준의 개인적 성향이 있다: 주 특성, 중심 특성 및 이차적 특성. 고유 자아는 어떤 개인에게 가장 중심이 되는 행동 및 특성들로 구성되어 있다. 고유자아는 그들이 진짜 누구인가에 관한 개인의 감각이다.

■ Cattell—성격은 특성들의 체계이다. 여기에 16개의 정상적인 기본 특성(요인)이 있다. 역동적(동기적) 특성은 일련의 종속사슬로 된 역동적 격자로 조직되어 있다. 종속사슬은 에르그, 감정 및 태도로 구성되어 있다.

■ McCrae와 Costa—성격은 다섯 가지 기본적 특성으로 구성되어 있다: 내향성/외향성, 신경성/정서적 안정성, 개방성/관습, 수용성 그리고 성실성.

2. 이론 비교: 발달의 단계

어떤 이론가들은 성격의 구조에 초점을 맞추는 반면, 어떤 이론가들은 성격의 발달에 초점을 맞춘다. 어떤 이론가들은 이 둘 다를 기술하였다. 어떤 이론가들은 성격은 초기 아동기 동안에 발달하며 그런 다음 그때 그것이 고정되어 유지된다고 주장하였다. 어떤 이론가들은 성격이 평생 동안 발달된다고 주장하였다. 많은 이론가들은 사람들이 자신들의 성격이 발달함에 따라 통과하는 단계들을 논의하였다. 다음은 이들의 아이디어에 대한 요약이다:

■ Freud—다섯 단계의 심리 성적 단계가 있다: 구강기, 항문기, 남근기, 잠복기, 그리고 생식기. 리비도는 신체의 부위에 정신을 집중하는 데(애착심을 갖고), 그리고 차례로, 우리가 속해 있는 단계를 결정한다. 각각의 단계에서의 우리의 경험이 성격을 결정하게 해준다. Freud의 초점은 초기 아동기에 있었는데, 그는 성격이 6세까지 꽤 많이 고정된다고 주장하였다.

■ Jung—사람들은 네 단계를 거쳐서 발달 한다: 아동기(무정부 하위단계, 절대군주 하위단계, 그리고 이중적 하위단계), 청년기, 중년기 그리고 노년기. 그의 초점은 좀 더 전 생애에 걸친 접근법이었다.

■ Erikson—여덟 단계의 심리사회적 단계가 있다(구강 감각단계, 근육 항문단계, 운동 생식단계, 잠복기, 청년기, 초기 성인기, 중년기, 성숙한 성인기). 그의 평생발달 접근은 우리가 사회적 적응의 기능으로써 각 단계들의 위기를 통해서 발달해간다고 주장하였다.

■ Sullivan—Sullivan은 일곱 단계 혹은 시기를 주장하였다: 유아기, 아동기, 소년기, 청소년 전기, 청소년 중기, 청소년 후기 그리고 성인기. 우리가 이들 단계를 통과해서 발달하는 방식은 우리의 대인관계에 의해서 결정된다.

■ May—우리가 우리의 개성을 재발견할 때 의식의 4단계가 있다: 천진, 반항, 보통의 의식, 그리고 창의적인 의식.

3. 이론 비교: 성격 유형과 특성

많은 이론가들은 성격의 유형의 범주를 기술한다. 유형들은 이론들에 따라 다양한데, 이론들의 원인에 기인한다. 어떤 유형들은 초기 아동기의 경험 때문이거나 불안을 보상하려는 노력 때문에 발달한다. 어떤 이론들은 특성들에 의해 결정된다. 어떤 이론들은 상이한 유형의 성격의 "유형들"을 기술하는 데 이들 성격에 대한 일정한 수의 범주를 기술하였다. 다음은 그들의 아이디어에 대한 요약이다:

- Freud—성격 유형은 심리 성적 단계들(예, 구강 공격 단계, 항문보유 단계, 항문 배제단계 및 남근 단계)의 고착에 기초한다.
- Jung—두 가지 태도(내향성과 외향성) 그리고 네 가지 기능(사고, 감정, 감각, 그리고 직관)에 토대를 둔 여덟 가지 성격 유형이 있다.
- Adler—우리 모두는 열등감을 성공적으로 경감시키려고 노력하지만, 우리가 성공을 정의하는 방식은 우리의 생활 양식이 어떤가에 따라서 다양해지는데, 이것이 우리가 성공을 위하여 노력하는 방식을 결정한다. 출생순위 또한 성격에 영향을 미친다.
- Horney—세 가지 성격 유형이 있다: 순종 유형, 공격 유형 그리고 초연한 유형. 이것들은 각각 다른 사람들에게 향하는 경향, 다른 사람들에 대항하는 경향 그리고 다른 사람들로부터 멀어지는 경향으로 특징지어진다. 사람들은 동기화되는 신경증적 욕구 유형에 의해서 영향을 받는다.
- Fromm—다섯 가지 성격 지향이 있는데 그 중 한 가지만이 생산적(건강한)이다. 나머지 네 가지는 수용 지향, 착취 지향, 축적 지향, 그리고 매매 지향이 있는데 이들 모두는 비생산적(건강하지 않은)

이다.
- Sullivan—성격은 개인의 대인관계 양식이다.
- Bowlby와 Ainsworth—애착 양식의 세 가지 유형은 초기 아동기의 양육자와의 애착에 따라 발달할 수 있다. 만약 아동이 자신의 부모와 안정 애착을 발달시킨다면, 그 아동은 성인 관계에서 반영될 안정 애착 양식을 발달시킬 것이다. 만약 아동이 자신의 부모와 안정 애착을 발달시키지 못한다면, 그 아동은 또한 성인 관계에서 반영될 수 있는 회피 애착 양식이나 양가 애착 양식을 발달시킬 수 있다.
- Maslow—Maslow는 성격 유형이나 혹은 특성 그 자체를 논의하지는 않았지만 B 가치를 받아들이는 사람들과 그렇지 못한 사람들을 논의하였다. B 가치를 받아들이는 사람들은 실현하려는 노력을 더 많이 하는 것 같다.
- Kelly—개인의 성격은 자신의 개인적 구성개념들의 조직에 의해 결정지어진다.
- Rotter—사람들은 내향적 통재소재를 가지고 있는지 외향적 통재소재를 가지고 있는지에 따라 범주화될 수 있다.
- Allport—성격은 세 가지 수준의 특성에 따라 기술될 수 있다: 주 특성, 중심 특성, 그리고 이차적 특성.
- Cattell—성격은 16 요인들을 평가함으로써 기술될 수 있다.
- McCrae와 Costa—성격은 다섯 가지 기본적 요인들로 구성된다: 내향성/외향성, 신경증/정서적 안정성, 개방성/관습, 수용성, 그리고 성실성.
- 진화심리학—현재 존재하고 있는 어떠한 성격 유형들도 진화적인 이점이 있다.

4. 이론 비교 : 적응

비록 몇 가지 중첩이 있을지라도, 이론가들은 적응과 부적응을 다양한 방식으로 정의하고 있다. 이들은 무엇을 부적응의 원인으로 보느냐에 따라서 다양해진다. 다음은 그들의 아이디어에 대한 요약이다:

■ Freud—잘 적응된 사람들은 각각의 심리 성적 단계들의 위기를 성공적으로 해결한다. 건강하지 않은 사람들은 무시되거나 과잉 탐닉하기 때문에 한 단계에 고착된다.

■ Jung—잘 적응된 사람들은 균형이 잘 잡힌 즉, 자기 실현한 사람들이다. 건강하지 않은 사람들은 자신들의 성격의 한 측면에 너무 많은 초점을 두는데, 다른 무의식적인 충동들을 무시하고 있다.

■ Erikson—잘 적응된 사람들은 각각의 심리 사회적 단계의 위기를 성공적으로 해결한다. 부적응자들은 위기를 해결하는 데 비교적 성공하지 못하였다.

■ Adler—잘 적응된 사람들은 높은 수준의 사회적 관심을 가지며 그들이 성공을 위한 노력으로 자신의 목표에 도달하기 위해 사용하는 행동에 의식화되어 있다. 건강하지 않은 사람들은 낮은 수준의 사회적 관심을 갖고 자신들의 목표에 도달하는 데 관여하는 목표나 행동에 의식화되어 있지 않다.

■ Horney—부적응된 사람들은 자신들의 기본적인 불안감을 경감시키기 위해 다양한 성공적이지 못한 행동을 하는데, 이것은 불안정감과 사랑받지 못한 감정에서 기인한다. 사랑받는 것을 느끼기 위하여(즉, 기본적인 불안을 경감시키기), 사람들은 세 가지 경향을 통하여 10가지 신경증적 욕구를 충족시키려고 한다: 사람들로부터 멀어지는 것, 사람들에게로 향하는 것, 그리고 사람들에게 대항하는 것. 그렇지만, 이러한 경향들은 그들이 건강한 관계를 형성하도록 할 가능성을 적게 만든다. 신경증적인 사람들은 자신에 대한 미화된 심상

을 가지고 있다. 잘 적응된 사람들은 따뜻함과 훈육을 받아왔기 때문에, 실현을 향하여 움직인다.

■ Fromm—잘 적응된 사람들은 다른 사람들과 관계 맺기 위해 자기실현과 긍정적인 자율적 태도를 사용한다. 부적응된 사람들은 타인과 관계 맺기 위한 노력에서 타인들과 건강하지 않은 관계를 형성하는데 근거하는 비생산적인 성격 지향들을 표현한다.

■ Sullivan—잘 적응된 사람들은 건강한 대인 관계 양식을 갖는다.

■ Bowlby와 Ainsworth—잘 적응된 사람들은 건강한 성인 관계에서 반영되는 자신들의 아동기 양육자와 안정적인 애착을 가진다. 양육자와의 초기 아동기 불안정 애착은 후에 삶에서 부적응과 건강하지 않은 관계를 가져온다.

■ Maslow—잘 적응된 사람들은 부합된 자신들의 욕구를 가진다. 부적응은 부합된 욕구를 가지지 못한 것의 결과이다.

■ Rogers—잘 적응된 개인은 유기체적 자기를 실현한다. 이들의 자기들은 일치되어(유사한) 있다. 부적응은 자기들간의 불일치(예, 이상적 자기와 자기개념간에 커다란 불일치가 있다)의 결과인데 대부분은 가치의 조건에 기인하는 것 같다.

■ May—건강하지 않은 사람들은 소외를 경험하는데, 즉, 이들은 **환경**(물리적 존재)이나, **사회**(개인적 관계)나, 혹은 **개인세계**(개인적 의식 즉, 자기 자신)에서 분리되어 있다고 느낀다. 건강한 사람들은 자기 자신만의 느낌과 욕망들(개성을 재발견하기)을 발견하였다. 그들은 진실성이 있다. 가치 상실은 건강하지 않은 개인주의와 건강하지 않은 공공의 지향의 결과일 수 있는 반면 적응된 개인들은 건강한 개인주의와 건강한 공공지향을 발달시킨다.

■ Kelly—잘 적응된 사람들은 자신들의 개인적 구성 개념들을 타당화시킬 수 있고 필요에 따라 개인적

구성개념에 적응시킬 수 있다. 부적응자들은 지지되지 못한 구성개념들에 계속해서 매달려 있다. 이들의 구성개념은 투과성 검증에 실패 한다: 그들은 너무 비투과적이거나 너무 유연하다.

- Skinner—잘 적응된 행동은 강화되는데, 부적응 행동도 마찬가지이다.
- Bandura—부적응 행동들은 상호 결정론의 결과인데, 즉 환경, 개인 요인 및 행동 사이의 상호작용이다.
- Rotter—잘 적응된 행동은 개인을 목표에 더 가깝게 움직이게 한다. 부적응 행동은 개인을 목표에 더 가깝게 움직이게 하지 못한다. 부적응된 사람들은 흔히 비현실적인 목표를 갖는다.
- Allport—심리적인 건강을 위한 일곱 가지 필요조건이 있다: 1. 자기 확장감, 2. 타인과의 온정적 관계, 3. 정서적 안정 혹은 자기수용, 4. 현실적 환경지각, 5. 통찰과 유머 감각 갖기, 6. 통합된 인생철학, 7. 의식적 과정에 의한 동기화. 이들 필요조건들에 부합시키는 사람들은 잘 적응되어 있으며; 그렇지 못한 사람들은 부적응적이다.
- Cattell—정상 특성과 이상 특성 모두가 존재하는데 양유형들은 다소 중첩된다.
- McCrae와 Costa—부적응된 사람들은 신경증요인 대 정서적 안정요인에서 신경증 쪽에서 높은 점수를 받는다. 적응적인 사람들은 정서적으로 안정된 극에서 높은 점수를 받는다.
- 진화심리학—오늘날 존재하는 어떠한 행동도 적응적이든 부적응적이든, 진화적 이점이 있다.

5. 이론 비교 : 방어 기제

많은 이론가들은 우리가 불안과 싸우기 위하여 사용하는 방어기제를 기술하고 있다. 수많은 이러한 개념들은 이론가들 사이에서 비록 때때로 다른 이름으로 사용될지라도 중첩된다. 어떤 방어 기제들은 그 이론가에게만 독특하다. 다음은 그들의 아이디어에 대한 요약이다:

- Freud—방어 기제는 무의식을 의식으로 들어가지 못하게 하기 위하여 현실을 왜곡시킨다(예, 부인, 무의식적 억압, 의식적 억압, 투사, 반동형성, 주지화).
- Horney—이차적인 방어들은 그들의 이상적인 자기 개념을 유지하기 위해 신경증적인 사람들에 의해 사용된다(예, 냉소, 고독을 즐기는 것, 지나친 자기통제, 외현화, 맹점, 구획화, 합리화, 임의적 정의).
- Adler—보호 경향성은 과장된 자기-상을 보호하고 신경증적인 생활양식을 유지하기 위해 사용된다(예: 경시와 비난을 포함하는 변명과 공격, 과거로 돌아가는 것을 포함하는 철수, 판에 박힌, 그리고 망설이는 것).
- Fromm—우리는 세 가지 건강하지 않은 기제들을 활용함으로써 불안을 감소시킨다(피학성과 가학성을 포함하는 권위주의, 파괴성 그리고 동조).
- Sullivan—안정성 기능은 불안감으로부터 우리를 보호한다(그래서 대인관계 상황에서 발달되어진다). 두 가지 안정성 기능은 해리와 선택적 부주의이다.
- Rogers—우리가 자아들 사이에서 불일치(비일관성)를 경험할 때, 우리는 방어적인 방법으로 행동할 것이다. 두 가지 중요한 방어들은 왜곡과 부인이다.
- Skinner—방어적인 행동은 강화되어 왔다.
- 진화심리학—방어적인 행동은 진화적인 이점이 있기 때문에 존재한다.

6. 이론 비교: 욕구

많은 이론가들은 욕구의 개념들을 논의하였다. 어떤 욕구들은 이론가들 사이에서 중첩 된다; 다른 것들은 특정한 이론과 구별된다. 다음은 그들의 아이디어에 대한 요약이다:

- Horney—사람들이 기본적인 불안과 싸우는 것에 따라, 사람들을 특징짓는 10가지 신경증적인 욕구가 있 는데, 여기에는 애정과 승인에 대한 욕구, 파트너에 대한 욕구, 자신의 생활을 좁게 한정시키려는 욕구, 권력에 대한 욕구, 다른 사람들을 착취하려는 욕구, 사회적인 인정이나 특권에 대한 욕구, 개인적인 성취에 대한 욕구, 개인적인 존경에 대한 욕구, 자급자족과 독립에 대한 욕구, 그리고 완벽 및 비공격성에 대한 욕구가 있다.
- Fromm—동물적인 욕구(생리적인 욕구)와 인간적인 욕구(실존적인 욕구) 사이에는 구별이 있다. 실존적인 욕구를 충족시키는 것은 우리를 자연과 재결합하게 해주는데, 여기에는 효과성에 대한 욕구, 관계성에 대한 욕구, 초월에 대한 욕구, 정착에 대한 욕구, 정체성에 대한 욕구, 지남력 틀에 대한 욕구, 통합에 대한 욕구 그리고 흥분과 자극에 대한 욕구가 있다.
- Sullivan—생물학적 욕구나 대인적 욕구(다정함에 대한 욕구와 같은)일 수도 있는 일반적인 욕구들

그리고 신체 부위에 초점을 두는 부위 욕구간에 구별이 있다.
- Bowlby와 Ainsworth—아동들은 미래의 성인 관계의 모형이 될 안정애착을 발달시키기 위한 따뜻하고, 책임감이 있는 양육자에 대한 욕구를 가지고 있다.
- Maslow—욕구는 위계로 배열되는데 여기에는 생리적 욕구, 안전 욕구, 사랑과 소속에 대한 욕구, 자존 욕구, 그리고 실현 욕구가 있다. 더 하위 수준의 욕구들은 반드시 더 높은 수준의 욕구 이전에 충족되어야만 한다.
- Rogers—유지 욕구(어떤 것을 동일하게 지속시키는 욕구)와 향상 욕구(변화, 성장 및 발달에 대한 욕구)는 모순되는 것 같아 보이지만 그렇지 않다. 우리는 또한 긍정적인 존중에 대한 욕구와 자기 존중에 대한 욕구를 가지고 있다.
- Rotter—욕구는 우리를 목표로 움직이게 하는 행동을 동기화시킨다. 욕구는 세 가지 구성 요소를 갖는다: 잠재 욕구, 운동의 자유, 그리고 욕구 가치. 여섯 가지 기본적인 욕구 범주가 있는데, 여기에는 인정이나 상태에 대한 욕구, 지배 욕구, 독립 욕구, 보호나 의존 욕구, 사랑과 애정 욕구, 그리고 신체적 안녕 욕구가 포함된다.
- 진화심리학—우리는 우리의 유전자를 전달하기 위한 욕구를 가지고 있다.

7. 이론 비교: 자기

많은 이론가들은 자기를 논의하였는데, 자기의 상이한 측면들뿐만 아니라 자기가 무엇인가에 관한 상이한 아이디어들을 논의하였다. 다음은 그들의 아이디어에 대한 요약이다:
- Jung—자기 원형은 다른 모든 원형들과 자기실현

의 과정을 통한 우리의 성격의 모든 측면들을 결합한다.
- Erikson—Erikson은 자기에 대해서 그 자체로는 논의하지 않았지만, 그의 여덟 가지 심리 사회적 단계 중 다섯 번째에서 발달된 유사한 정체성 개념

을 논의하였다. 정체성은 우리가 진정 누구인가를 아는 감각이며, 정체성 대 역할 혼미위기에서 긍정적인 해결이 있을 때 발달된다.

- Horney—Horney는 실제 자기(실제 우리라고 생각하는 자기)와 이상적 자기(우리가 되어야 한다고 생각하는 자기)의 사이를 구별했다. 신경증적인 사람들은 자신에 대한 미화된 상을 갖는다.

- Sullivan—자기 체계는 우리를 불안에서 보호하기 위한 장치이다. 불안은 대인 관계 상황에서 발생한다. 자기 체계의 두 가지 기본적인 목표는 만족(생물학적 욕구의 충족)과 안정성(사회적 욕구의 충족)이다.

- Rogers—유기제척 자기는 자기의 모든 측면들, 심지어 우리가 자각하지 못하는 측면들도 포함하고 있다. 자기 개념은 자기에 대한 지각인데, 이는 정확하거나 혹은 부정확할 수도 있다. 이상적 자기는 우리가 되고 싶은 자기이다. 자기들은 잘 적응된 개인들에게 있어서 상당히 일관적이다.

- May—우리는 우리의 개성(즉, 우리의 감정, 원하는 것, 기타)에 대해서 재발견할 필요가 있다. 우리가 우리의 개성을 재발견할 때 의식의 네 가지 단계가 있다: 천진, 반항, 보통의 의식, 그리고 창의적인 의식.

- Bandura—자기 체계는 일관된 행동을 격려하는 인지 구조이다. 이는 우리를 자기 조절을 할 수 있게 해주는데, 그 세 단계는 자기-관찰, 자기-판단, 그리고 자기-평가이다. 자기-효능감은 개인의 요인이다. 자기-효능감은 우리가 행동을 성공적으로 성취할 수 있는지 성취할 수 없는지에서 우리의 신념인 개인적인 요인이다.

- Allport—고유자아는 어떤 개인에게 핵심이 되고, 중심이 되거나 중요한 행동과 특성으로 구성되어 있다. 이것은 우리의 "진짜" 자기감이다.

- McCrae와 Costa—자기 개념은 특징적인 적응이다; 이는 상황에 따라 변동될 수 있다. 비록 이것이 비교적 정확할지라도, 왜곡의 여지가 있다.

8. 이론 비교: 실현

비록 실현 용어가 종종 Maslow와 연관될지라도 다른 이론가들 역시 그 용어를 사용하거나 혹은 상이한 전문용어를 사용하여 유사한 개념을 언급하였다. 다음은 그들의 아이디어에 대한 요약이다:

- Jung—Jung의 자기실현(self-realization)에 대한 개념은 자기기실현(self-actualization)과 유사하다. 자기실현을 향한 노력에서, 우리는 성격의 모든 측면들을 발달시키고 통합시키려고 노력한다.

- Adler—성공이나 우월성을 위한 노력의 개념은 유사하지만, 이들 두 가지 모두는 도전과 노력 주변에서 순환되는 실현의 개념에서는 동일하지 않다. Adler는 또한 인본주의자들(전형적으로 실현을 논

의 하는 사람들)이 하는 것과 마찬가지로 개인에 대한 전인적인 관점을 취하였다.

- Fromm—Fromm은 실현 그 자체를 논의하지는 않았지만, 그의 이론은 다소 인본주의적이다; 그는 실현과 유사한 개념을 논의하였다. 가장 주목할 만한 것은 긍정적인 자유인데, 이는 자발성과 잠재성의 완전한 표현을 허용해 준다. 사랑과 일은 긍정적 자유의 두 가지 주요한 구성요소이다.

- Maslow—실현은 B가치를 받아들이는 오직 소수의 사람들만이 가지고 있는 것이다. 이는 우리 자신의 충분한 잠재력을 향한 노력의 문제이다.

- Rogers—실현 경향성은 자기실현과도 다르고 실현하려는 욕구와도 다르다. 자기실현은 지각된 자기

(정확한 자기 개념이거나 혹은 그렇지 않거나)를 실현하려는 경향성이고 (더욱 일반적인)실현 경향성의 하위 체계이다. 실현하려는 욕구는 변화에 대한 욕구, 성장에 대한 욕구 그리고 더 성취하려는 욕구이다. 따라서, 우리 모두는 실현하려는 욕구를 가지고 있지만, 우리들 중 일부만이 실제 자기를 실현한다. 어떤 사람들은 우리 자신에 대한 부정확한 것을 실현시킨다.

■ May—정확하게 지각된 자기를 실현하는 것에 대한 Rogers의 생각과 유사하게도, May는 사람들이 자신의 개성을 재발견하는 것이 중요하다고 생각하였다. 세 가지 세계—내—존재 양식(환경, 사회, 자기 세계)에 대한 개념은 Jung의 자기실현과 유사한데, 이는 전체적인 개인/성격의 통합을 포함하고 있기 때문이다.

■ Allport—Allport는 실현 그 자체에 대해 논의하지 않았지만, 심리적으로 건강한 개인은 자신의 환경에 적응하고 성장할 필요가 있다고 주장하였다.

✳

사례연구 39

S arah가 그녀의 어머니인 Myra에게 전화를 할 때마다 나누는 대화는 매우 유사하다. Myra는 주로 집을 치우는 중이라고 말을 한다. Sarah는 이러한 행동에 매우 익숙해져 있다. Myra는 그녀의 집과 마당의 외관을 매우 자랑스러워하며 누군가 그것을 칭찬해 주는 것을 좋아한다. 어린 시절 Sarah는 Myra가 집 밖에서 일을 하지 않는 주말마다 끊임없이 청소를 하였던 것을 기억하고 있다. 그녀는 온 집안을 청소하였는데, 방들, 침대 정리, 가구와 목공품의 먼지를 털어내고, 양탄자를 밖에 내다 털었다. 이 모든 과정은 하루 반나절이 걸렸다. 휴가 동안 사람들이 그 가족을 방문하게 되면 청소를 두 번하게 되는데, 한 번은 정규적으로 청소하는 날에 했고, 또 한 번은 사람들이 방문하는 날에 했다. 사람들이 방문하면 평상시에는 비닐을 씌워 놓았던 거실 가구들의 비닐을 걷었고, 거실 입구의 양탄자 위에 놓아두었던 시트는 걷어서 치웠다. 비닐과 시트는 가구와 양탄자를 보통 사용되는 기간보다 훨씬 더 보존되게 하였다. 이것은 그 가족이 돈을 모으는 데도 일조하였다. 일 년에 한 번 봄 대청소를 실시하였다. Myra를 제외한 나머지 식구들은 이 과정을 두려워하였다. 이 일을 하는 동안 찬장들을 밖으로 끌어내서 물로 씻었다. 단단한 나무 바닥은 물로 씻고 왁스를 칠했다. 목공품들과 양탄자들은 물로 씻었다. 가구는 윤을 냈다. 커튼은 세탁을 해서 다시 달았다. 접시들을 모두 찬장 밖으로 꺼내서 씻었고 찬장 또한 물로 씻었다. 그런 다음 모든 것을 제자리로 되돌려 놓았다. Myra의 집에서는 모든 게 제자리가 있는데, 그녀는 흔히 너무나 많은 것들이 나와 있으면 화를 냈다. "가족회의"는 집을 깨끗하게 유지하는 방법들과 Myra가 집을 깨끗하게 유지하기 위해 얼마나 노력하고 있는지, 반면에 나머지 식구들은 너무나 적은 노력을 기울이고 있다는 것을 논의하기 위해 소집되었다. 실제로 이것은 보편적인 주제였다. Myra는 흔히 그녀 자신을 다른 사람들을 위해 너무나 많은 일을 하면서도 자기 자신에 대해서는 너무나 조금 요구하는 순교자로 묘사하였다. 그녀는 자기 자신을 끊임없이 다른 사람들을 위해 일하는 존재로 보았는데, 실제로는 보통 그녀는 다른 사람들에게 해야

할 일을 말하였다.

마당 또한 매우 깔끔하였다. 잔디는 아름답게 다듬어져 있어 양탄자를 떠올리게 했다. 그럴 필요가 없어 보일 때조차도 종종 잔디를 깎았다. 정원은 잘 관리되어 있었고, 단 한 포기의 잡초도 찾아보기가 어려웠다. 언젠가 이웃 사람이 잔디 깎는 기계에 달려있는 캐처를 씌우지 않은 채 잔디를 깎다가 잔디가 그녀의 정원으로 날아오자 Myra는 불같이 화를 냈다. 그 후로 그녀는 그 이웃과 2년 동안 말을 하지 않았다.

이제 Myra는 은퇴하였고, 청소는 계속되었다. 그녀는 항상 집을 돌보는 것이야말로 자신의 직업이라고 생각했다. 그녀는 아이들과 남편이 도와줌에도 불구하고 항상 청소를 두루 살피는 사람이었다. Myra의 어머니는 항상 그들의 집을 돌보았고, 그렇게 하는 것이 여자의 의무라고 생각했다. Myra는 어머니에게서 "제대로" 청소하는 법을 배웠다. Myra의 부모들은 신체 체벌을 믿었고, Myra와 남동생은 만일 무엇인가 잘못을 하면 매를 맞았다. Myra는 철저히 충분하게 무엇인가를 깨끗이 하지 않으면 벌을 받았다.

Myra는 그녀의 가족이 돈을 모았다고 확신했다. 그녀가 돈을 모으기 위해 행하고 있는 행위들 가운데 일부는 가구와 바닥 깔개들을 오래 보존하는 데 사용하는 비닐과 시트와 같은 청결에 관련된 쟁점이었지만, Myra는 다양한 방식으로 돈을 저금했다. 때로 Myra는 알루미늄 호일을 씻어서 재사용했다. 먹을 맛이 안 나고 아무도 먹고 싶어 하지 않을 때조차 남은 음식을 먹었다. 실제로 그 가족은 가난하지도 필수품이 부족하지도 않았음에도 돈에 관해서 항상 염려했다. 이것은 아주 심해서 어떤 사람이 소다를 사기 위해 50센트를 빌려간 후 되돌려 주지 않았을 때조차 초조해하였다. Myra는 그녀의 집에 초대를 받은 친척들이 그녀의 초대를 응하면서도 그들의 집에는 초대하지 않는 것에 대하여 이야기를 했다. 이것에 대한 주된 불만은 그녀가 되돌아오는 것도 없이 이런 일에 돈을 소비하는 것이 짜증난다는 것이었다. 사실 Myra는 관계를 형성하기 어려운 모습을 보였고, 무례한 모습을 보이는 것으로 관계가 끝났다. 그녀는 막 우정을 쌓기 시작한 사람과는 강렬한 관계를 맺었고, 종종 사치스러운 식사를 그 사람에게 제공한 다음 그 사람 성격의 어떤 면에 대해서 Sarah에게 불평을 했다. Myra는 때로 심지어 사람들을 면전에서 비난하거나 전화를 끊어 버리기도 했다. 종종 이러한 불평은 Myra가 어떤 점에서는 그들보다 우월하다는 생각이 저변에 깔려 있었다. 예를 들어, 어떤 사람은 너무 시끄럽지만 Myra는 그렇지 않다; Myra의 집은 더 깨끗하다; Myra의 요리 솜씨가 더 낫다 등등. 이 사람들이 더 이상 그녀와 교제하기를 원치 않자 Myra는 그 이유를 이해하지 못했다.

그 가족은 중산층에 충분히 그럴 여유가 있었음에도 필수품 외에 어떤 것에 대해서도 거의 돈을 쓰지 않았다. 따라서 그들은 영화를 보러가는 것과 같은 활동을 거의 하지 않았고, 새로운 장난감을 사달라고 하는 것은 완전히 말도 안 되는 것이라고 아이들은 여겼다.

Myra는 여전히 건강하고, 자원봉사와 같은 많은 다른 생산적인 활동에 참여할 수 있음에도 불구하고 그녀는 모든 시간과 에너지를 집과 마당을 가꾸는 데 쓰는 것을 선호한다. 그녀가 자신의 성장한 아이들 집을 방문하는 경우 그녀는 그들의 집이 얼마나 어질러져 있는지에 경악을 하며, 그것들을 치우기 시작한다. 그녀는 다른 사람들이 청소하는 방법을 더 이상 모르는 것과 이웃들이 그녀만큼 자신의 재산을 돌보지 못한다는 것에 대해 자주 불평한다.

적용 질문

1. Freud 학파의 이론에 따르면, Myra는 어떤 성격 유형을 나타내고 있는가? 당신 대답의 증거를 제시하라. 이유가 무엇인가?

2. 왜 Myra는 집을 청소하는 것이 그녀의 의무라고 느끼는가? Jung 학파의 이론은
   Myra가 이러한 전통적인 역할을 받아들이는 것을 어떻게 설명하는가?

3. 급진적 행동주의는 Myra의 청소 행동을 어떻게 설명하는가? 그녀의 청소 행동에
   영향을 미쳤을 수도 있는 강화 혹은 벌의 예를 들어라.

4. Bandura의 사회인지 이론은 Myra의 전통적으로 여성적인 청소행동을 어떻게 설명할 수 있는가?

5. Horney의 욕구 가운데 어떤 것이 Myra에게 동기를 부여하는가? Horney의 신경증적 경향성 가운데 어느 것이 Myra를 설명해주는가? 당신 대답의 증거를 제시하라.

6. Horney의 이론은 Myra의 이상화된 자기 상과 실제 자기 상 사이의 불일치를 어떻게 설명할 수 있는가?

7. Fromm의 이론은 Myra의 대인관계 기제를 어떻게 기술할 수 있는가? 그의 이론에 따르면 어떤 성격 유형이 Myra를 가장 잘 기술하는가?

8. Myra가 McCrae와 Costa의 Big Five 차원 각각에 대하여 높은 점수를 얻을지 낮은 점수를 얻을지를 설명하라. 당신 대답에 대한 증거를 제시하라.

✴

사례연구 40

Peter는 딜레마에 놓여 있다. 우편배달부인 그의 업무는 만족스럽지 않고 점점 더 지루하고 짜증스러워지고 있다. 그는 이 직업을 3년 전에 시작했다. Peter 는 학사 학위 두 개와 석사 학위 한 개를 취득했다. 그는 탁월한 전문가인 그의 아내와 결혼하기 위해 이사를 한 후 여러 차례 재교육을 받았다. 그는 일반적인 노동자 유형의 직업조차 드문 겨우 4,000명의 사람들이 살고 있는 시골로 이사했다. 그가 전문적인 일을 얻을 수 있는 가장 가까운 도시는 두 시간 거리에 있었고, Peter 는 아내와 세 어린 아이들이 있었기 때문에 그렇게 먼 곳에서 일을 구하는 것이 마음 내키지 않았다. 그것은 매일 네 시간의 출퇴근을 하든지 아니면 주중에는 가족과 떨어져 있어야 함을 의미한다. Peter는 우체국 내에서 더 적당한 일을 찾으려고 노력하고 있지만 많은 관리 업무들이 능력보다는 처세를 통해 얻어지기 때문에 성공하지 못하고 있다. 최근, 그는 일하고 있는 우체국의 관리 지위로 승진하지 못했는데, 이유는 동료가 대신 승진했기 때문이었다. 그녀는 최근의 관리자가 업무를 비운 사이 종종 그 일을 했기 때문에 그 지위에 당연히 올라갈 수 있었다. 그러나 Peter는 자신이 면접도 잘 보았고, 일도 잘 했으며, 그 자리에 합당한 요구조건들도 충족시켰다고 생각했기 때문에 화가 나지 않을 수 없었다. 특히 그는 우체국에 근무하기 전의 인생 경험이 똑같은 우편 업무를 하는 추가 기간보다 더 가치 있다고 느꼈다. 그는 이제 직장을 그만 두고 세 명의 어린 아이들과 함께 가정에 머물 것을 고려하고 있다.

그는 이런 가능성을 고려하면서 그의 우편배달부 직업이 실제로 그의 가족에게 부담이 되어왔음을 깨닫고 있다. 그가 꽤 괜찮은 수입을 벌어오긴 함에도 그의 시간은 주별로, 때로는 매일 바뀌고, 그는 계속 호출을 받으며, 종종 어떤 언질도 없이 이른 아침에 일하러 불려 나가기도 한다. 또 그는 다른 우편배달부들이 휴가를 가거나 아파서 일을 못 나올 때 그 자리를 메워주는 사람이다. 이것이 의미하는 것은 그는 보통 다른 사람들이 시간을 비울 때, 즉 토요일과 여름에 일을 한다는 것이다. 이것은 특히 그의 아내를 신경질 나게 하는데, 대학의 역사 교수인 그의 아내 또한 주말과 여름에 쉬기 때문이다. 그가 우편배달부로 일을 시작한 첫 해, Peter는 그의 아내가 때때로 여행을 하거나 다른 가족 활동에 참여하는 경우 잠재적으로 일 년에 15주를 쉰다는 것을 알게 되었다. Peter는 다른 배달부들의 일을 채워주기 때문에 전혀 그녀와 함께 시간을 낼 수 없었다. 그래서 일을 그만 두는 것의 긍정적인 한 측면은 그가 가족과 더 많은 시간을 보낼 수 있는 가능성이다. Peter는 자신이 일을 너무 많이 하기 때문에 그가 아이들의 인생에서 많은 것을 잃고 있음을 느낀다. 확실히 아이들과 집에 있는 것은 아이들을 탁아소에 덜 맡기게 되고 집이 더 잘 굴러갈 수 있게 해줄 수 있음을 의미한다. 훌륭한 저녁 식사가 식탁에 올려질 것이고, 빨래도 잘 빨 수 있게 될 것이다. 그의 아내는 계속해서 집안이 어질러져 있는지 그리고 그녀가 얼마나 많이 양보해서 그가 일을 계속 할 수 있는지를 불평하고 있다. 반면에 그가 일을 그만 두는 것은 그가 실패자로 느낄 수도 있을 것이다. 비록 Peter가 자유주의자이고 남자와 여자 사이의 평등을 믿고 있기는 하지만 그는 여전히 그의 정체성의 한 부분은 자신의 직업과 자신이 얼마나 많이 벌어오는가에서 나오는 것으로 느끼고 있다. 그의 아내는 가족을 편안하게 부양하기에 충분한 돈을 벌고 있다. 즉 그들은 확실히 세금을 낼 수 있고 이따금 휴가를 갈 수도 있다. 그럼에도 불구하고 Peter는 집에 남아 아이들과 집을 돌보는 전통적인 여성의 역할을 이행하는 것이 불편하다. 파티에서 처음 만나 직업을 묻는 사람에게 무엇이라고 말할 것인가? 결국 5년 전 그가 무직인 상태에서 첫 애와 함께 집에 있을 때 이런 행위에 대해 그의 친구들 중 몇 명으로부터 놀림을 당했었다. 그가 어떻게 해야 할 것인지를 곰곰이 생각하면서 성공이란 무엇을 의미하는 것인지, 남자와 아버지란 무엇을 의미하는 것인지에 대한 자신의 생각을 다시 생각해보고 있다.

적용 질문

1. Freud 학파 이론은 가족을 먹여 살리는 사람이 되고자 하는 Peter의 행동을 어떻게 설명할 수 있는가?

2. Jung 학파 이론은 직장을 그만두고 가족과 집에 있으려는 Peter의 충동을 어떻게 설명할 수 있는가? Jung은 집 밖에서 일을 계속하면서 가족을 위해 돈을 벌어오고자 하는 Peter의 충동을 어떻게 설명할 수 있는가?

3. Jung의 자기실현 개념은 이 예에 어떻게 적용할 수 있는가?

4. Jung의 자기실현 개념은 Rogers와 Maslow의 자기실현 개념과 얼마나 유사한가? Peter는 Rogers가 말하는 자기실현의 징후를 보이고 있는가? Maslow가 말하는 자기실현의 징후는? 설명하라.

5. Kelly의 개인적 구성개념 이론은 Peter의 행동을 어떻게 설명할 수 있는가?

6. 급진적인 행동주의는 Peter의 행동을 어떻게 설명할 수 있는가? 강화 혹은 처벌이 가족을 먹여 살리는 사람이 되고자 하는 Peter의 욕구에 얼마나 영향을 미칠 수 있는가? 직장을 그만두고자 하는 Peter의 욕구에는?

7. May의 소외 개념을 사용하여 남자와 아버지가 의미하는 것과 그의 현재 직업 상
   황에 대한 Peter의 혼란을 설명하라.

사례연구 41

Glenn은 일종의 가계(족보)연구자이다. 그의 취미는 그의 가족의 이야기를 타자 쳐서 컴퓨터로 문서화하고 그 후에 흥미를 가지는 가족 구성원에게 배부하는 것이다. 최근에 그는 할아버지인 Jason에 관한 이야기를 쓰고 있다. 그가 할아버지의 이야기에 대해 생각하고 쓰면서, 할아버지가 Glenn이 어렸을 때 그에게 사랑을 표현했지만, 너무 멀어 보이고 냉담해 보였던 이유에 대해 이해하기 시작했다. Glenn은 지난 몇 년간의 할아버지의 행적을 찾아보면서 많은 것들을 발견하였다. 할아버지의 이상한 행동들에 대해 할아버지의 친척들과 주변분들이 말하는 많은 것들에 대해 이제는 이해가 되었다.

Jason은 1929년 대공황 바로 전인 1920년대에 Colorado 동부에서 가정주부인 엄마와 농부이자 카우보이로 여겨질 수 있는 아버지 사이에서 네 명 중 셋째로 태어났는데 부모는 모두 독일계 미국 혈통이었다. Jason의 가족은 그의 아동기 동안에는 가난했고, 집은 너무 작아 날이 좋지 않은 날을 제외한 모든 날에는 현관 앞에서 잠을 잤다. 어떤 밤에는 너무 추워 현관에서 눈을 뜨면 담요에 눈발이 날리고 있었다. 음식은 항상 충분치 않았다. Glenn은 할아버지가 농가에서는, 먼저 농작물을 팔아서, 그 다음에 가축들을 먹이고 나서 그 다음에야 아이들에게 먹을 것이 주어졌다고 가끔 농담처럼 말하던 것을 기억한다. 농담 반 진담 반이었던 것이다. 물론, 크리스마스는 아이들에게는 흔하지 않은 날이었기에 새로운 옷이 주어졌다. Jason이 꼬마였을 때 옷이 필요하면, 어머니는 때로는 삼베 가방을 재료로 사용해서 옷을 직접 만들었다.

가족이 가난하기는 했지만, 그들은 그들보다 더 불쌍한 사람들에게 그들이 할 수 있는 한 나누었다. Glenn이 아이였을 때, 할아버지는 그에게 대공황 시절에 집 앞에 이상한 사람들이 밥을 구걸하기 위해 왔었다고 말을 해주었다. 그의 어머니는 수프 접시에 한 컵을 더 부어주고 한 조각의 빵과 함께 그 낯선 사람에게 접시를 주었다. Jason은 그 당시에는 이상하다고 생각했는데, 낯선 사람들이 단지 밥을 구걸하기 위해 집 앞에 오는 것은 상상할 수조차 없었다.

　농장에서, 아이들은 다양한 잡일을 도와야했는데, Jason은 농작물 수레로 비트 (사탕무)와 호박 같은 야채를 파는 것을 도왔다. Jason의 가족은 또한 소를 키웠는데, 우유 수레로 우유를 팔고 배달하는 것이 Jason과 형제들의 몫이었다. 그들은 소들에서 나온 진한 우유와 묽은 우유를 조합해서 좋은 유제품을 만들었는데 그의 어떤 고객도 눈치 채지 못하게 하였다. 그와 그의 온가족은 이 일을 자랑스러워했다.

　Glenn은 그의 작은 할아버지로부터 Jason이 어머니와 매우 가까운 관계였으며, 또한 그의 두 형이 그를 비웃었지만 그가 세 살이 될 때까지 어머니의 젖을 먹었다는 것을 알아내었다. 그는 웃음거리가 되는 것을 원하지 않았기 때문에 젖 먹는 것을 그만 두었다. Jason은 자녀들에게는 꽤나 무관심했던 아버지와는 약간의 거리가 있었다. 그렇지만 Jason의 부모는 서로 좋은 관계를 가지고 있는 것처럼 보였다. 그들은 카운티 축제에서 말과 함께 하는 일종의 스퀘어 댄스를 하는 쇼를 보여주던 중에 만났다. Jason의 엄마의 파트너가 갑자기 아팠고, 그녀는 아버지(미래의)와 짝이 되었다. Jason의 부모는 엄마가 16세 밖에 되지 않았을 때 결혼했다; 아버지는 그 때 28세였다. 그들은 살아가면서 결혼에 대해 항상 회상했다. 어머니는 8학년을 마쳤다; 아버지는 3학년의 교육을 마쳤다.

　해를 거듭하면서, Glenn은 Jason의 아동기 친구들로부터 Jason이 십대였을 때, 세계 2차 대전의 시작 무렵에, 군대에 가기 위해 친구들과 함께 Denver에 갔었다는 것을 알게 되었다. 그가 18세가 되지 않았기 때문에, Jason은 군대에 가기 위해서는 부모의 동의를 얻어야 했고, 아버지가 동의를 해주었다. 고등학교를 마치긴 하였지만, Jason은 졸업식을 기다리지 않았다. 그는 Colorado를 떠나는 것이 불안했고 그 자신만의 생활을 시작하는 것도 불안했다. 그는 어린 시절 자신이 살았던 것보다 더 편안하고 세련된 삶을 살기를 희망했다. 그는 고등학교 과정을 이수하자마자 즉각 군 복무를 하게 되었다. Jason은 세계 2차 대전에서 최전방에 배치되었지만 적과의 전투다운 전투는 전혀 없었다. 그는 10대 때 교회에서 사냥여행을 가서 그의 아버지의 총으로 처음이자 마지막으로 토끼를 쏘았는데, 이것이 아마도 가장 좋은 것으로 여겨졌다. 그 토끼는 완전히 산산조각 나버렸는데 그 경험이 Jason을 괴롭혔다. 비록 Jason이 그것을 단 한 번도 언급하지 않았지만, 그는 아마도 동료의 압력과 "진짜 사나이라면 해야 하는 것"이라는 생각 때문에 군대에 지원했었을 것이다. Glenn은 진짜 사나이로 생각되어지는 것이 할아버지에게는 항상 중요했었는데 할아버지는 스스로를 실제로는 꽤 작고 근육질이 전혀 아니라는 생각을 가졌지만 단단한 외모로 그 자신을 지각했다는 것을 기억한다.

Jason이 군대를 제대한 후에 그의 아버지가 아파서 암으로 돌아가셨을 때 Colorado로 딱 한 번 돌아갔다. Jason은 San Francisco에서 친구들과 얼마간 머물렀고 항공사에서 비행기 청소를 하는 일을 하였다. 얼마 후에 Jason은 군대에서 또 다른 기간 동안 복무할 것을 결심했다. 이 두 번째 복무 후에 Jason은 군대를 떠났고 G.I. Bill에서 대학에 다녔다. 그는 회계학을 전공했는데 비록 그의 학업 성적은 눈에 띄지는 않았지만 매 학기마다 최대 학점을 이수하고 여름학기를 들으면서 3년 만에 그는 학사학위를 취득했다. 그는 접시 닦기와 같은 다양한 임시직을 하면서 스스로를 지탱했다.

대학에 다니는 동안 Jason은 지금의 아내가 된 여자를 만났다. 그들은 짧은 연애 기간 후에 결혼했고 세 명의 아이를 가졌다. Jason은 아내를 부양하기 위해 Buffalo에 있는 Westinghouse에서 일을 하였다. 그렇지만 불경기 때문에 해고를 당하였다. 그의 전 생애를 통해 경제는 Jason에게 영향을 미쳤고 이번에도 다를 것이 없었다. Jason은 또다시 군대에 입대를 결심했고, 장교훈련학교에 입교하였는데, 이는 그가 학사학위를 가지고 있었기 때문에 가능했던 것이었다. Glenn은 군대가 Jason에게 약간의 재정적인 안정을 제공하였다는 것을 이해하였다.

Glenn은 그의 엄마(Jason의 딸)로부터 Jason이 군대에서의 그의 직책 때문에 아이들을 기르는 데 전혀 관여하지 않았다는 것을 알게 되었다. 그는 오랜 시간 동안 일했고 가끔은 일이 끝난 후에도 긴장을 풀기 위해 장교클럽에서 쉬곤 하였다.

이 시기 동안에 Jason은 그의 가족과 점점 더 멀어지게 되었다. 그는 그들로부터 점점 더 고립되어졌고 더욱더 그의 일에만 전념하게 되었다. 그의 사회적 삶이 아내와 데이트를 하거나 가족과 함께하기보다는 그가 일하는 동료들과 함께 우선적으로 어울리곤 하였다. 그가 주말에 그의 가족과 함께 있을 때조차도 Jason은 아내가 식료품점으로 쇼핑을 갈 때 그의 동료들과 시간을 보냈다. 그는 미술, 음악 및 좋은 음식에 흥미를 갖게 되었고 이러한 주제가 담긴 잡지를 한 번에 많게는 10개까지도 구독하였다. Jason은 점점 더 문화적인 사람이 되었는데, 그가 어린아이 때 결코 가져 본 적이 없는 생활에서 더 나은 것들에 점점 더 감사하게 되었다. 그는 그의 아내(Glenn의 할머니)가 장교부인 클럽에 함께하기를 권했지만 그녀는 그 경험을 즐거워하지 않았다. Jason과 가족 사이의 감정적 거리, 특히 아내와의 거리는 그녀가 그와 함께 잠자리를 하지 않기로 결정했을 때 절정에 다다랐다. Glenn이 이것을 알고 있는 유일한 이유는 십대 때 할머니와 엄마의 대화를 엿들었기 때문이었다. 그는 어떻게 대화가 시작되었는지는 알지 못했지만 그가 엿듣기 시작했을 때 끝이 나버렸다. 이것은 가족간의 비밀처럼 느껴졌다.

수년 후 Glenn은 그 대화에 대해 더 많은 것을 알게 되었다. Glenn의 어머니에 따르면, 그녀의 어머니이자 Jason의 아내가 그가 다양한 남자들과 함께 동성애를 가지고 있다는 것을 알아차렸다. 이런 사실을 직면했을 때, Jason은 아내에게 충실했다고 주장했다. 그는 그가 결코 간통을 저질렀다고 생각하지 않았다. 왜냐하면 그는 다른 여성과 성교를 하지 않았고, 또한 그는 그의 동성애 활동을 그의 아내가 "그를 거부"하기 전까지는 시작하지 않았기 때문이었다. Jason은 자신의 혼외 정사에 대해 죄의식을 가지지 못했다. 그러기보다는 그는 아내가 자신과 함께 잠자리를 하지 않았기 때문에 희생되어졌다고 느꼈고 그는 동성애적 행동은 체육관에서 운동하는 것 그 이상 그 이하도 아니라고 주장했다. 그렇지만 그의 아내는 그와 결코 이혼하지 않았다.

비록 Jason이 그의 자녀들이 성장한 후에는 관계를 계속 유지했지만 자녀들과의 관계는 아직도 멀다. 그는 그가 죽을 때까지 동성애 경험을 계속하는 것처럼 보였지만 꾸준한 파트너는 가지지 않았다. 그는 어떤 것에도 유감을 표현하지는 않았지만 현재나 미래보다 과거에 더 친근함을 느꼈다. 이러한 한 예로 자녀들이나 손자들을 방문하는 것은 매우 드물었지만 그는 일 년 내내 많은 군대 친목회에는 참석했다.

적용 질문

1. Jason의 동성애는 Freud 학파의 조망으로부터 어떻게 설명될 수 있는가?

2. Adler의 이론에 따르면, Jason의 인생 목표는 무엇인가? 그는 그의 인생에 영향을
   준 열등감을 경험하였는가? 예를 들어보라. 그는 성공을 위해 어떻게 노력하였
   는가? 설명하라.

3. Horney의 이론은 Jason의 이상적인 자기 상과 실제 자기 상에서의 차이를 어떻게
   설명하는가?

4. Sullivan의 대인관계 성격 이론은 Jason의 가까운 관계, 특히 그의 아내와 자녀들과의 관계 결여를 어떻게 설명하는가?

5. Bowlby와 Ainsworth에 따르면, Jason은 어떤 유형의 성인 애착 양식을 가졌는가? 설명하라.

6. Maslow에 따르면, Jason은 위계의 어떤 욕구가 충족되었는가? 어떤 것이 그렇지 않
   은가?

7. Rogers의 가치의 조건의 예를 Jason의 생활에서 지적하라.

8. Jason의 인생 전반에서 Skinner의 행동주의의 예를 지적하라. 강화물과 처벌을 기
   술하고 격려를 받거나 격려를 받지 못한 구체적인 행동들을 각기 기술하라.

9. Rotter의 기대 개념을 사용하여 Jason의 반복적인 군대 입대를 설명하라.

10. Jason의 행동에 영향을 주는 Bandura의 예기치 않은 사건의 예를 찾아라. 그의 행동은 어떻게 영향을 받았는가?

11. Kelly의 이론은 제이슨의 동성애화되는 것과 또한 "진짜 남자*"로서 지각되길 원했던 것 사이의 불일치를 어떻게 설명할 수 있는가?

---

* 역주: 이것은 남자 동성애자가 진짜 남자가 아니라는 것을 함축하는 것은 아니지만, 오히려 "진짜 남자"는 이성애자라는 일반적인 고정관념을 반영하고 있다.

✷

사례연구 42

P atrick은 아일랜드계 미국인 가족에서 태어났고 매우 유복하였다. 그의 어머니는 간호사였다; 아버지는 1970년대에 이미 자산 10만 달러(1억원)를 이룬 "유망한" 변호사였다. Patrick은 그의 형과 아름다운 집에서 자랐다. 그의 가족은 또한 환경이 어려운 친구를 이따금씩 거두었다. 예를 들어, 한 친구는 그 친구의 가족이 고등학교 마지막 학년 때 이사를 갔지만 그 친구는 전학을 원치 않아 Patrick의 집에서 1년을 머물렀다.

비록 Patrick의 가족이 American Dream 속에 살고 있는 것 같지만 모든 것이 잘 되는 것은 아니었다. 그의 아버지는 알코올 중독자였다; 이 문제의 대부분은 그가 장시간 일에 매진하고 억압받았기 때문이었다. 그의 음주는 그 자신을 학대하였고 때때로 바에서 싸움을 하기도 했다. 그는 그의 아내를 구타했다.

비록 Patrick은 신체적으로 학대를 당하지는 않았지만, 그러한 상황이 올 때 그와 그의 어머니는 무서워하였다. 그의 아버지는 Patrick이 5,6세가 되었을 때 음주를 중단했다. Patrick의 아버지는 운동선수였다.—복싱선수이면서 골프선수. 그는 또한 그의 아들들에게 운동을 권유했다. Patrick의 형은 키가 크고, 호리호리하지만 조화롭지는 않았다. 아버지는 형의 서투름에 당황해 했고 아버지의 생물학적인 아들이 아닐 거라고 말했다. Patrick은 이러한 형에 대한 말을 들었고 그 자신에 대한 이러한 비밀 이야기를 들을까봐 두려웠다. Patrick의 아버지는 매우 경쟁적이었고 Patrick 또한 그렇게 되었다. Patrick은 아버지의 인정을 원했고 아버지의 소망을 따름으로써 인정을 얻도록 노력했다. Patrick에게는 운 좋게도 운동하는 것이 매우 쉬웠다.

그러나 학교는 학업적으로 그에게 쉽지 않았고 Patrick은 적어도 처음에는 경쟁적이지 않았다. 그는 6살에 가는 대신에 5살에 유치원을 시작했기 때문에 Patrick은 공립학교에서 1학년을 연장했다. 그의 생일은 8월 중순으로 그가 학교를 시작했을 때는 5살로 매우 어렸다. 그는 그때 당시에 학교에 갈 준비가 덜 되었던 것 같다. 그의 부모님은 이러한 것을 고려하지 않았고 대신에 규모가 작은 반이 그에게 더 나을 것 같다고 결심했다. 그래서 그들은 그를 사립영재학교에 보냈다. 그는 3년 동안 사립학교에 다녔고 학업 수행은 자라면서 개선되었고 다른 아이들을 따라가게 되었다. 그렇지만 3년 후에 Patrick은 이웃 친구들과 같은 학교에 다니길 원했고 그는 부모님에게 공립학교로 되돌아 가고 싶다고 요청했다. 그의 부모님은 이 요구를 허락했고 Patrick은 친구들과 같이 학교를 계속 다니고 싶어서 사립학교에서 받았던 것처럼 대부분 A와 B로 좋은 성적을 받았다. 그는 재치가 있었고 — 오락부장 — 모든 친구들이 그를 좋아했지만 운동에서의 인기와 경쟁심은 불안정성을 숨겨주었다. 그는 아버지의 기준으로 살수 없다는 것을 생각했다. 학교에서의 초기 실패와 아버지의 비판적인 천성은 그가 성공을 계속 함에도 불구하고 자신 스스로에 대해서 확신을 갖지 못하게 하였다.

고등학교 2,3학년 때 Patrick은 계속적으로 학업, 사회성 및 운동적으로 뛰어났다. 그는 중학교 때 웨이트 트레이닝이 인기 있기 전부터 운동을 했다. 그는 시립 고등학교 미식축구팀의 주장이었다. 그는 또한 농구를 잘했지만 많은 시간 운동을 할 수 없다는 것을 깨달았기 때문에 운동을 그만두었다. Patrick은 관심 받는 것을 좋아하였고 수업시간에 익살과 운동에 참여하는 것으로 이런 것을 얻었다. 그는 그의 친구들뿐 아니라 선생님에게 또한 관심을 받았다. Patrick은 다른 아이들이 할 수 없는 것들을 얻을 수 있었다. 예를 들어 그는 학교로 오는 도중 빵집에 잠시 들렀기 때문에 학교에 종종 늦게 왔다. 그는 eclair(가늘고 긴 슈크림에 초콜릿을 뿌린 것) 빵을 세일하고 있어서 그것을 산 뒤 선생님에게 가지고 있어 달라고 하였다. 그런 후 점심시간에 그는 이윤을 남기고 그 빵을 되팔았다. 그는 이런 것을 잘 할 수 있었는데, 그것은 그의 점수가 좋았고 운동도 잘했으며 매력적이어서였다. 그의 이런 뛰어난 점들로 인하여 좋은 대학교에 입학을 할 수 있었다.

모든 것이 Patrick에게는 쉽게 진행되는 것처럼 보였다. 그가 변호사가 되어 아버지의 로펌에서 일할 꿈은 대학교에 들어가면서 한 단계 가까워졌다. 그러나 Patrick은 1학년 때 거의 낙제를 하였다. 초등학교에서부터 고등학교 때까지 모든 것이 쉽게 왔기 때문에, 또 모든 사람들에게 매력적이었기 때문에, 그는 대학에서도 마찬가지일 거라고 생각했었다. 처음으로 집에서 떨어지는 것이 그에게는 자유의 첫맛을 보게 해주었고, Patrick은 너무 많은 파티를 했고, 너무 많은 음주와 흡연을 하였다. 그는 그가 수업, 특히 1학년 영어에서 낙제했다는 것을 발견하였다. Patrick은 영어 교수를 찾아갔고 그녀에게 그가 점수를 올리기 위해 할 수 있는 것을 물었다. 그녀는 보너스 점수 과제를 제안했고 그는 완성을 하였다. 그렇지만 보너스 점수는 충분하지 않았고 결국 과목에 낙제를 하였다. 그때만큼은 Patrick은 문제를 벗어나지 못한 그 자신이 매력적이지 않았다. 그의 다른 수업에서의 수행 또한 비슷했고, 그는 학사경고를 받게 되었다. 설상가상으로 고등학교 때부터 만나온 여자친구와 헤어지게 되었다. 그녀는 그가 모든 것에서 바보가 되었다고 말했다.

그는 생활을 찾고 변호사가 되겠다는 꿈을 위해 새로이 마음을 다잡았다. 그는 마리화나를 끊고, 술을 적게 마시고 더 많은 공부를 하여서 글쓰기가 개선되었다. 결국 그는 여자친구가 돌아오도록 설득할 수 있게 되었다. 그는 남은 대학생활에서 더 나은 학업 수행을 유지했고 주 상원의원과 함께 일하는 인턴쉽에 원서를 냈다. 비록 그는 능력 있는 젊은 학생이었지만 정치적 연결이 되는 아버지의 영향으로 그 인턴쉽을 하게 되었다. 교육과정과 인턴쉽을 끝내고 Patrick은 아버지가 졸업한 법학 대학원에 원서를 냈다. 그는 합격했지만 합격이 그만의 장점에 근거한 것인지 아니면 아버지의 도움이었는지가 궁금해졌다. 법학 대학원 졸업 후 Patrick은 아버지의 법률 회사에 원서를 냈고 받아들여졌다. 몇 년 후 Patrick은 회사와 제휴한 곳에 원서를 냈고 그것 또한 획득을 하였다. Patrick은 아버지의 도움인지 그 자신만의 성취인지에 대한 떨쳐지지 않는 의심을 계속해서 가졌다. 그는 비록 자신이 인턴쉽 때는 아버지의 영향을 받았지만 Patrick의 회사에서의 직책이나 제휴를 얻는 것에 아버지의 영향을 받지 않았다는 것을 알았을 때 마침내 그의 아버지와 맞서게 되었다. 그의 아버지는 Patrick도 다른 인턴쉽을 하는 사람들과 같이 훈련을 받는다고 언급했고 그는 Patrick이 그의 직책에 지원했을 때 선택과정에서 자신이 빠졌다고 말했다. Patrick은 마침내 그가 그 스스로 인턴쉽을 획득했다고 확신하게 되었다.

법학대학원에 다니는 동안에 Patrick은 그의 고등학교 때 여자친구와 결혼을 했고 그들은 3명의 아이를 가지게 되었다. 그는 헌신적이고 가정적인 사람으로 자신의 아이들을 "예쁘고 사랑스럽다"고 표현한다. 그는 아이들과 자주 놀았고 그의 아내는 때때로 그를 4번째 아이라고 묘사했다. 그와 그의 가족은 그가 자랐던 동네 옆에서 살았고 그는 그가 성장했던 학교에서 아이들이 자라는 것을 즐거워하였다. 그는 또한 교회연합의 장로로서 활동적으로 일하고 있다.

적용 질문

1. Erikson의 어떤 발달단계에 Patrick이 성공적으로 완수했는가? 어떤 단계를 완성하지 못했는가? 설명하라.

2. Adler의 이론에 따르면, Patrick이 열등감을 경험했는가? 당신의 답에 대한 증거를 제시하라. 어떻게 이러한 느낌이 그의 행동에 영향을 주었는가?

3. Fromm의 실존적 욕구에서 어떤 단계가 Patrick에게 부합되는가? 설명하라.

4. Bowlby와 Ainsworth에 따르면, Patrick에게 어떤 유형의 아동기 애착 양식이 발달되었는가? 설명하라.

5. Maslow의 어떤 욕구가 Patrick에게 충족되었는가? 어떤 것이 충족되지 않았는가? 이러한 욕구의 충족은 Patrick의 삶에서 항상 변화를 주었는가? Maslow의 이론에 따르면 Patrick이 자기실현한 것으로 인식될 수 있는가? 설명하라.

6. 이 사례에서 Rogers의 가치의 조건의 예를 찾아라.

7. 이 사례에서 Skinner의 급진적 행동주의의 예를 찾아라. 어떻게 강화와 처벌이 Patrick의 행동에 영향을 주었는가? 강화물이나 처벌을 구체적으로 찾아라.

8. Patrick 자신이 그의 수행(예, 성적이나 업무능력)에서부터 다양한 직책(예, 대학 인턴쉽, 로펌 인터쉽)을 얻었다는 것과 그의 아버지가 그를 이러한 직책에 오르도록 도왔는지에 대한 그의 불안정성은 Rotter의 통제소재개념에서 어떻게 설명될 수 있는가?

사례연구 43

Roger는 73세로 자신의 인생을 돌아보고 있다. 그는 자신이 훌륭한 인생을 살았는지 아닌지를 밝혀보려고 하고 있다. 자신의 인생을 돌아보는 과정에서 Roger는 다양한 자신의 인생의 단계를 깊게 생각한다.

그는 초등학교 때부터 특히 읽는 것에 특출한 학생이었다. 그렇지만 초등학교 저학년시절에 그는 인기가 없는 학생이었다; 그는 매우 적은 친구를 가지고 있었다. 그는 친구와의 관계와 운동에 관심 있어 하는 학생들과는 달리 학교 수업과 점수에 관심을 더 많이 가지고 있었다. 그는 또한 약간 뚱뚱한 편이었기 때문에 운동 같은 것을 하는 게 더 힘들었다.

Roger는 학급에서 다른 학생들보다 더 빨리 사춘기를 겪었고 6, 7, 8학년 동안 다른 소년들보다 키가 훨씬 더 컸다. 이 키는 Roger를 가냘프게 만들었다. 그의 몸무게는 그의 키가 컸음에도 불구하고 그 자리에 머물렀다. 마찬가지로 그의 키와 강인함은 이제 그를 스포츠에서 강한 이점을 주게 만들었다. 또한 스포츠에서의 강점은 그를 학교에서 인기 있게 만들었다. 고등학교 동안에는 다른 소년들 또한 성장했고 그를 따라잡았고 Roger의 키를 훨씬 뛰어넘었다. Roger는 초기 성장박차를 경험했기 때문에 다른 소년들이 그랬던 것보다 더 빨리 성장을 멈추었다. 고등학교 때 그는 평균보다 키가 작다는 것을 깨달았다. 그럼에도 불구하고 Roger의 동급생과의 증가된 접촉은 사회적 기술을 날카롭게 만들었고 Roger는 매우 훌륭한 학생이었으며 매우 좋은 운동선수였기에 그의 인기도 고등학교와 대학시절까지 계속되었다. 이제 그의 스포츠에서의 성공은 강인함이라기보다는 기술과 지적인 것 때문이었다.

비록 Roger가 이제 쉽게 친구를 사귈 수 있고 많은 우정을 만들었지만 사랑에 있어서는 잘 못하였는데 유태인으로서 기독교 동네에 살면서 불편해하였기 때문이다. 비록 그는 데이트를 했지만 대학생활까지 여성과의 장기간 만남은 이루어지지 않았었다. 대학시절 그는 Anita를 만났고 결국 그들은 약혼을 하였다. 그렇지만 Anita는 후에 다른 남자와 사랑에 빠졌고 약혼을 파기했다. 비록 Roger가 그 관계를 지키려고 하였지만 그것은 희망이 없었다.

Roger가 다른 장기간 관계를 형성하기까지는 6년이 걸렸고, 다른 여성에게 그가 사랑했던 그녀에 대해 말을 하였다. Jackie는 그의 아내가 되었고 그들은 40년 이상 결혼생활을 이루어왔다. 모든 결혼처럼 Jackie와 Roger도 때때로 어려운 시기가 있었지만 Roger는 Jackie에게서 자신의 영혼의 동반자라는 것을 발견한 것 같았다. 그들은 3명의 자녀가 있다: 한 명의 아들과 두 명의 딸.

대학시절 Roger는 그의 전공과 그의 전문직을 택했다. 대학에서 항상 읽는 것을 사랑했기 때문에 그는 영어를 전공했다. 그런 다음 대학원에 진학하여 영문학에서 박사학위를 취득하였다. 몇 개의 대학에서 시간강사로 일을 하고 그는 작은 사범대학의 영문학 부교수로서 정교수직으로 정착했다. 그는 다음 해에 어찌될지 모를 불안함에 매우 스트레스를 받았기 때문에 보장된 직업을 얻은 것이 특히 기뻤다. 그가 교수로서 다른 것들을 하길 원했던 그시기에 그는 직업사냥에 매진하였다: 수업개선, 학생들에게 조언하기, 출판. 이 장기간의 직책 동안 그는 결국 정년 보장을 받았는데 부교수로 승진하고 그 다음 정교수로 승진하게 되었다. 그의 대부분의 교수로서의 보상받는 경험들은 젊은 작가들에게 용기를 북돋아 주는 것이었다. 가르치는 동안 그는 또한 몇 개의 글을 쓸 수 있었다. 그는 소설을 쓰는 작가로 활동했고 많은 공상과학 소설을 발간했다. 쓰는 것은 그를 생기 넘치게 만들었기 때문에 진짜로 그가 좋아하는 것이었다. 그의 책들은 그의 첫 아이가 태어나면서부터 시작하였는데 주로 미래의 도덕적인 관심들에 관한 것이었다. 비록 그의 소설은 잘 팔렸고 존경받았지만 Roger는 계속적으로 자신의 지필을 개선시키려 노력했고 더 나은 것을 쓰기를 희망했다. 흥미롭게도 몇몇 동료들은 Roger의 작품을 비난했다. 그들은 출판작업을 하지 않으면서 Roger에게 정년보장도 받았고 정교수도 되었으니 좀 더 쉽게 살라고 제안했다. Roger는 이 철학에 동의하지 않았고 대신에 정교수라 하더라도 출판을 계속해야 하고 교수로서 성장해야 한다고 믿었다.

그는 5년 전에 은퇴했지만 작가로서는 아니었다. Roger는 이제 아내와 여행을 하고 자식들과 손자들을 방문하고 이전에 보지 못한 장소들을 보고 다닌다. 그의 지필과 함께, 새로운 장소의 발견과 이 새로운 장소의 아름다움은 Roger를 만족시켜주었다.

적용 질문

1. Erikson의 심리사회적 발달단계를 사용하여 Roger의 삶을 분석하라(특히 4단계에서 8단계까지).

2. Sullivan의 이론에 따르면, 어떤 역동설이 Roger가 그의 아내인 Jackie와의 성숙된 사랑을 수립할 수 있도록 융합시켰는가?

3. Bowlby와 Ainsworth에 따르면, Roger가 가지고 있는 성인 애착 유형은 무엇인가? 설명하라.

4. Fromm의 이론은 Roger가 여행을 하고, 자식과 손자를 방문하는 것을 어떻게 설명할 수 있는가?

5. Roger의 지각된 자기가 그의 유기체적 자기와 어떻게 다른지를 Rogers의 개인중심 이론에 따라 설명되는지 예를 찾아라.

6. Roger는 그의 동료들이 그가 정년보장을 받고 정교수로 승진된 후에도 많은 일을 하는 것에 대해 말하는 것과 다른 관점을 가지고 있다. 어떻게 Kelly의 이론은 이 다른 관점을 설명할 수 있는가?

7. Cattell의 역동적 격자의 개념을 사용하여 Roger가 대학에서부터 대학원까지 영어를 전공하는 것과 관계되는 연결 고리를 묘사하라. 무슨 에르그, 감정, 태도들이 관련되는가?

8. May는 4가지 사랑의 유형을 묘사했다. 어떤 유형의 사랑이 Roger의 Jackie와의 관계를 가장 잘 묘사하는가?

저자 소개

Donna Ashcraft는 Clarion University of Pennsylvania의 교수이며, CORAL(Collaborative Online Research and Learning)에서 활동하는데, 이 특별 위원회는 교실에서의 기법 활용에 관한 사회적 구성개념주의자 교육을 개발하는 데 전념하고 있다. 그녀는 State University of New York College at Buffalo에서 심리학 BA를 받았고, State University of New York at Albany에서 사회 및 성격심리학 전공으로 MA 및 PhD를 취득하였다.

역자 소개

손정락은 성균관대학교 심리학과를 졸업하고 동 대학원에서 임상심리학 전공으로 석사학위와 박사학위를 받았다. 현재는 전북대학교 심리학과에서 임상심리학, 건강심리학, 성격심리학 분야의 강의와 연구를 하고 있으며, 그동안에 미국 Duke대학교 심리학과에 Visiting Professor로도 다녀왔다.

전문분야에서 임상심리전문가, 정신보건임상심리사 1급(보건복지부), 건강심리전문가, 중독심리전문가, 명상심리전문가 등으로 활동하고 있다. 또한 한국건강심리학회 회장(2001~2005)과 한국건강심리학회의 명상심리연구회 회장(2008~2010), 한국심리학회 회장(2010~2011) 등을 역임하고, 현재 한국건강심리학회 고문, 한국임상심리학회의 행동의학연구회장 등으로 활동하고 있다.

주요 저서 및 역서로는「인간의 마음과 행동」,「현대임상심리학」,「건강심리학」,「성격심리학」,「바이오피드백」,「스트레스 과학의 이해」,「자기에게로 가는 여행: 성격심리이론에 따른 체험 워크북」,「긴장이완과 스트레스 감소 워크북」,「우울증 치유를 위한 마음챙김과 수용 워크북: 우울증을 딛고 살 만한 가치 있는 인생을 창조하기 위해 수용 전념 치료(ACT)를 활용하기」,「뇌기반 학습: 새로운 패러다임의 교수법」등이 있다.

Email: jrson@jbnu.ac.kr